Angelika Christ · Steven Goldner

Scientology im Management

Angelika Christ · Steven Goldner

Scientology im Management

ECON

Die Deutsche Bibliothek – CIP-Einheitsaufnahme

Christ, Angelika: Scientology im Management/Angelika Christ; Steven Goldner. – Düsseldorf: ECON, 1996. ISBN 3-430-11829-8.
NE: Goldner, Steven

Lektorat: H. Dieter Wirtz, Mönchengladbach. Gesetzt aus der Century und Frutiger, Linotype. Satz: Heinrich Fanslau GmbH, Düsseldorf. Papier: Papierfabrik Schleipen GmbH, Bad Dürkheim. Druck und Bindearbeiten: Bercker Graphischer Betrieb GmbH, Kevelaer. Printed in Germany. ISBN 3-430-11829-8.

Inhaltsverzeichnis

Anhang

»Kein Ziel ist so hoch, daß es unwürdige
Methoden rechtfertigt.«
Albert Einstein

1 Vorwarnungen

»Scientology« ist eine Organisation, die sich als Religion versteht und »Scientology Church« nennt. Das Handeln von Scientology entspricht dem eines Unternehmens mit Gewinnerzielungsabsichten. Eines der Produkte des Scientology-Gründers besteht aus einer »Technologie«, um Unternehmen zu führen. Es gehört zu den Aktivitäten von Organisationen, die Scientology nahestehen, diese Technologie zu vertreiben und in möglichst viele Firmen einzubringen. Die Aktivitäten von Scientology dienen folgenden Zielen (Hervorhebung von uns):

»Die Ziele der Scientology
Eine Zivilisation ohne Wahnsinn, ohne Verbrecher und ohne Krieg, in der der Fähige erfolgreich sein kann und *ehrliche Wesen Rechte haben können* und in der der Mensch die Freiheit hat, zu größeren Höhen aufzusteigen – das sind die Ziele der Scientology.«[1]

Wir verstehen diese Ziele so, daß nach einer Machtübernahme durch Scientology folgende Lage herrscht:

- Alle Menschen haben die Freiheit, zu größeren Höhen aufzusteigen.
- Unehrliche Menschen haben keine Rechte.
- Manche ehrliche Menschen haben Rechte.
- Scientology bestimmt darüber, welche Menschen Rechte haben.

Das »Glaubensbekenntnis«[2] macht scheinbar entgegengesetzte Aussagen. Beispiel: »Wir von der Kirche glauben, daß alle

Menschen ... mit gleichen Rechten geschaffen wurden.« Das Glaubensbekenntnis beschreibt in vielen Punkte Vergangenheit und Gegenwart. Die Ziele richten sich dagegen auf die Zukunft. Und die Ziele geben an, was Scientology anstrebt. Wir beurteilen Scientology deshalb anhand der Ziele. Was wie ein Widerspruch aussieht, enthält aus unserer Sicht einen Standpunkt, der als Motto so lauten könnte: »Alle Menschen wurden mit gleichen Rechten geschaffen – wir wollen das ändern!«

Wir folgen dagegen auch für die Zukunft unserem Grundgesetz mit Art. 3 (1): »Alle Menschen sind vor dem Gesetz gleich.« Deshalb lehnen wir die *Ziele* von Scientology ab. Bei unserer Beobachtung konzentrieren wir uns auf die Methoden, mit denen Scientology arbeitet. Teile davon sind nach unserer Meinung »Gehirnwäsche« bzw. »Gedankenkontrolle«. Darunter verstehen wir Einwirkungen, mit denen die Identität des betreffenden Menschen (also seine Überzeugungen, sein Verhalten, Denken und Fühlen) zerbrochen und durch eine neue Identität ersetzt wird.[3] Bei Scientology (und anderen Gruppen in Deutschland) sehen wir bei der Gehirnwäsche keine Anzeichen für Gewalt oder Folter. Hier handelt es sich eher um raffinierte psychologische Techniken. Außerdem stufen wir die Unternehmenstechnologie in vielen Punkten als qualitativ minderwertig ein. Deshalb lehnen wir auch die *Methoden* von Scientology ab. Insgesamt halten wir Scientology für eine Organisation, die in der Wirtschaft erheblichen Schaden anrichtet.
Wir gebrauchen den Begriff »Sekte« nur an wenigen Stellen. Dieser Begriff lenkt die Aufmerksamkeit zu sehr auf das Religiöse. Wir halten die Frage nach der echten oder vorgetäuschten Religiosität von »Sekten« für einen eher oberflächlichen Aspekt. Viele »Sekten« in den USA arbeiten bereits ohne religiösen Anspruch. Überwiegend verwenden wir den Zungenbrecher »totalitäre Organisation«. Dabei geht es um Gruppen, bei denen die Mehrzahl der folgenden Merkmale[4] zutrifft:

- Unangemessener Umgang mit der Realität.
- Religiöse oder ideologische Heilsbotschaften.
- Finanzielle Ausbeutung von Menschen und/oder Unternehmen.
- Demokratiefeindliches Machtstreben.
- Methoden des Psychoterrors, beispielsweise:
  - Würdeloser Umgang mit Menschen.
  - Systematischer Aufbau von Abhängigkeit.
  - Infantilisierung und Demütigung.

Wir konzentrieren uns auf den letzten Punkt, da die ersten vier Punkte fast vollständig von den Methoden abhängen – was wir Ihnen in diesem Buch zeigen werden. Es ist kein Zufall, daß die Gruppen, um die es hier geht, ihre Methoden verdecken und verstecken. Viele Kritiker ließen sich bisher von den Punkten 1 bis 4 ablenken. Es wird Zeit, die Methoden als strategischen Hebel zu entdecken, um totalitäre Gruppen endlich erfolgreich zu bekämpfen.

Welche Ansprüche fließen ein?

Heute gehört es in den meisten Unternehmen zum guten Ton, vor dem Beginn eines Projekts die *Ziele aufzustellen.* Wir machen Sie deshalb auch mit den Zielen dieses Buches vertraut. So können Sie feststellen, ob Sie überhaupt interessiert sind. Und wenn ja, dann können Sie uns am Ende daran messen. Unser Ziel lautet, dem Leser mit Hilfe dieses Buches folgenden Nutzen anzubieten:

- Es schätzt die Gefahren von Scientology für die Wirtschaft realistisch ein und deckt die Schwächen auf.
- Es macht die »Gehirnwäsche« verständlich, erklärt das Hineingeraten von ganz »normalen Menschen« in dieses Umfeld und zeigt die Gemeinsamkeiten von unerwünschten Psychomanipulationen auf.
- Es hilft beim Erkennen von Verdachtssignalen für »Gehirn-

wäsche« und liefert praktische Hinweise für den Schutz des eigenen Unternehmens.

- Es zeigt die bisherigen Fehler im Kampf gegen totalitäre Organisationen und ermuntert auch »Laien« zum Mitmachen.
- Es bleibt sachlich und vermeidet »schwarze Listen«; außerdem formuliert es zuversichtlich und humorvoll statt bedrückend.

Mehr als Scientology alleine darzustellen interessiert es uns, die Gemeinsamkeiten der verschiedenen totalitären Gruppen zu finden. Allerdings gibt es auch Unterschiede. Deshalb gelten die konkreten Beispiele und Kommentare vollständig nur für die jeweils genannte Organisation.

Ein Ziel des Verlages konnten wir schon mitbringen: Die Autoren stammen aus der Wirtschaft. Eine Erwartung wollen wir gleich enttäuschen: Sie erhalten hier keine Darstellung des Sektengründers L. Ron Hubbard oder der Geschichte und Ideologie von Scientology. Darüber finden Sie auf dem Buchmarkt inzwischen umfassende Ausarbeitungen, auf die wir in der »Kommentierten Literaturliste« im Anhang hinweisen.

Noch eine Bemerkung zu den Zitaten: Wir zitieren an vielen Stellen in diesem Buch Hubbard oder scientologische Veröffentlichungen. Nun gibt es im Handeln der Organisation Hinweise, daß nicht alle Anweisungen von Hubbard auch in der täglichen Praxis angewandt werden. Wie soll man also die Zitate werten? Sind es ernstzunehmende Anweisungen, oder sucht sich die Organisation nach Belieben die Stellen heraus, die heute nützlich erscheinen? Scientology selbst hat sich unseres Wissens dazu noch nicht geäußert. Auch in der Wissenschaft wurde diese Frage noch nicht untersucht.

Deshalb haben wir uns entschieden, die Aussagen von Hubbard oder der Organisation so lange als gültige Handlungsanweisungen für Scientologen zu betrachten, bis wir entweder von Scientology selbst oder durch einen wissenschaftlichen Nachweis andere Bewertungskriterien erhalten.

Wie kommen wir zu diesem Thema?

Vor einigen Jahren ging unsere Nichte als Au-pair-Mädchen nach New York. Wir bereiteten sie auf alle schrecklichen Gefahren vor, wie etwa Aids, Drogen, Kriminalität. Nur eine Sache fehlte: die Warnung vor Psychokulten, die mit Gehirnwaschmethoden arbeiten. Wir sahen hier keine Gefahr und hielten derartige Gruppen für Spinnerei. Dieser Leichtsinn kostete die Familie dann jede Menge Zeit, Nerven und Geld. Die andere Seite der Bilanz: Unsere Nichte kam wieder heraus, und es geht ihr wieder ausgezeichnet. Wir wissen jetzt viel über die entsprechende Gruppe (»Lifespring«) und darüber, wie man Gehirnwäsche schnell und wirkungsvoll betreiben muß, um viel Geld zu verdienen. Allerdings wollen wir weder unser Geld mit menschenverachtenden Methoden verdienen noch unser angesammeltes Wissen nur in Ordnern und Dateien lagern. Also haben wir als Ehepaar ein gemeinsames Engagement: Welche Gefahren bestehen durch totalitäre Systeme in der Wirtschaft, und was kann dagegen getan werden?

Erfordert es Mut, über dieses Thema zu schreiben?

Glaubt man manchem »Experten«, begeben wir uns in Lebensgefahr. Nun beschäftigen wir uns schon einige Jahre mit totalitären Organisationen. Dabei erleben wir in vielen persönlichen Begegnungen und über die öffentlichen Medien, wieviel menschliches Elend die Gehirnwäsche und ihre Folgen anrichten. Kein Zweifel, es muß viel dagegen getan werden. Aber gibt es auch die beschworenen Mörderbanden, die Scientology-Kritiker »aufs Pflaster knallen«? Wir finden keine bestätigende Spur. In Deutschland fehlt jeder ernstzunehmende Hinweis. Das gilt auch für die Wirtschaft. Wenn keine rächenden Mörderbanden herumziehen: Wie kommt es, daß sie in Erzählungen dennoch auftauchen?

Zunächst beginnt es anerkennenswert: Jemand empört sich über die menschenverachtenden Methoden einer sogenannten »Sekte«. Diese Person will etwas dagegen tun und kommt dabei auf die Idee, mit Büchern und Vorträgen andere Menschen für den guten Zweck zu gewinnen. So weit, so gut. Doch dann beginnt das Dilemma. Irgendwann hören die (verläßlichen) Fakten auf. Danach gibt es prinzipiell zwei Wege:

Entweder ...
... man erweitert das vorhandene Material um unbestätigte Vermutungen. Wer dann mit analytisch-schlußfolgernden Fähigkeiten sparsam bedacht wurde und bebend auf der Stufe der Empörung verharrt, dem bleibt nur noch das *Spekulieren auf die Sensationslust,* um genügend Stoff und Aufmerksamkeit zu erhalten. Man betritt das Gebiet der gehörten Gerüchte und eigenen Phantasien. Für das Aufbereiten eignen sich dann am besten das anklagende *Entlarven* vieler Namen und das ungebremste *Dramatisieren* (z. B. »Morddrohungen«). Fördert diese Hysterie sinnvolle Überzeugungen? Erfährt man dadurch, was man selbst machen kann? Sieht man also von der eigenen Profilierung ab, so ergibt sich kein erkennbarer Nutzen für die Sache, wenn man bestehende Fakten ergänzt. Was manche Gruppen anrichten, wirkt sich schlimm genug aus.

Oder ...
... man geht seriös vor. Dann versucht man die Methoden darzustellen. Dadurch erhält der Leser einen besseren Durchblick. Außerdem erarbeitet man, welche Handlungsmöglichkeit es in einer speziellen Situation gibt. Dann kann der Leser Gefahren erkennen und sich wehren.

Sie haben schon erraten, welchen Weg wir versuchen.

Warum keine Namensliste?

Auch wenn Sie noch so sorgfältig in diesem Buch lesen: Sie finden keine Namensliste der gefährlichen Personen und Firmen aus der totalitären Szene. Warum legen wir es darauf an, Sie so bitter zu enttäuschen? Falls wir Ihnen dafür eine annehmbare Begründung lieferten – könnten Sie dann mit diesem Buch geduldiger umgehen?
Stellen Sie sich vor, ein Freund von Ihnen ist frisch verliebt. Einerseits möchte er gerne sexuell einiges erleben, andererseits kein Aids bekommen. Werden Sie ihn ermuntern, sich eine Liste der HIV-Positiven zu besorgen? Wenn er diese Liste hätte und der Name seiner Dame auf der Liste fehlen würde, kann er sich dann bedenkenlos, das heißt schutzlos, ins Vergnügen stürzen? Oder werden Sie ihn darauf hinweisen, daß die Liste vermutlich nicht aktuell ist? Warnen Sie ihn, daß er auch mit einer unerkannten Infektion bei der Dame rechnen muß, weil kein Erfassungssystem perfekt ist?
Wir haben keine Ahnung, was Sie Ihrem Freund raten. Wahrscheinlich kommt er selbst darauf, seine Dame zu bitten, einen Aidstest machen zu lassen. In der Zwischenzeit wird er sich lieber selbst schützen, als einer zwangsläufig unvollständigen Liste zu vertrauen. Sie ahnen es schon: Bei Personen oder Firmen von totalitären Organisationen handelt es sich um vergleichbare Fälle! Deshalb erhalten Sie von uns keine Liste, keine Namen! Sie müssen weitgehend alleine mit der Sache fertig werden. Sie können sich aber auch andere Bücher besorgen. Darin lesen Sie dann viele Namen. Allerdings:

- Etliche Tarnfirmen wechseln häufig den Namen.
- Es kommen laufend neue Namen hinzu.
- Inzwischen produzieren schlampige Recherchen und destruktive Konkurrenten den »Sektenverdacht« auch für völlig harmlose Mitmenschen und Unternehmen.

Um Ihnen auf diese Weise zu imponieren, ist uns das Risiko zu hoch (falsche Verdächtigungen zu streuen) und der Nutzen zu gering (Lückenhaftigkeit). *Schwarze Listen* kursierten über die Jahrzehnte zu allen möglichen Anlässen. Kennen Sie Fälle, in denen solche Listen Probleme lösen konnten?

Plausible Aussagen und veränderte Namen

An vielen Stellen dieses Buches bieten wir Ihnen unsere Meinung an. Sie entscheiden dann selbst, welche Schlußfolgerungen Ihnen plausibel erscheinen und welche Sie unsinnig finden. Für Sie dürfte es sowieso interessanter sein, Fakten und Anregungen für Ihr Schutz- und Abwehrverhalten zu erhalten, als unsere persönliche Meinung auf die Goldwaage zu legen. Oder?
Außerdem entschieden wir uns nach langer Diskussion, allgemeine Hinweise nur in der maskulinen Schreibweise zu benutzen, um den Text leichter lesbar zu machen. Sie und wir wissen, daß es zwei Geschlechter gibt. Ferner: Um Betroffene zu schützen, geben wir ihnen eine andere Identität. Und: Sämtliche Beispiele sind schriftlich belegt.

Grenzenloser Dank

Eigentlich tragen wir nur zusammen, was wir von anderen erfahren. An erster Stelle stehen unsere Gespräche mit den Menschen, die selbst oder als Familienangehörige jahrelanges Leid ertragen und noch auf Jahre die Nachwirkungen spüren werden. Dann gibt es die hartgeprüften und hilfreichen Experten aus dem Kreis der Beratungsstellen. Hier heben wir die Mitstreiter von SINUS e.V. auf ein besonderes Schild. Viele Informationen und Einsichten würden uns ohne die offene und kollegiale Hilfe von anderen Autoren und recherchierenden Journalisten fehlen. Und dann gibt es noch die Helferinnen, die sich durch unser Manuskript quälen mußten. Dank für die schnelle und kritische Arbeit.
Wir kennen inzwischen viele Beispiele für die schrecklichen

Wirkungen, die Scientology bei einer großen Zahl von Menschen und Firmen hinterläßt. Auch mit kühlem Verstand läßt sich das oft nur durch Ironie und Sarkasmus ertragen. Beispielsweise so:
Und ein ganz besonderer Dank gilt den Scientologen und anderen menschenfreundlichen Organisationen dieser Art. Sie trugen unermüdlich zum Stoff bei: in zahllosen Seelen, in der Öffentlichkeit und insbesondere in vielen Unternehmen der Wirtschaft. Ohne das Wirken der Scientologen hätte uns der Stoff gefehlt, um miteinander ein Buch zu schreiben. – Das war schrecklich anstrengend, brachte viele neue Ideen und Einsichten, vor allem aber einen Riesenspaß.

Abbildung 1.1: Scientologische Namen und Begriffe, die zum Verstehen des Buches hilfreich sind

Hubbard, Lafayette Ron oder L. Ron Hubbard (LRH)	* 1911, Gründer von Scientology (ca. 1954), ehemaliger Science-fiction-Autor, † 1986 (Gemeldetes Todesjahr).
Miscavage, David	Seit 1986 Chef von Scientology.
ARK oder ARC	Affinität, Realität, Kommunikation (Communication): Herzstück der scientologischen Kommunikationstechnik.
Auditing	Zentrale Übung: Beicht- und Verhörmethode von Scientology.[5]
Clear und OT = Operating Thetan	Höchste Stufen, die im System erreicht werden können.
Dianetik	Titel des Bestsellers von Hubbard mit der Basisphilosophie der Scientologen (schwer lesbar!).
Kommunikationskurs	Einstiegsprogramm für Manager bei Scientology und verwandten Unternehmen.

LRH-Technologie	L. Ron Hubbards Anweisungen (»Lehre«) für Wirtschaft und sonstige Lebensbereiche.
OCA -Test; Persönlichkeitstest	Test von Scientology; OCA = Oxford Capacity Analysis, hat nichts mit der Universität Oxford zu tun.
PC = Preclear	Vorstufe zum scientologischen Himmel.
Scientology	Die Lehre vom Wissen (scire = wissen/logos = Lehre). Wird als Synonym für die gesamte Organisation benutzt. Kritiker nennen sie einen Wirtschaftskonzern; Headquarters in den USA; bezeichnet sich selbst unter anderem als »Religion«.
Technologie	Scientologische Formeln und Instrumente, um das Leben zu bewältigen.
Tonlagen	Befindlichkeiten auf scientologisch.
Trainingsroutinen (TR)	Scientologische Übungen.
WISE = World Institute of Scientology Enterprises	Wirtschaftssparte des Konzerns.
AMK	Private Akademie für Management & Kommunikation GmbH in Rauenberg – scientologische Schule.
U-Man	Personalberatungsfirma, die eine Variante des OCA-Tests für die Bewerberauswahl anbietet.

2 Gehirnwäsche: Wie funktioniert das eigentlich?

Oft sprechen wir mit interessierten und besorgten Menschen über die Methoden der Gehirnwäsche. Die Nachdenklichsten verdauen die Fakten, bleiben aber bei dem Gedanken hängen, wie es dem vernünftigen, gebildeten Menschen passieren kann, einer totalitären Gruppe zu verfallen. Darin steckt die unausgesprochene Feststellung: »Mir könnte das nie passieren!« und die Frage: »Worin besteht der Trick, auf den andere hereinfallen?«

Totalitäre Gruppen vollbringen scheinbar etwas Gewaltiges. Sie schaffen es, Menschen »umzudrehen«, bei denen Freunde und Kollegen das für unmöglich halten. Wie bei allen herausragenden Leistungen entsteht dadurch ein heimlicher, aber gehöriger Respekt, der die Angst vor einer Bedrohung verstärkt, weil die Ursache unverstanden bleibt.

Wir kratzen an diesem ängstlichen Respekt, indem wir den mystischen Einfluß solcher Organisationen zerlegen. Und zwar in einfache Bestandteile. Stellen Sie sich ein Puzzle vor. Wir legen es für Sie zusammen. Am Schluß werden zwar ein paar Stücke fehlen, aber die angelegten Teile geben Ihnen ein so klares Bild, daß Sie es wiedererkennen, wenn es Ihnen real begegnet.

2.1 Die Voraussetzung: Aktuelle Labilität

Das erste Puzzleteil überragt alle anderen – es ist wie ein *Jumbostück*. Es fällt den Seelenwäschern ohne eigenes Zutun in die Hände: die aktuelle Labilität der einzelnen Menschen. Was bedeutet »aktuelle Labilität«? Die kurze Erklärung lautet: Wenn Sie sich rundum glücklich fühlen, beißt sich jede

»Sekte« dieser Welt an Ihnen die Zähne aus! Aber wer ist schon dauernd glücklich?
Stabil fühlen Sie sich, wenn Sie eine zufriedenstellende Vorstellung davon haben, welchen Sinn und welche Werte Ihr Leben hat. Außerdem gehört dazu, daß Sie entsprechend diesen Werten tätig werden wollen. Und schließlich, daß Ihnen dies gelingt: Sie entfalten sich und erhalten Anerkennung.

Wenn Sie sich labil fühlen, fehlt Ihnen die Möglichkeit zum Aktivwerden und damit die Grundlage für Erfolg und Anerkennung. Dann erleben Sie ein schmelzendes *Selbstbild,* wenig Zuversicht, fühlen sich einsam, deprimiert usw. Fühlen Sie sich als »Fels in der Brandung«, läuft alles prima. Fühlen Sie sich aktuell labil, dann geht es Ihnen wie dem Baum mit den abgeschnittenen Wurzeln: ein kräftiger Windstoß – und er kippt um! Hierzu drei Beispiele:

Nehmen wir die hochbegabte Frau: 32 Jahre, zwei Studiengänge mit Prädikat abgeschlossen. Das zweite Studium war ein Ausweichen vor der Arbeitswelt. Frei von beruflichen Erfahrungen, bewirbt sie sich ungeschickt – und keiner will sie einstellen. Sie ist aktuell labil und auf sinnvolle Betätigung ansprechbar.
Oder die frischgebackene Abiturientin, die sich für keinen der üblichen Berufe entscheiden mag. Sie möchte etwas Sinnvolles für die Menschheit tun. Sie sucht begierig und erfolgsfrei. Auch sie ist aktuell labil und auf sinnvolle Betätigung ansprechbar.
Schließlich der 40jährige Geschäftsführer. Seine Ehe endete gerade mit fürchterlichem Getöse. Nun ist er frei von Geborgenheit und Gemeinsamkeit. Er hat ein dumpfes Gefühl, wesentliche Dinge falsch anzugehen. Um jetzt »alles ganz anders« zu machen, bleibt ihm nur die Firma. Er muß nur noch herausfinden, wie das geht. Auch er ist aktuell labil ...

Welche Lebensbereiche wirken besonders häufig und intensiv auf die psychische Stabilität bzw. Labilität?

- *Berufliche Situation:* Mißerfolge, fehlende Anerkennung, gestörte Beziehung zum Vorgesetzten, Angst, übergangen zu werden usw.
- *Private Beziehung:* Konflikte mit den Eltern beim Erwachsenwerden, Trennung vom Lebenspartner usw.
- *Gesellschaftliche Brennpunkte:* Fehlende Sinngebung und bedrückende Schwierigkeiten. Jemand erlebt in der gesamten Umwelt unangenehme Themen wie Kriege, Atomunfälle und andere Katastrophen. Die Probleme in der Dritten Welt werden zunehmend unsere Probleme usw.

Sie werden jetzt vielleicht einwenden: »Das umfaßt ja nur wenige Bereiche. Das Leben bietet doch viel mehr Möglichkeiten, um unglücklich und labil zu werden!« Wir stimmen Ihnen zu. Aber trotz aktueller Labilität erweist sich manche Situation als resistent gegen Gehirnwäsche.

Ein Beispiel: Früher hielten wir die Situation nach dem *Tod einer nahestehenden Person* für eine »labile« und deshalb scientologyanfällige Situation. Nach unserer Erfahrung passiert das aber fast nie. Das mag daran liegen, daß ein Lockruf wie »Erfolg steigern« die trauernde Person kaum anspricht. Außerdem fehlt in der akuten Trauerphase die Kraft, um Quälereien wie das Auditing oder stundenlange Saunagänge – wie beispielsweise im sogenannten »Reinigungs-Rundown« von Scientology – durchzustehen. Trauersituationen schaffen eher Offenheit für spiritistische Gruppen. Diese locken mit einer direkten Kontaktaufnahme zu Menschen aus dem Reich des Todes.
Anders sieht das aus, wenn jemand innerhalb der letzten Jahre eine *psychotherapeutische Behandlung* in Anspruch genommen hat. Häufig ging es dabei um Themen der privaten Beziehungen und deren Auswirkung auf die berufliche Situation. Er lebt weitgehend stabil, kann aber durch einschneidende Erlebnisse wieder in »sein« altes Problem zurückgeworfen werden. Er wird zur leichten Beute einer totalitären Organisation. Allerdings stellt er auch ein Risiko dar. Führt seine

Erleuchtung zum Rückfall und weiteren unangenehmen Folgen, dann steigen seine Chancen, daß er hohe Schadensersatzforderungen gegen die Organisation gerichtlich durchsetzen kann. In den USA stellen sich etliche Gruppen inzwischen auf die vorsichtige Seite: In den *Vertragsbedingungen* lassen sie Neulinge unterschreiben, daß mit psychischem Streß gerechnet werden muß und die Organisation keine Haftung für daraus entstehende Schäden übernimmt.

Totalitäre Systeme gewöhnen ihre Opfer an feste Abläufe und Rituale. Die angenehmen Gefühle dabei und das Unbehagen, wenn sie fehlen, weisen auf die Merkmale einer Sucht. Für die Integration in eine totalitäre Gruppe bringen Menschen mit *Suchtgewohnheiten* also »günstigere« Voraussetzungen mit als suchtfreie Menschen. Wir zählen diese Ausgangssituationen deshalb auch zur aktuellen Labilität. Wer zum Beispiel bereits über Suchtgewohnheiten verfügt, braucht nur umzusteigen – etwa von harten Drogen auf andere Dinge. Scientology betreibt einen eigenen Geschäftsbereich für die Drogenrehabilitation, nämlich »Narconon Deutschland«.

Mehrere Beispiele aus der Wirtschaft deuten noch auf eine spezielle Variante der aktuellen Labilität und auf die Einstiegssituation bei Scientology hin: das *Umgarnen am Ruinpunkt*. Wir übernehmen den scientologischen Begriff, weil er am besten das methodische und taktische Vorgehen beschreibt. Der »Ruinpunkt« kann sich auf eine Winzigkeit beziehen.

Nehmen wir einen jungen und erfolgreichen Manager, Herrn Aufstieg, aus der zweiten Führungsebene. Er tritt überall energisch und durchsetzungsstark auf. Nur im Gespräch mit seinem Vorstand hemmt ihn etwas. Vielleicht liegt die Ursache für seinen wunden Punkt in einer anderen Situation. Das könnte den Umgang mit der Sekretärin seines Vorstands betreffen. Wenn sie schnippische Bemerkungen macht, reagiert Herr Aufstieg verlegen.

Egal in welcher Situation der »Ruinpunkt« auftaucht: Kaum

jemand lebt ohne ihn, er ist eine Last – und Scientology findet ihn. Dafür gibt es entsprechende Gesprächstechniken. Der Ruinpunkt liegt nun auf dem Tablett vor Herrn Aufstieg. Er bekommt den Hinweis, daß sich sein Defizit mit einfachen Techniken der Kommunikation überwinden läßt. Wird er zugreifen?
Der junge Mann macht irgendwann einen Kommunikationskurs, von dem ihm ein befreundeter Kollege ganz euphorisch erzählte. Dort erfährt er eine überwältigende Anerkennung. Herr Aufstieg hat keine Ahnung, daß es sich um die Technik »Love-Bombing« handelt: Eingeweihte Scientologen überschütten ihn mit Zuwendung, damit er sich gut fühlt. Durch eine Übung lernt er, seinen Ruinpunkt zu überspielen. Zurück im Büro, klappt seine Kommunikation besser. Es gelingt ihm, »cool« zu bleiben. Er tritt jetzt auch hier stark auf und zeigt keine Spur von Verlegenheit.

Am nächsten Tag ruft einer der Kursteilnehmer an, Herr Umgarner. Dieser findet Herrn Aufstieg so sympathisch, daß er ihn mit Familie privat einlädt. Zufällig sind die Kinder beider Familien gleichaltrig. Der Wochenendbesuch endet mit neuen Freundschaften. Herr und Frau Aufstieg fahren begeistert nach Hause. Die Umgarners machen einen netten Eindruck. Sie drücken sich zwar manchmal etwas eigenartig aus, dafür scheinen sie aber glücklich zu leben. Nachdem Frau Umgarner auch ganz begeistert von diesem Kommunikationskurs erzählt, entwickelt Frau Aufstieg einige Neugier. Und Herr Aufstieg spielt mit dem Gedanken, den Fortsetzungskurs zu buchen …
Wie könnte die Geschichte weitergehen? Wird Herr Aufstieg in vielen kleinen Schritten von immer neuen Kommunikationstechniken »überzeugt«? Lernt er eine neue Technologie zur Betriebsführung kennen? Wird er dazu angeleitet, wie er seinen Vorstand für einen Kommunikationskurs gewinnt? Wird der Vorstand danach die Firma in einen scientologischen Wirtschaftsverband einbringen?

2.2 Der Verkaufstrick: Ein Persönlichkeitstest

»Wir nutzen nur zehn Prozent unseres geistigen Potentials.« Für die Werbung zum »Test« zitiert Scientology gern diesen Satz Albert Einsteins. Kritiker werfen Scientology die Behauptung vor, eine Vervielfachung der Intelligenz erreichen zu können. Damit tut man dieser Organisation unrecht: Einstein meinte den Satz zwar als Ermunterung, die ungenutzten geistigen Potentiale zu entdecken. Beim Entwickeln des »Tests« und bei seiner Auswertung stellen wir jedoch unglaubliche wissenschaftliche Qualitätsmängel fest. Vielleicht versteht Scientology den Satz von Einstein ganz falsch? Uns kam der spöttische Gedanke, daß Scientology aus dem Satz einen Befehl gemacht haben könnte, der dann so lauten würde: »Du darfst auf keinen Fall mehr als zehn Prozent deines geistigen Potentials nutzen!«

Die kostenlose Eintrittskarte

Der erste Schritt in die Organisation läuft häufig über die Teilnahme an einem sogenannten »Persönlichkeitstest«. Im privaten Bereich erfolgt die Ansprache auf der Straße oder über den häuslichen Briefkasten. Ihnen wird ein kostenloser Test angeboten. Mit dieser Freikarte für den Eintritt und der Aussicht, etwas über die eigene Person zu erfahren, besteht ein vorzügliches Lockmittel. Und noch mehr: Die freiwillige Angabe persönlicher Schwächen legt der Organisation die wunden Punkte (also »Ruinpunkte«) ausgebreitet auf den Tisch.

Der seriöse Anstrich

Der Test heißt OCA und bedeutet »Oxford Capacity Analysis«. Damit erhält der Laie den Eindruck, ein wissenschaftliches Produkt der Oxford University zu nutzen – was nicht der Fall ist.

Erst schimpfen ...

Das Verhältnis des Unternehmens Scientology zur Psychologie ist etwas gestört. Man fürchtet sie (zu Recht) wie der Teufel das Weihwasser und bekämpft diese Wissenschaft mit furchterregenden und selbstgebastelten Schimpfworten. Scientology bezeichnet Kritiker als »unterdrückerische Personen« (suppressive persons = SP), »antisoziale Persönlichkeiten«, »Krimininelle« und »Mörder auf Raten«. Dazu gehören auch Ärzte, Psychiater, Journalisten, Parlamentarier – eben alle, die Kritik an diesem Unternehmen üben.

... dann nehmen

Unterdrückerische Tests der Psychologie hin, eigene Tests her: Der Fragebogen wird verpackt wie ein richtiger Test. Scientology verhält sich hier wie jemand, der zwar Autos vehement ablehnt, aber im Hinterhof selbst ein neues Auto baut und dieses auch noch als Maßstab für den Weltmarkt ausgibt.

Sehr mangelhaft: Der OCA-Test für private Kunden

Der Test enthält 200 Fragen, die jeweils mit »ja«, »unsicher« und »nein« beantwortet werden müssen. Er erinnert damit auf den ersten Blick an wissenschaftliche Persönlichkeitstests. Die Fragen richten sich auf eher schwierige Situationen und Reaktionsgewohnheiten im Alltag.

Beispiele

Stellen Sie sich vor, in Ihrem Unternehmen zukünftig die Personalauswahl anhand der Antworten zu folgenden Fragen vorzunehmen:

Frage 5: »Blättern Sie einfach zu Ihrem Vergnügen in Eisenbahnfahrplänen, Telefonbüchern oder Wörterbüchern?«

Frage 9: »Wollen Sie zwei Kinder oder weniger, obwohl Ihre Gesundheit und Ihr Einkommen mehr erlauben?«

Frage 51: »Geraten Sie gelegentlich in Schwierigkeiten?«

Frage 99: »Wenn Sie in ein anderes Land eindringen würden, hätten Sie Mitgefühl für die Kriegsdienstverweigerer in diesem Land?«

Frage 110: »Wenn Sie an einem lieben Kind vorbeigehen, vermeiden Sie es, Interesse zu zeigen, anstatt hinzuschauen und zu lächeln?«

Frage 200: »Glauben Sie, daß Sie viele gute Freunde haben?«

Den Testaufbau und seine methodische Auswertung haben wir an anderer Stelle untersucht.[1] Da geht es um den abenteuerlichen Aufbau, mißverständliche und suggestive Formulierungen, uneinheitliche Testversionen, den wirren Umgang mit Logik, die Mißachtung elementarster Testprinzipien, haarsträubende Fehler und die systematisch hergestellten Negativergebnisse, mit denen der therapeutische Behandlungsbedarf des Kunden unterstellt wird. Und es geht darum, wie Scientology diese kleinen Mängel durch tollkühne Behauptungen »ausgleicht«[2].

Quatsch im Quadrat: Der U-Test für Geschäftskunden

Was uns passierte, könnten auch Sie erleben: Ein geschätzter, hochrangiger Kollege empfiehlt Ihnen für die Auswahl von Bewerbern einen großartigen Test. Dieser stellt angeblich jedes andere Verfahren in den Schatten und heißt »U-Test«. Er kommt von der Firma »U-Man« (= echter Name) und entspricht dem OCA-Test von Scientology. U-Man bezieht sich im Kleingedruckten seiner Werbebroschüre auf L. Ron Hubbard, den Erfinder von Scientology. Eine gewisse Nähe zu Scientology anzunehmen, dürfte also keine gewagte Spekulation darstellen.

Was Ihnen bei der Personalauswahl gerade noch fehlt

Der OCA-Test wird auch kommerziell verwertet. Die Firma U-Man verfügt laut Prospekt über mehrere Filialen in Deutschland (Berlin, Hamburg und München) sowie in vielen anderen Ländern. Die angepeilte Zielgruppe sind Unternehmen. U-Man behauptet, multinationale Konzerne zu beraten. Welche das sind, bleibt ein süßes Geheimnis, denn kein einziger wird genannt. Das Prinzip lautet: Vertrauen statt Referenz!

Der »U-Test« kann mehr Vorteile erfüllen als das bloße Anlokken von privaten Personen, wie das mit dem OCA-Test geschieht:

- *Umsatz machen.* Unternehmen bezahlen (je nach Stückzahl) pro Auswertung zwischen 600 und 900 DM.
- *Daten potentieller Mitglieder?* U-Man behält sich die Auswertung selbst vor. Welches Interesse kann es dafür geben? U-Man erhält ganz nebenbei auch Namen und Adressen aller getesteten Personen. Mit dem Persönlichkeitsprofil und der in Wohnortnähe agierenden lokalen Organisation könnten die ahnungslosen Testpersonen angesprochen werden. Im Werbeprospekt gibt sich U-Man noch seriös: »Der U-Test unterliegt ... einem strengen Datenschutz.«
  Was bedeutet »streng«? Was einen besonders gewissenhaften Eindruck machen soll, ist die pure Selbstverständlichkeit nach deutschem Recht: Sowohl das Datenschutzgesetz als auch das Strafgesetzbuch mit der Schweigepflicht stellen Verstöße unter Strafe. Wo liegt das mögliche Schlupfloch für U-Man? Es kommt im Angebotsbrief. Da wird so getan, als handele es sich um eine ungeregelte Frage, wie man in diesem Lande mit persönlichen Daten umgeht: »U-MAN verpflichtet sich, alle internen Informationen Ihres Hauses vertraulich zu behandeln. Der Kunde verpflichtet sich, die Vertraulichkeit der persönlichen Daten der Bewerber zu schützen, soweit es der allgemeinen Praxis entspricht.«
  Wir interpretieren das so: Das beauftragende Unternehmen muß die persönlichen Daten schützen. Die Firma U-Man behandelt nur die »internen Informationen« vertraulich. Und die Testantworten eines Bewerbers gehören nach dieser Definition keinesfalls zu den internen Informationen der Firma. Die Testantworten sind damit frei zur anderweitigen Verwendung. Ob U-Man dieser selbstgeschaffenen Möglichkeit widerstehen kann?
- *Plazierung eigener Mitglieder?* Der eben genannte Mechanismus könnte – rein theoretisch – auch umgekehrt genutzt werden: Dem Unternehmen, das einen geeigneten Bewerber

über eine Anzeige sucht, kann U-Man jemanden präsentieren, der angeblich ein viel besseres Persönlichkeitsprofil aufweist als die vom Unternehmen gefundenen Bewerber: Das Unternehmen freut sich über einen scheinbaren Vorteil, und die Sekte kann einen neuen Stützpunkt schaffen. Ob U-Man auf diese zusätzliche Möglichkeit verzichtet?

Unzulässige Fragen?

Abgesehen von möglichen Interessen der Firma U-Man stellt sich die Frage, ob das beauftragende Unternehmen mit diesem Test überhaupt noch den Rahmen zulässiger Fragen im Bewerbungsverfahren einhält. Der Test stellt überwiegend Fragen, die mit den Anforderungen der zu besetzenden Stelle in keinerlei Beziehung stehen. Nach unserer Einschätzung bietet das Einverständnis eines Bewerbers keine Hilfe gegen die vermutliche Unzulässigkeit dieses Verfahrens. Es bleibt zu prüfen, ob der U-Test beispielsweise das »allgemeine Persönlichkeitsrecht« verletzt, wogegen ein Unterlassungs- bzw. Schadensersatzanspruch bestehen könnte. Warten wir ab, bis das erste gerichtliche Urteil in dieser Sache vorliegt!

Was blüht Ihnen bei der U-Test-Auswertung?

Was bekommt man für sein Geld? Schauen wir uns die Auswertung für Test Nr. 0 000 000 979 an. Mit der Registriernummer wissen Sie schon alles, was am Auswertungstext systematisch durchdacht ist: Offenbar besteht der Plan, bis zu zehn Millionen Bewerber zu testen. Sie halten das vielleicht für eine maßlose Selbstüberschätzung. Aber Scientologen denken langfristig. Manche Arbeitsverträge in der Organisation binden die Mitarbeiter auf »Milliarden Jahre»!

Welchen Nutzen bieten Ihnen die Experten von U-Man?

Oh, Schreck: Der Bewerber ist psychisch krank ...

Die textliche Beschreibung der Testwerte beginnt mit der Überschrift »Syndrom«. Alle unsere Lexika, Fach- und Fremdwörterbücher kommen zum gleichen Ergebnis, was dieses Wort bedeutet: nämlich »Krankheitsbild«. Da keine körperlichen Dinge beschrieben werden, handelt es sich also um eine geistige Krankheit.

... und den sollen wir einstellen?
Trotz der angekündigten Erkrankung verrät uns der Text kein Wort über die Diagnose oder gibt uns gar Hinweise zur Therapie. U-Man bleibt dann auch nur die »zusammenfassende Empfehlung«, diese Person einzustellen. Ob die angeblichen Profis plötzlich Skrupel hatten, mit der leichtfertigen Etikettierung fortzufahren? Immerhin weiß die Sozialwissenschaft seit Jahrzehnten, welche verheerende Wirkung das schnelle Einsortieren als »krank« durch Laien für die betroffene Person hat. Oder ob ein U-Männchen beim Basteln an der ersten Auswertung eine Überschrift suchte, dabei ein medizinisches Gutachten in die Hände bekam und in seiner fachlichen Unberührtheit die falsche Überschrift geklaut hat? Scientologische Seelen lassen sich eben kaum ergründen ...

Weltrekord beim Differenzieren!
Für die »Stufe der Empfehlung« präsentiert U-Man eine Skala von gewaltigem Umfang: *27 Abstufungen* zwischen »sehr gering« und »sehr hoch« schlagen die Unterscheidungsfähigkeit normaler Menschen meilenweit. Bei diesen hört es bei sieben Stufen auf. Auf jenem bescheidenen Niveau präsentieren sachkundige Untersucher bei Tests und Umfragen ihre Ergebnisse. Daran sehen wir: Scientology übertrifft die Wissenschaft um 300 Prozent!

Schade: Leider fehlt das Herzstück.
Wer den Scientology-Gründer Hubbard liebt, mag auch große Zahlen. Stolz verkündet der Werbeprospekt, daß U-Man angeblich über *21 000 Merkmale* verfügt. In der Testauswertung mutieren die Merkmale sogar zu 21 000 *Anforderungsprofilen* für Stellenbeschreibungen! Das wird noch imposanter, wenn man bedenkt, daß U-Man nur nach der Persönlichkeit fragt und die Fachkenntnisse großzügig vernachlässigt. Können Sie sich vorstellen, daß man überhaupt 10 Prozent

davon, also über 2000 Anforderungsprofile – noch dazu ohne fachliche Bestimmung –, begründen und sinnvoll unterscheiden kann?
Auch wenn dem so ist: Der Auftraggeber von U-Man erhält viel an Behauptungen und Papier, aber wenig an Leistung: kein Profil der zu besetzenden Stelle und deshalb auch *keinen Profilvergleich* zwischen dem Testergebnis und den Anforderungen der Stelle. Welchen Vorteil bietet das? Damit wird es möglich (über langatmiges Heruminterpretieren), von guten Bewerbern abzuraten oder Einzeldefizite von ungeeigneten Bewerbern schönzureden. U-Man würde so etwas nie machen. Aber wenn Sie bei U-Man wären, kämen Sie dann schon auf die Idee, mit diesem Trick Scientologen einzuschleusen?

Brav gerechnet – aber was bedeuten die Zahlen?
Wenn Sie jemanden im finstersten Raum ohne Blitzlicht fotografieren – wie bekommen Sie ein scharfes Bild? Indem Sie den Film doppelt sorgfältig entwickeln! Mit dieser Analogie erkennen Sie einen logischen Gag. U-Man verwendet ihn mit Stolz bei der selbstgestellten Frage nach der Genauigkeit. Da liegt die Fehlerquote beim *Errechnen der Werte* nur bei 1,5 Prozent. Das wird dann kühn als Begründung dafür genommen, daß die »Chancen sehr niedrig sind, ein falsches Grundbild Ihres Bewerbers zu bekommen«. Was sagt uns das aber darüber, ob der Test überhaupt die Merkmale erfaßt, die er zu erfassen vorgibt? Mit diesem Verständnis von »Genauigkeit« kann man den größten Quatsch im Test fragen, sofern die Antworten nur korrekt ausgewertet werden!
Die Genauigkeit kann nur gemessen werden, wenn man die Ergebnisse und Schlußfolgerungen aus dem Test mit späteren Arbeitsleistungen vergleicht. Selbst wenn Sie sich das Unwahrscheinliche vorstellen, daß U-Man nach Jahren stichhaltige Erfolgsinformationen über die *eingestellten* Bewerber abfragt und auch noch erhält: Wie sollte diese Firma den weiteren beruflichen Weg aller *abgewiesenen* Bewerber aufspüren und bewerten? Und selbst wenn alle diese methodischen Unmöglichkeiten doch möglich wären: Man muß schon alles

Wissen über die begrenzte Aussagekraft spontaner Selbstauskünfte über Bord werfen, um lupenreine prophetische Voraussagen für möglich zu halten.

Wodurch die Entscheidung »objektiv« wird.
Durch diese Testauswertung – so behauptet U-Man – können Sie zwischen einer Einstellung und einer Ablehnung entscheiden, weil Ihnen ein »leicht verständliches Charakterbild vermittelt wird«. Generationen geplagter Wissenschaftler mühen sich ab, um mit kompliziertesten Methoden einen bescheidenen Grad von Objektivität bei Eignungstests zu erreichen. Nach U-Man ist das alles unnötig. Es reicht, »leicht verständlich« zu sein! So einfach geht das ...
Übertragen wir dieses geniale Verständnis von »Objektivität« auf den Alltag. Jemand sagt Ihnen über das Wetter: »Nur Sonnenschein! Weit und breit keine Wolke!« Das ist leicht verständlich – aber: Ist es auch zutreffend? Sie entscheiden sich objektiv, ohne Regenschirm auszugehen. Sie kommen zwei Minuten später aus dem Haus, und es regnet in Strömen.

Werden Sie sich das nächste Mal vergewissern, daß eine Wetteraussage außer »leicht verständlich« auch vertrauenswürdig ist? Gerade weil es auch beim Wetter keine Garantie gibt, werden Sie bestimmte Gütekriterien verlangen, wenn es um das Beschreiben der aktuellen Situation geht – und erst recht bei Prognosen: Sie werden nach Ausbildung, Methoden, nachweisbaren Erfolgen und Referenzen fragen. Warum sollte das bei Eignungstests für Bewerber anders sein?

Neue Fremdsprache: »Scientologisch«.
Für ungelernte Scientologen ist der U-Man-Text eine echte Herausforderung:
- Was ist ein »wirklich wahres Bild«?
- Steht ein gewalttätiges Menschenbild hinter dem Satzanfang »Dies könnte ihn dazu forcieren ... «?
- Was bedeutet es, sich der »Maske einer anderen Person zu bedienen?«

Die Sprache verrät es: Wer so redet und denkt, kommt aus einer anderen Ecke als aus der Wirtschaft. Wer so anders denkt: Wie soll der sich nützlich in den Betrieb von Unternehmen eindenken können? Und wenn man Texte erhält, die erst entschlüsselt werden müssen: Wer mag schon die Mühe des Übersetzens und das Risiko der falschen Interpretation auf sich nehmen?

Sprachlogik für schlichte Gemüter.
Wenn Sie ein Wort erklären, werden Sie vermutlich beim Erläutern das fragliche Wort selbst vermeiden. Wenn jemand von Ihnen etwa wissen will, was ein Schimmel ist, benutzen Sie eventuell »weißes Pferd«. Und selbst wenn Sie andere Worte verwenden, Sie würden das Wort »Schimmel« niemals als vernünftigen Teil der Definition ansehen. Die Testauswertung von U-Man bietet Ihnen zehn »Eigenschaften« an. Hier finden Sie Beispiele für das »Beschreiben«, womit vermutlich eine Art Definition oder zumindest ein besseres Verständnis geschaffen werden soll:

Eigenschaft		*Aus der Beschreibung*
Aktivität	=	Aktivitätsniveau
Effizienz	=	Effektivität
Verantwortung	=	Verantwortung
Verständnis	=	Verstehen
Kommunikationsniveau	=	Kommunikation

Erst großspurig, dann kleinlaut.
Nach den prahlerischen Ankündigungen über die Leistungsfähigkeit des Tests (Werbeprospekt: »Vorhersage, was ein Bewerber später wirklich leisten kann«) kommen lange Abwägungen über die Schwierigkeit einer klaren Aussage. Das gipfelt in der Schlußfolgerung: »Das Testresultat gibt daher *kein wirklich wahres Bild* der Persönlichkeit«. Wozu dann der ganze Aufwand? Für ein unwirklich wahres Bild sind die Kosten zu hoch, ist der Zeiteinsatz vergeblich und sind die Folgen einer falschen Einstellungsentscheidung zu gravierend. Dabei zielt die Verkaufsargumentation von U-Man auf

genau diese Katastrophe: »Was kostet eine Fehleinstellung? Mehrere 1000 DM oder sogar mehrere 10 000 DM? Einige unserer Kunden sagen, daß es sogar mehr als 10 000 DM kosten kann!«
Wo sie recht haben, haben sie recht. Diese Problembeschreibung teilen wir. Ein gewisser Zweifel bleibt, ob der U-Test und seine Auswertung überhaupt in der Lage sind, das Problem zu lösen ...

Hilfe als Brüskierung.
Nach dieser eigenen Bankrotterklärung folgt der Versuch, das Gesicht zu wahren. Hilfe wird angeboten und ein weiteres Interview vorgeschlagen. Welche Ihnen *bisher unbekannte Fragetechnik* gibt es, um eine extrem schwierige Einstellungsentscheidung zu treffen? Wenn Sie also etwas dazulernen wollen – fragen Sie die Person: *»Wie oft wechselten Sie Ihre Stelle in den letzten zwei bis drei Jahren?«* Wären Sie alleine auf diese Idee gekommen? Aus Dankbarkeit für diese Belehrung sehen Sie sicher großzügig darüber hinweg, daß Ihnen unterstellt wird, Bewerber in die engere Wahl zu nehmen und testen zu lassen, ohne deren Lebenslauf zu kennen ...

Zu welcher Einschätzung kommen wir?
Der U-Test, seine Ergebnisse sowie deren Darstellung und Interpretation enthalten einen bodenlosen Quatsch und schreiende Widersprüche. Wenn ein Student im Praktikum einer Personalabteilung so etwas fabriziert, würden wir als Personalleiter, die auf Schadensbegrenzung bedacht sind, zunächst den guten Willen loben, dann – mit Blick auf die gebündelte Unfähigkeit – das Praktikum sofort abbrechen und dem Studenten für das Studienfach das gleiche raten.

2.3 »Der« Kommunikationskurs – Erfahrungsbericht eines jungen Bankers

Sie sehen: Der Test ist ein erster Schritt, der zwar Quatsch im Quadrat ist, aber auch seine Funktionen erfüllt – Angst machen und die Menschen bewegen, in die scientologische »Ausbildung« einzusteigen. Bei Managern heißt der nächste Schritt: »Kommunikationskurs«. Was für ein Kurs ist das? Hier der Bericht eines Teilnehmers:

Brief an die Staatsanwaltschaft in Frankfurt am Main vom Frühjahr 1995:

Die Ansprache

Ich wurde Ende 1994 auf der Freßgass von einer jungen Dame angesprochen. Ich wurde gefragt, welche zwei von etwa zehn vorgegebenen Seminarthemen mich interessieren, ob ich bereit wäre, privat ein Seminar zu besuchen, wieviel ich für ein zweitägiges Seminar maximal ausgeben würde und ob ich an einem für mich kostenlosen Seminar teilnehmen wolle. Ich beantwortete diese Fragen und äußerte Interesse an einer solchen Seminarteilnahme.

Der erste Schritt

Anfang Januar wurde ich dann von Frau P. von der Firma AMK angerufen. Sie lud mich zu einer kostenlosen Veranstaltung in ein Hotel an der Frankfurter Messe ein. Sie gebrauchte den Begriff »Seminar«. Als solches möchte ich diese Veranstaltung aber nicht bezeichnen. Geleitet wurde sie von Jürgen H., einem weiteren Vertreter der AMK.
Er hielt einen ca. zweistündigen Vortrag zu »Ursachen und Grundlagen für den beruflichen Erfolg«. Anwesend waren neben mir noch etwa 20 weitere Personen. Während dieses Vortrages arbeitete Herr H. im Dialog mit den Zuhörern die Bereiche »Spaß an der Arbeit« und »gute Beziehungen« zu allen Vorgesetzten und Kollegen als die wesentlichen Erfolgsgrundlagen in fast jedem Beruf heraus.

Der OCA-Test

Im Anschluß an diesen Vortrag wurde den Zuhörern angeboten, einen 200 Fragen umfassenden »Test« auszufüllen, diesen durch die AMK »auswerten« zu lassen und in einem Gespräch mit einem »Trainer« der AMK am nächsten Tag ein Feedback über die eigenen Stärken und Schwächen zu erhalten.
Ich selbst bin Anfang 30, Bankangestellter, und in den letzten drei Jahren von meinem Arbeitgeber sieben- oder achtmal zu verschiedenen Seminaren geschickt worden. Dabei waren die Einzelgespräche mit den Trainern für mich immer die wertvollsten Erfahrungen.
Deshalb war ich gerne bereit, diesen »Test« auszufüllen und mich dem Einzelgepräch zu stellen. Dieses Gespräch fand am nächsten Tag statt. Meine »Trainerin« war Frau P., die ich schon vom Telefon kannte.

Natürlich: Schlechte Ergebnisse

Die »Auswertung« meines Tests zeigt angeblich meine »Schwächen« im kommunikativen Bereich mit anderen Menschen und mein »geringes Selbstwertgefühl«. Frau P. versprach mir, daß ich, wenn ich in diesen Bereichen an mir arbeitete, einen phänomenalen Erfolgsanstieg im beruflichen Bereich erleben würde.
Ich selbst beschäftige mich schon seit einigen Monaten mit Kommunikation, Gesprächsbeeinflussung (ich bin im Kreditgeschäft tätig) und Überzeugungsmethoden.

Der nächste Schritt

Nachdem ich dann noch mehrfach direkt von Frau P. aufgefordert wurde, in diesem Bereich an mir zu arbeiten (»ich sei ja noch so jung, ich könne noch viel erreichen«), willigte ich ein, an einem zweitägigen Wochenend-»Seminar« bei der Firma AMK in Wiesloch-Rauenberg teilzunehmen. Dieses »Seminar« solle 890 DM kosten; über diesen Betrag unterzeichnete ich einen Abbuchungsauftrag.

Das Seminar begann am Morgen des Samstags. Martin K. referierte nochmals über die Bedeutung von »Spaß an der Arbeit« und »gute Beziehungen« zu allen Kollegen als wesentliche Grundlage für den beruflichen Erfolg.

Jetzt kommt Hubbard

Die Themen des Nachmittags waren das »ARK« (oder besser gesagt »ARC-Dreieck«), die sogenannten »Tonlagen« des menschlichen Gemüts, die effiziente Bearbeitung von Vorgängen (ohne Unterbrechungen Anfangen–Erledigen–Ablegen) und zwei TRs 0 (sogenannte Trainingsroutinen). Bei diesen mußten sich die Teilnehmer mit ca. einem Meter Abstand gegenübersetzen, zunächst mit geschlossenen, dann mit geöffneten Augen, ohne einander »auszuweichen«. Ein »Fehler«, d.h. ein Zucken, Schwanken, Lachen oder ähnliches, wurde mit dem Wort »Flunk« (englisch für Fehler), zu dem entsprechenden Teilnehmer gesprochen, seitens Herrn K. »bestraft«.
Das »ARC-Dreieck«, die »Tonlagen« und die TRs sind Elemente der Dianetik, einem Teil der Scientology-Techniken, was ich damals jedoch noch nicht wußte.

Von Dynamiken und reaktiven Minds

Am zweiten Seminartag ging es vormittags um die sogenannten »Dynamiken« des Lebens und um den »reaktiven Mind« (scientologische Begriffe), wobei jene Aspekte ausgelassen wurden, die einen irgendwie »esoterischen« oder besser »scientologischen« Eindruck bei uns hätten hinterlassen können.

TRs

Am Nachmittag wurden wir dann langsam darauf vorbereitet, die TRs mit einer letzten Übung TR 0 »Confrontation« zu beenden. Diese Übung ist eine Form des »Auditing« , ebenfalls eine zentrale Scientology-Übung. Hierbei geht es darum, das

Gegenüber durch wahllose Vorwürfe aus der Ruhe zu bringen und an den Reaktionen abzuschätzen, welcher Vorwurf treffen könnte. Bei einer entsprechenden Reaktion sollte nachgebohrt werden.

Ein echter Scientologe

Abschließend wurden wir gefragt, wie es uns gefallen hätte. Danach wurde uns eröffnet, daß die AMK-Lehrmethode dieses Seminars Dianetik sei. Es wurde von Herrn K. behauptet, daß die AMK aber nichts mit Scientology zu tun habe; sie sei völlig unabhängig neben der »Scientology-Kirche«. Er persönlich sei Mitglied der »Scientology-Kirche«. Zum Abschluß der Veranstaltung wurde diese TR 0 »Confrontation«-Übung weitergemacht.

Ein Glücksfall: Die Krise

In meinem Fall ist während dieser Übung ein Thema aufgekommen, mit dem ich persönlich sehr negative Erfahrungen verbinde. Ich habe den Übungsraum dann verlassen und für etwa eine halbe Stunde frische Luft geschnappt. Nachdem ich dann zum Übungsraum zurückkehrte, habe ich noch ein Gespräch mit Herrn K. führen sollen, was ich auch tat.
In diesem Gespräch hat Herr K. nochmals massiv versucht, mich zum Besuch der beiden Seminare »Persönliche Integrität« und »Bewältigung der Aufs und Abs im Leben« zu überreden. Ich hätte in diesen Bereichen meine besonderen Probleme und müßte dringend etwas dagegen tun. Ich verwies ihn auf meine Erfahrungen mit der letzten Übung und führte an, daß mir dies keinen »Spaß« gemacht hat. Ich verließ dann die Räume der AMK.

Informationssuche

Ich habe mich dann ab dem nächsten Tag genauer über Scientology und die AMK informiert und gemerkt, daß wir dort die ganze Zeit über getäuscht und belogen wurden. Wesentliche Übungsteile waren hundertprozentig Bestandteil der »Dianetik«, die meines Erachtens keine Methode zur Verbesserung der Kommunikationsfähigkeit des Individuums, sondern eine Methode zur Unterdrückung des »gesunden Menschenverstandes«, der Isolierung und Abhängigmachung eines einzelnen ist. Obwohl keine physische Gewalt gebraucht wurde, bin ich persönlich der Meinung, daß diese »Seminare« der AMK als Nötigung bezeichnet werden können. Es wurde immer wieder und in dem Einzelgespräch mit Herrn K. erheblich auf uns eingewirkt, uns um die Verbesserung unseres Verhaltens gegenüber anderen durch Seminare der AMK zu bemühen.

Der Spaß kostet leider eine Menge

Die hohen Kosten von 2800 DM für die meisten anderen Seminare (im Paket nur an diesem Abend für 40 000 DM gegen sofortige Bezahlung per Scheck oder Kontovollmacht zu buchen) würden wir durch schnelle Erfolge – Beförderungen oder höhere Umsätze – schnell wieder hereinholen. Das gesamte Kursprogramm der Scientology-Kirche hätte mich wahrscheinlich 450 000 bis 500 000 DM gekostet. Insgesamt bin ich froh, daß ich mich nicht dazu verleiten ließ, weiter auf die »Angebote« der AMK einzugehen.

Abschließend möchte ich Sie, Frau Staatsanwältin …, bitten, meinen »Erfahrungsbericht« und beiliegende Anlagen zu den Akten zu nehmen. Ich persönlich rechne, da ich mich nun aktiv gegen Scientology engagiere, mit Belästigungen durch diesen Personenkreis. Sollte meine Erfahrung in irgendeinem anderen Verfahren gegen die AMK oder Scientology von Interesse sein, stehe ich gerne zu Ihrer Verfügung.
Sollten Sie weitere Informationen zu Scientology benötigen oder sollte sich nach meiner Schilderung für Sie doch eine Möglichkeit ergeben, juristisch gegen die AMK oder Scientology vorzugehen, bin ich gerne zu weiteren Aussagen bereit.

Was passiert danach?

Ein Detail aus unserem Gespräch mit dem Banker: Den Kursteilnehmern wurde untersagt, im Gebäude der AMK den ersten Stock zu betreten – die Seminarräume befanden sich im Erdgeschoß. Eine komische Regel. Als der Banker zum Gespräch mit Herrn K. gebeten wurde, erkannte er den Grund: Gut sichtbar im ersten Stock gab es ein Ausstellungszimmer, das L. Ron Hubbard gewidmet und fast altarmäßig aufgebaut war. Gab es vorher noch Zweifel an Zusammenhängen zwischen der AMK und Scientology – jetzt waren sie restlos beseitigt.

Die anderen Teilnehmer

Insgesamt nahmen fünf Personen teil, die unterschiedlich reagierten:

- Der Banker selbst stieg noch während des ersten Kurses aus.
- Ein kaufmännischer Angestellter hatte Probleme, die teuren Kurse zu finanzieren – und überdies handelte er bei finanziellen Entscheidungen ausgesprochen vorsichtig. Er wollte das Geld für den nächsten AMK-Kurs ansparen und erst dann unterschreiben. Der Anruf des Bankers brachte ihn von dieser Idee ab.
- Ein Versicherungsvertreter wurde über seinen Anwalt gewarnt und zog seine Unterschriften zurück. Er verwies auf seinen Kontakt zu Anti-Scientology-Experten, was zu einer Akzeptanz seines Kündigungsschreibens seitens Herrn K. führte.
- Ein Handwerksmeister, der wegen konkreter Probleme mit seinem gewachsenen Betrieb – und daraus resultierend mit seinen Mitarbeitern – zur AMK ging, unterschrieb schon am ersten Wochenende einen Vertrag über Kurse im Gesamtwert von 40 000 DM. Die Bemühungen, ihm die vollen Informationen über die AMK zugänglich zu machen, gelangen ebenfalls, und er konnte ohne Folgen vom Vertrag zurücktreten.

- Ein Anlageberater blieb bei der AMK – und wird mit weiteren Kursen beglückt. Leider blieben die Versuche der anderen Kursteilnehmer, ihn zu warnen, bisher erfolglos.

Übrigens: Nach Zeugenaussagen ist jeder Mensch, der den Kommunikationskurs macht, auf dem Weg zum »ehrenamtlichen Geistlichen« nach L. Ron Hubbard.[3] Ob das die teilnehmenden Manager wissen? Ist das ihr neues Lebensziel?

2.4 Ein Beispiel für den Kursaufbau: »Die Aufs und Abs im Leben überwinden«

Was passiert in den Seminaren von AMK oder anderen scientologischen Schulungsunternehmen? Nach allem, was wir wissen, überall das gleiche – die Kurse laufen standardisiert ab und funktionieren mit den gleichen Unterlagen. Warum erzielen sie so einen Erfolg? Was bieten sie für 40 000 DM? Was macht sie für bestimmte Menschen so attraktiv?
Wir haben den Kurs »Die Aufs und Abs im Leben überwinden« im Detail untersucht, um Ihnen Einsichten in die Hubbardschen Methoden zu ermöglichen.
Betrachten wir dazu die schriftlichen Unterlagen dieses Kommunikationskurses, der zum Beispiel von der AMK im Frühjahr 1994 durchgeführt wurde.

Der Teilnehmer als Student

Die ersten Seiten[4] beschäftigen sich mit L. Ron Hubbards »Administrativer Technologie«. Auf dem Deckblatt kann auch selbst etwas ausgefüllt werden. Dort steht:

Name des Studenten . . . .

Einschreibungsdatum . . . .

Ja, Sie haben richtig gelesen: Seminarteilnehmer werden zu Studenten, sie studieren. Und sie dürfen etwas ausfüllen. Das hat Methode: die Teilnehmer kleinmachen, Autorität der Trainer/Lehrer etablieren, degradieren vom erwachsenen Kursteilnehmer zum »Studenten«. Frauen kommen in der Formulierung überhaupt nicht vor (damit befindet sich Scientology allerdings im Einklang mit vielen anderen nichtscientologischen Unternehmen).

Wundertäter werden geboren

Selbstbewußt wird auf den ersten zwei Seiten der Kursunterlagen behauptet, daß die Kenntnis und Anwendung der Lehren »jegliches, sich im Abstieg befindliche Unternehmen oder Land in die entgegengesetzte Richtung führen würde ... man würde als Wundertäter betrachtet werden«.
Ja, wer will denn nicht gerne als Wundertäter betrachtet werden? Ehre, Ruhm und Geld erlangen, wenn solche Wunder geschehen? Es wäre allerdings ein echtes Wunder, wenn mit den nachfolgend beschriebenen Methoden ein solcher Erfolg auch zu verzeichnen wäre.

Verändern der Sprache

Zurück zu den Unterlagen: Abschnitt eins beschäftigt sich mit der grundlegenden Information für Studenten. Kommentar von Seminarteilnehmern, denen wir die ersten beiden Seiten zum Lesen gaben: »Trivial.« Aber die verdeckten Botschaften – klein, abhängig und unkritisch machen – werden auch hier vermittelt.
Das Niveau ist trivial – vordergründige Botschaft: Wenn der Leser ein Wort nicht verstehe, möge er doch in einem Lexikon nachschlagen. Aber wie so oft im Leben: Der Ton macht die Musik. Zitat: »Ich werde Ihnen jetzt eine wichtige Information geben.« Hat sich die Autorität des Schreibers schon etabliert, wenn ich einen solchen Satz kritiklos überlese? Oder: »Der einzige Grund, warum jemand ein Studium aufgibt, verwirrt

oder lernunfähig wird, liegt darin, daß er ein Wort überging, das er nicht verstanden hat.« Jetzt wird Hubbard aber ganz schön massiv und winkt mit dem Zaunpfahl: »verwirrt«, »lernunfähig«, »das Studium aufgeben« – wollen Sie das? Nein? Dann studieren Sie schön weiter, und schlagen Sie gefälligst die Worte nach, die Sie nicht verstehen. Benutzen Sie aber bitte das Glossar von Scientology – damit die Wortverschiebungen auch möglichst schnell wirken.

Was läuft zwischen den Zeilen ab?

- Fortsetzung der Handlung: Wir haben die Wahrheit, wir geben dir gnädigerweise wichtige Informationen – macht Teilnehmer »klein« und vermindert damit ihre Kritikfähigkeit.
- Angstmache: Das zentrale Element totalitärer Systeme ist die Angst – das Funktionieren der Systeme hängt unter anderem davon ab, daß die Menschen Angst haben und täglich vor Augen geführt bekommen, daß es dafür auch gute Gründe gibt – zum Beispiel wegen des Strafsystems.
- Abgrenzung des Systems nach außen durch massive Sprachverschiebungen: Hubbard selbst hat dies deutlich gemacht – Worte sollen von Scientology redefiniert werden. Zielsetzung: die Außenkommunikation erschweren und damit Scientologen von ihrer eigenen Organisation abhängig machen. Versuchen Sie einmal, mit einem eingefleischten Scientologen zu diskutieren – Sie werden wenig Freude daran haben – und sich wundern, warum man sich gegenseitig nicht versteht.

Worte sind zentraler Lerninhalt der sogenannten Kommunikationskurse. Teilnehmer berichten, daß die Worte vom »Kursüberwacher« intensiv abgefragt werden, so daß beim Lesen die Konzentration auf einen einzigen Aspekt fixiert wird: »Habe ich auch jedes Wort verstanden, kann ich es definieren?« Die Zusammenhänge und der Sinn des Ganzen werden dadurch nicht weiter beachtet.

Der Verstand ist unerwünscht

Effekt: Ausschaltung des kritischen Verstandes, eindimensionale Verengung des Denkens. Dieses Prinzip wird konsequent angewandt und führt bei diesem exzessiven Betreiben zu folgenden Ergebnissen:

- Der Teilnehmer verliert sich in der Unendlichkeit der Details.
- Er addiert Einzelinformationen.
- Es wird dadurch verhindert, Zusammenhänge zu betrachten und zu erkennen.

Was ist das Ergebnis? Der Teilnehmer hat den Gesamtzusammenhang nicht weiter beachtet – und unter Umständen unkritisch hingenommen.
Um mit Paul Watzlawick zu sprechen: Wenn ich 1000 Bäume habe und untersuche jeden Baum einzeln, habe ich noch kein Bild vom Wald als Summe der 1000 Bäume. Die Eigenschaften der einzelnen Bäume sagen mir noch nichts über die Beschaffenheit des Waldes. Um dessen Form zu erkennen, brauche ich Abstand und muß andere Elemente betrachten als die einzelnen Bäume – ihre Lage zueinander, die Ausdehnung, die Mischung etc.

Die Übungen

Zurück zu den Kursunterlagen. Damit sich alles auch gut setzt, folgt jetzt die erste Übung.
Auf der Seite steht jeweils oben: »An den Kursüberwacher« und dann, wieder zum Ausfüllen: »Von« … »An« und »Datum …«
Erinnern Sie sich an Ihre Kinder, die im Alter von sechs oder sieben Jahren bei Geschenken immer schrieben: Von … an …? Seriöse Seminare lassen in der Regel die Teilnehmer die Aufgaben selbst kontrollieren. Falls überhaupt die Notwendigkeit besteht, etwas identifizieren zu können, füllt man die Rubrik »Namen« aus.

Der Student bekommt folgende Aufgabe: »Erklären Sie, welche Rolle das mißverstandene Wort beim Studieren stets spielt.«
Die Aufgabe ist leicht zu lösen – hat man doch gerade zwei sehr triviale Seiten zu dem Thema gelesen.
Ziel der Übung: Verfestigen des Gelernten (didaktisch einwandfrei), verfestigen der Rolle als »Student« (dem Kursüberwacher »unterlegen«), verfestigen der Botschaft, nur ja jedes kleinste Wort nachzuschlagen. Sie sehen: Das alles hat Methode.

Demonstrationen.

Seite 5 beschäftigt sich mit der »Verwendung« und dem »Zweck von Demonstrationen«. Was ist denn das schon wieder?
Die »Demonstration« in einem Vortrag mit Hilfe eines Gegenstandes ist noch effizienter und bleibt besser im Gedächtnis als eine zweidimensionale Abbildung – eine altbekannte (und in vielen Reden vergessene) didaktische Weisheit.
Aber was Hubbard aus dieser Idee macht, ist schon abenteuerlich. Da gibt es im Kurs einen »Demo-Kit« aus verschiedenen Utensilien, wie Büroklammern oder Korken, Flaschendeckeln ...
Und wozu kann – und soll – man diese Gegenstände benutzen? Um zu lernen, was eine Büroklammer ist? Nein – um zu abstrahieren: Indem er (der Student) »die verschiedenen Teile des Demo-Kits diejenigen Objekte repräsentieren läßt, über die er etwas studiert, kann er sie hin und her bewegen und damit klarer erkennen, wie sie zueinander in Beziehung stehen etc. Indem er dies tut, erhält der Student zusätzlich zu den studierten Ideen noch Masse.«
Verstehen Sie den letzten Satz? Nein? Dann sind Sie auch kein Scientologe! Übrigens: Das Wort »Masse« wird im Glossar dieser Seminarunterlage nicht definiert! Aber ernsthaft: Hier werden Erwachsene dazu angehalten,

- wie im Kindergarten mit Puppen zu spielen,
- komplizierte menschliche Beziehungen mit Hilfe von Objekten (wie etwa Flaschendeckel) darzustellen,

Die scientologische Welt scheint sehr einfach.

Glück für alle.

Hubbard verspricht: »In diesem Kurs werden Sie Informationen finden, die Millionen von Leuten auf der ganzen Welt verwendet haben, um größere persönliche Stabilität und Glücklichsein im Leben zu erreichen.« Wenn Millionen von Menschen auf der ganzen Welt damit erfolgreich gearbeitet haben, dann muß der Kurs doch auch gut für den Novizen sein, oder?

Den Feind erfinden

Abschnitt drei beschäftigt sich dann mit den »zwei Arten von Menschen« und deren Verhalten: »Es gibt zwei Arten von Verhalten – jenes Verhalten, das darauf angelegt ist, konstruktiv zu sein, und jenes, das darauf angelegt ist, katastrophal zu sein ... Dies sind die zwei vorherrschenden Verhaltensmuster. Es gibt demzufolge Leute, die versuchen, die Dinge aufzubauen, und andere, die versuchen, die Dinge einzureißen.«
Ein toller Gegensatz: konstruktiv und katastrophal – aber eben nur diese beiden Eigenschaften werden als Möglichkeit menschlichen Verhaltens gesehen. Ob der gleiche Mensch immer das gleiche Verhalten hat, oder gibt es auch ein paar Abwechslungen? Die Antwort steht im nächsten Satz: »Und es gibt keine anderen Typen. Es gibt tatsächlich nicht einmal Grauschattierungen ... Der Kastrophentypus kann zu Untätigkeit (und Krankheit) niedergedrückt werden, und der konstruktive Typus kann ebenfalls niedergedrückt werden (und krank gemacht werden).«
Beide »Typen« sind demnach vor allem passiv: Sie werden – ohne aktives Zutun – niedergedrückt oder krank. Der Mensch bei Hubbard handelt nicht, sondern er »wird« behandelt.
Wenn Sie derartige Botschaften auch noch verinnerlichen, haben Sie gute Aussichten, ein vorbildlicher Scientologe zu werden.

»Es gibt also Cowboys mit weißen Hüten und Cowboys mit schwarzen Hüten, und die Cowboys mit den grauen Hüten sind zu krank, um beim Spiel mit dabeizusein.« Alles, was nicht ins Schwarzweißschema paßt, ist krank.

Die Antisoziale Persönlichkeit

Abschnitt vier beschäftigt sich mit der »Antisozialen Persönlichkeit«. »Es gibt gewisse Merkmale und geistige Einstellungen, die etwa 20 Prozent einer Rasse dazu bewegen, sich jeder Unternehmung oder Gruppe, die etwas verbessern will, mit Gewalt zu widersetzen. Solche Leute haben bekanntermaßen antisoziale Tendenzen. Die Dinge werden mit großer Wahrscheinlichkeit nicht viel besser werden, solange 20 Prozent der Bevölkerung gestattet wird, das Leben und die Unternehmungen der restlichen 80 Prozent zu beherrschen und zu schädigen.« Aber von diesen 20 Prozent sind nach Hubbard nur 2,5 Prozent wahrhaftig gefährlich. »... sehen wir, daß wir mit nur sehr wenig Anstrengung die Lage der Gesellschaft wesentlich verbessern können.«

20 Prozent sind eine ganze Menge, die sich *jeder* Verbesserung oder Gruppe *widersetzen* (und natürlich vor allem Scientology, die verbessern will). »Bekanntermaßen« heißt auch: Der Leser wäre ja dumm, wenn er zugeben würde, davon noch nie etwas gehört zu haben!

Hier zeigt sich ein zentrales Merkmal jeder sektiererischen Institution: Das Feindbild muß einerseits so schlimm sein, um den Wunsch zu wecken, es zu bekämpfen – andererseits darf es nicht so groß und furchterregend sein, daß man vor dem Kampf zurückschreckt.

Wie sieht nun die »Antisoziale Persönlichkeit« aus? Wir haben aus den Unterlagen die wichtigsten Merkmale herausgearbeitet, um den Nutzen für Scientology aufzuzeigen. Und damit Sie das »Gute« gleich miterleben, greifen wir vor und stellen Ihnen auch die Guten, nämlich die »Sozialen Persönlichkeiten«, mit ihren Merkmalen daneben:

Abbildung 2.1: Antisoziale und Soziale Persönlichkeiten	
Merkmal der Antisozialen Persönlichkeit (gekürzt aus den Unterlagen)	**Merkmal der Sozialen Persönlichkeit (gekürzt aus den Unterlagen)**
Spricht nur in sehr groben Verallgemeinerungen.	Übermittelt Nachrichten spezifisch und unter Angabe von Quellen.
Nur schlechte und erfundene Nachrichten werden weitergegeben.	Gibt möglichst nur gute Nachrichten weiter.
Spricht nicht auf Behandlung oder Besserungsversuche oder Psychotherapie an.	Behandlung, Besserungsversuche und Psychotherapie funktionieren.
Verbreitet hauptsächlich schlechte Nachrichten, kritische oder feindselige Bemerkungen, Abwertung und allgemeine Unterdrückung, ändert Kommunikation zum Negativen hin.	Verändert Nachrichten nur dann, wenn sie schlechte Nachrichten hat.
In deren Umgebung finden wir eingeschüchterte oder kranke Partner oder Freunde, die, wenn sie nicht tatsächlich in den Wahnsinn getrieben werden, ein verkrüppeltes Leben führen, voller Versagen, ohne jeden Erfolg.	Freunde sind glücklich, durch ihre Anwesenheit kann eine Besserung der Gesundheit oder des Erfolges erzeugt werden.
Sucht sich gewohnheitsmäßig das verkehrte Angriffsziel aus.	Sucht sich richtige Angriffsziele für Berichtigungen – zum Beispiel repariert platte Reifen,

Merkmal der Antisozialen Persönlichkeit (gekürzt aus den Unterlagen)	Merkmal der Sozialen Persönlichkeit (gekürzt aus den Unterlagen)
	statt gegen die Windschutzscheibe zu hämmern.
Kann keine Aktionszyklen abschließen.	Schämt sich für Missetaten und beichtet sie nur widerwillig, übernimmt Verantwortung.
Unterstützt ausschließlich destruktive Gruppen und greift konstruktive Gruppen an, heißt nur destruktive Handlungen gut.	Unterstützt konstruktive Gruppen, protestiert gegen destruktive Aktionen.
Hilft niemandem, sondern unterstützt Unternehmungen, die »unter der Bezeichnung Hilfe zerstören«.	Hilft anderen.
Hat einen schlechten Sinn für Besitz.	Eigentum soll nicht gestohlen werden

Wie man sieht, wird in den Aufbau eines ordentlichen Feindbildes viel investiert.
Nach der Theorie kommen zusätzlich Bildchen ins Spiel. Comics auf einfachstem Niveau, aber auch mit vielen Botschaften, wie das Bild auf Seite 51 zeigt:

Damit sich wiederum die Botschaften gut setzen, darf der Novize jetzt zu jedem der oben angeführten zehn »Merkmale« der »Antisozialen Persönlichkeit« Beispiele aus seinem eigenen Leben schildern.

Abbildung 2.2: Triviales Niveau

»Grundlegende Ursache«

Das nächste Kapitel widmet sich der »grundlegenden Ursache«. Nach den Regeln der Logik handelt es sich um eine Tautologie. Nach den Regeln der scientologischen Sprachverschiebung ist »Ursache einfach der Ausgangspunkt der Kommunikation«.[5]

Die Antisoziale Persönlichkeit hat demnach einen verborgenen Horror vor anderen Menschen – und muß deshalb andere vernichten. Außerdem verweigert sie, ihr Verhalten zu korrigieren. Hat der Feind ein klares Profil? Sitzt die Botschaft über den Cowboy mit dem schwarzen Hut? Dann können wir jetzt das Gute, Heile, Richtige kennenlernen: die Soziale Persönlichkeit.

Die Soziale Persönlichkeit

Zur Einführung: »Der Mensch läßt sich in seinen Ängsten leicht zu Hexenjagden hinreißen. Man braucht nur »Leute mit den schwarzen Kappen« [eben waren es noch Cowboys!] als die Bösewichte hinzustellen, und das Niedermetzeln der Leute mit den schwarzen Kappen kann beginnen. Diese Eigenschaften machen es der Antisozialen Persönlichkeit sehr leicht, eine chaotische und gefährliche Umwelt zustande zu bringen.«
Unfreiwillige Komik: Was Hubbard bei seinen Feinden feststellt, beschreibt seine eigene Hexenjagd auf die »Antisoziale Persönlichkeit«. Hier kommen noch die Begriffe »niedermetzeln«, »töten« und »erschießen« dazu. Werden dadurch moralische Barrieren bei zukünftigen Scientologen abgebaut?

Werte werden definiert: »Da die Gesellschaft ausschließlich aufgrund der Bemühungen der Sozialen Persönlichkeit funktioniert, gedeiht und lebt, muß diese erkennen, daß sie, nicht die Antisozialen Persönlichkeiten, die wertvollen Menschen sind.« Also sind die Bösen wertlos?

Zum Schluß: Alles wiederholen! Die abschließende Übung des Kurses gibt noch folgende Aufgabe: »Schreiben Sie einen Aufsatz darüber, wie Sie jede der Grundlagen, die Sie auf diesem Kurs gelernt haben, anwenden können, um jede Quelle von Antagonismus oder Unterdrückung, die Sie vielleicht ansprechen müßten, zu handhaben.«
Nach dieser Übung werden die Novizen nach Hause geschickt. Ob sie jetzt mit Gemütsschwankungen besser zurechtkommen

werden? Ob sie ihrem Unternehmen bessere Manager sein werden? Oder werden sie vielleicht in jeder Kritik, in jeder Diskussion jetzt die »Antisoziale Persönlichkeit« sehen?

2.5 Auditing: Das Verhör als Therapie

Der Begriff »Auditing« wird von Ihnen wahrscheinlich eher mit der Qualitätssicherung als mit Scientology verbunden. In der Qualitätssicherung bedeutet der Begriff »anhören, prüfen von Qualität«, bei Scientology wäre er besser übersetzt mit »zermürben und gefügig machen«. Ansonsten sehen wir zum Thema »Qualität« keinen Bezug.
Was verbirgt sich dahinter? Welche Psychotechniken kommen dabei zum Einsatz? Wie wirken sie? Wie bewerten wir sie? Eine Anmerkung: Leider müssen wir Ihnen in diesem Abschnitt einiges auf scientologisch zumuten – das ist manchmal schwer zu lesen!

Hautwiderstandsmessungen

Auditing ist eine Zweiersitzung zwischen »Auditor« (Scientologe, meist ohne therapeutische Vorbildung) und »Preclear« (PC), das heißt dem »Patienten«. Zusätzlich gibt es ein mechanisches Hilfsmittel, »das« E-Meter, ein simples Gerät zur Messung des Hautwiderstandes. Scientology setzt es vielfach ein. Luxusversionen dieses Gerätes kosten mehrere tausend Mark.
Benutzt wird dieses Gerät als Machtinstrument, »das dem PC die Überzeugung vermitteln soll, er werde durchschaut, könne keinen Gedankeninhalt für sich behalten«[6] – so Kindt von der Universität Zürich in einem Gutachten.

Bestätigung als Beratung

Scientology bezeichnet Auditing für die PCs als »die Tätigkeit, einem PC eine Frage zu stellen (die er verstehen und beantworten kann), eine Antwort auf diese Frage zu erhalten und ihm auf diese Antwort eine Bestätigung zu geben«.[7] Scientology sagt weiter, daß Auditing als »... eine einzigartige Form der Beratung bezeichnet werden [kann], die dem einzelnen hilft, sein Leben neu zu überdenken und fähiger zu werden, dem, was er ist und wo er ist, ins Auge zu schauen ...«[8]

Bestätigung als Beratung: Das ist weltweit einzigartig. Malen Sie sich mal aus:

Frage	=	Auditor:	»Bringen Sie Menschen um?«
Antwort	=	PC:	»Ja.«
Bestätigung	=	Auditor:	»Ach so!«
Frage	=	Auditor:	»Welche bevorzugen Sie?«
Antwort	=	PC:	»Frauen.«
Bestätigung	=	Auditor:	»Interessant.«
Frage	=	Auditor:	»Sie sind also ein Frauenmörder.«
Antwort	=	PC:	»Ja.«
Bestätigung	=	Auditor:	»Aha.«
Frage	=	Auditor:	»Wollen Sie so weitermachen?« (PC überdenkt das Frauenmorden und wird fähiger, »dem, was er ist, ins Auge zu schauen«).
Antwort	=	PC:	»Nein. Ich will mein Leben ändern! In Zukunft will ich Männer umbringen.«

Zugegeben, dies ist ein frei erfundener Dialog. Aber wenn man Hubbards Anweisungen ernst nimmt, könnte es auch so ablaufen.

Dummheit oder Hinterhalt

Erstklassige Fähigkeiten soll man angeblich durch diese Technik erhalten. Wie läuft das ab? »Während des Auditings werden weder Hypnose noch Trance noch Drogen eingesetzt ...«[9]

»Um herauszufinden, was mit Auditing zu erreichen ist, sollte man es bekommen.«[10] Merkwürdig: Scientologen steigen in schwindelnde (!) Bewußtseinshöhen. Das macht sie unschlagbar intelligent und bewußt. Leider geht ihnen dabei eine banale Fähigkeit verloren, die simple Erdenbürger beherrschen: etwas beschreiben zu können, was normalerweise jeder kann.
Oder gibt es etwas zu verbergen, was den zögernden Novizen zurückschrecken lassen würde? Eine solche Aussage sollte die Alarmglocken in Gang setzen, egal, ob man sie von Scientology oder anderen Anbietern geistiger Dienstleistungen hört. Wer sich weigert, den Ablauf oder die Wirkung seiner Methoden offenzulegen, will etwas verbergen! Dieses Versteckspiel wird gerne mit dem »Neugierig machen« ummantelt. Tatsächlich verhüllt es das Herzstück totalitärer Gruppen: ihre Methode!

Auditing stellt keinen aktiven Prozeß dar, in dem sich der Teilnehmer selbst verändert. Man »bekommt es«, befindet sich also in der passiven Rolle eines Objekts. Mit diesem Objekt wird etwas gemacht, das unabhängig von seinen Gefühlen und seinem Willen geschieht.

Die Anweisungen

Hubbard hinterließ sehr detaillierte Anweisungen zur Durchführung des Auditings:[11]

- »Versichern Sie dem Patienten, daß er über alles, was geschieht, Bescheid wissen wird.
- Zählen Sie, bis er die Augen schließt.
- Setzen Sie den Löscher ein.
- Senden Sie ihn in einen Zeitabschnitt der Vergangenheit zurück.
- Arbeiten Sie mit dem Archivar, um Daten zu erhalten.
- Reduzieren Sie alle berührten Engramme, so daß keine Ladung mehr übrigbleibt.

- Bringen Sie den Patienten in die Gegenwart zurück.
- Vergewissern Sie sich, daß er in der Gegenwart ist.
- Geben Sie ihm das Löscherwort.
- Stellen Sie volles Bewußtsein seiner Umgebung wieder her.«

Sie haben das alles noch nicht verstanden? Hier die Übersetzung der scientologischen Fremdwörter:

- Beim Auditing geht der Auditor mit dem *Patienten* um, das heißt, Scientology sieht die Novizen als kranke Menschen. Hier wiederholt sich die Sichtweise, in die jeder Bewerber gerät, der den U-Test ausfüllt.
- Der *Löscher* wird zu Beginn jeder Sitzung vereinbart und jedesmal am Ende eingesetzt. Es handelt sich um das Wort »gelöscht« und bedeutet: »Wenn ich in Zukunft das Wort ›gelöscht‹ ausspreche, wird alles, was ich zu Ihnen während der Sitzung gesagt habe, gelöscht sein und keine Macht über Sie haben. Jede Suggestion, die ich Ihnen gegeben habe, wird ohne Kraft sein, wenn ich das Wort ›gelöscht‹ spreche.«[12] Verstehen Sie?
- Der *Archivar* wird als Teil eines Computers beschrieben, der nach den heutigen Begriffen der Festplatte entsprechen würde. Er sitzt im Geist bzw. im Gehirn.[13]
- *Engramme* sind »Erfahrungen, die auf den emotionellen und geistigen Zustand des Menschen tiefgreifenden Einfluß«[14] haben und von denen er ohne Auditing nicht weiß, daß sie vorhanden sind.
- Engramme werden durch »Wiedererzählen«[15] *reduziert.*

Was bewirkt Auditing?

Wir listen die wichtigsten Beschreibungen und Ergebnisse von Auditingsitzungen auf, um Ihnen die Wirkungen des Instruments Auditing aufzuzeigen.

Abbildung 2.3: Auditingsitzungen	
Hubbards Anweisungen und Erläuterungen. (Zitate und Kurzfassungen aus verschiedenen Quellen.)	**Mögliche Wirkungen**
»Versichern Sie dem Patienten, daß er über alles, was geschieht, Bescheid wissen wird.«	Beruhigen des Novizen und Vertrauen aufbauen.
Vor dem ersten Auditing muß der Persönlichkeitstest gemacht werden.	Einführen eines scheinbar objektiven, wissenschaftlichen Diagnoseinstruments.
»Der Auditor muß lernen, niemals eine zweite Frage zu stellen, bevor er eine Antwort auf die gestellte Frage erhalten hat. Er soll also die Frage ohne Veränderung wiederholen, bis er eine Antwort erhält.«	Gewohntes Dialogverhalten außer Kraft setzen; sich daran gewöhnen, Befehle auszuführen, auch wenn sie noch so unbegründet und unangenehm sind.
»Beim Training muß der Auditor lernen, mit Nachdruck seine Anweisungen zu geben und, wenn nötig, auch handgreiflichen Druck verwenden.«	Der Auditor muß autoritär und suggestiv Kontrolle über den PC ausüben. Der PC muß lernen, diese Kontrolle zu akzeptieren.
»Senden Sie ihn (den PC) in einen Zeitabschnitt der Vergangenheit zurück.«	Zurückführen in die Kindheit und unangenehme Erlebnisse aus dieser Zeit wachrufen.
Zeitreise: Der PC muß die Story aus seiner Vergangenheit so oft erzählen, bis er die negativen Erlebnisse der Vergangen-	Ein Erlebnisbericht: »Dabei erlebte ich so manches wieder, was ich eigentlich gar nicht mehr erleben wollte. Ich fiel in

Hubbards Anweisungen und Erläuterungen. (Zitate und Kurzfassungen aus verschiedenen Quellen.)	Mögliche Wirkungen
heit mit anderen Emotionen besetzt, also statt zu weinen, wenn er an den Tod seines Vaters denkt, zu lachen.	einen Zustand, der mir meine Umgebung unwirklich erscheinen ließ, und machte – wehrlos – alles, was mein Auditor von mir verlangte, und gab geheimste Gedanken, die ich eigentlich nie einem fremden Menschen anvertrauen würde, einfach preis, die heute fein säuberlich aufgezeichnet in einem Panzerschrank von Scientology aufbewahrt werden.«[16]
Das Engramm (= Schmerz aus der Vergangenheit) soll gelöscht und in positive Energie verwandelt werden.	Betrachtung und Bewertung der Vergangenheit als etwas Negatives, das korrigiert werden muß!
Zum Schluß muß der PC noch ein freudiges Ereignis aus der Gegenwart erzählen.[17]	Euphorie bzw. positive Stimmung am Ende eines Trainingsteils ist häufig Ziel bestimmter Übungen – damit der Kunde auch wiederkommt! Der PC entwickelt Ansätze einer Sucht, weil er hinterher subjektiv den Eindruck hat, daß es ihm gutgeht. Wenn man über viele Stunden psychisch gequält wurde, ist die Abschlußübung tatsächlich eine große Erleichterung und kann zu einem vordergründig sehr positiven Gefühl führen.

Angewandte »Scientologie«

In einem Seminar mit Personalleitern führten wir einmal offen, das heißt vorher angekündigt und erläutert, folgende Übung durch: Wir baten die Teilnehmer, sich paarweise zusammenzusetzen und drei Minuten lang in die Augen zu schauen – so wie viele von uns als Kinder dieses Spiel betrieben haben. Wir baten sie, auf ihre Gefühle zu achten, um diese nachher zu beschreiben. Ergebnis:

- Von vier Paaren brach eines nach etwa einer Minute unter lautem Gelächter ab. Mit dem Aufhören folgten sie ihrem Gefühl, sich einer zwanghaften Situation zu entziehen. Mit ihrem Lachen erschwerten sie, diesen Regelbruch zu kritisieren oder zu bestrafen. Die Kommentare der anderen Teilnehmer:
  - »Ermüdend.«
  - »Der Raum veränderte sich in meiner Wahrnehmung, es wurde dunkler.«
  - »Ich habe versucht, mich im Kopf zu organisieren, um Dominanz über meinen Partner zu erreichen. Mein ganzes Denken und Fühlen war darauf konzentriert, den Partner in den Griff zu bekommen.«
  - »Eine sehr gute Konzentrationsübung.«
  - »Unangenehm; der Kontakt zu meinem Partner war durch die körperliche Nähe zu intim und anstrengend.«

Keiner der Teilnehmer dachte darüber nach, warum sie diese Übung machten. Die Frage nach der eigenen Entscheidung blieb aus. Statt dessen setzte Gehorsam ein.
Was geschieht bei einer solchen Übung? Sie schafft künstliche Nähe von Menschen, die sich außerhalb des Seminars noch nie begegnet sind. Derartige Übungen finden nach Aussagen von ehemaligen Mitgliedern im Rahmen des Auditings bei Scientology statt – aber nicht drei Minuten lang, sondern stundenlang! Und sie führen dazu, daß Menschen mit genü-

gend Training in den Lebenssituationen, in denen künstliche Nähe entsteht, keine Verlegenheit mehr spüren. Sie kennen die Situation im Aufzug, wenn die natürliche Abstandsbarriere nicht mehr eingehalten werden kann und Menschen oft verlegen reagieren. Was sind ein paar Minuten im Aufzug schon gegen ein paar Stunden Augenstarrtraining? »Wenn starre Blicke mich streifen, vermute ich Scientologen dahinter[18]« – so eine Aussteigerin über ihre ersten Wochen nach Scientology.

Kunststückchen üben

Was haben der Scientologe und die Organisation davon? Man kann derartige Übungen als »Konfrontationsübungen« bezeichnen. Soziale und kulturelle Umgangsformen werden außer Kraft gesetzt. Der einzelne Teilnehmer trifft dabei keine bewußte Entscheidung. Er funktioniert unterwürfig. Der Novize fühlt sich nach den Sitzungen sicher und anderen überlegen, denen dieses Starren schwerfällt, weil er eine schwierige Herausforderung bewältigt hat. Selbst wenn dies zu einem höheren Bewußtsein beiträgt: Führt der Weg dorthin unvermeidlich über primitive Konditionierungsprozesse, so wie wir Tieren Kunststücke beibringen? Wollen wir so werden wie diese Menschen, die sich angeblich auf einer höheren Entwicklungsstufe als wir befinden?

Das Trainieren einer solchen Konfrontationstechnik bedeutet, isoliert ein Verhalten zu üben, ohne die notwendigen Fähigkeiten zu erwerben, die zu einer dauerhaften und nachhaltigen Verbesserung des Selbstwertgefühls führen – wie etwa mehr Wissen um Zusammenhänge oder ansprechende Darstellungsformen. Ein Scheitern der Ansprüche aus dieser scheinbaren Überlegenheit außerhalb von Scientology ist damit vorprogrammiert. Wenn Ihnen jemand zu nahe kommt und Sie anstarrt – wirkt diese Person auf Sie überzeugend oder bedrängend?
Wenn aber jemand bei Scientology versagt, darf die Methode

selbst niemals als falsch angesehen werden. So berichten Ehemalige über einen ganz zentralen Punkt: Scientologen beherrschen das Instrument der Selbsttäuschung wie kaum sonst jemand. So lauten Aussagen Ehemaliger: »Wenn alle anderen sagen, daß bei ihnen das Auditing oder andere Übungen funktionieren, daß sie in unglaubliche Höhen aufsteigen, dann muß es doch auch bei *mir* funktionieren, denn ich bin auch ein ganz normaler Mensch.« Also täuscht man sich selbst. Man will, daß ein bestimmtes Ergebnis erreicht wird und redet sich dieses selbst ein: Die Self-fulfilling prophecy funktioniert!
Die Organisation vertritt offensiv die Haltung, ein Scheitern komme nur daher, weil die Person noch zuwenig gemacht habe. Kaum eine Organisation beherzigt das sarkastische Motto von Paul Watzlawick besser als Scientology: »Mehr vom Gleichen!« Für den Scientologen heißt dies dann: mehr Training, mehr Auditing, mehr Geld bei der Organisation lassen ...!

Der gläserne Mensch

Kindt hat die Wirkungen von Auditing und anderen bei Scientology benutzten Techniken erläutert: »Aus psychotherapeutischer Sicht bedeuten diese Psychotechniken ein erhebliches Risiko. [So] erhält der Patient beim Auditieren gar keine Interpretation seiner Konflikte und Probleme, schon gar kein Mitgefühl und emotionale Stützung. Für seelisch leidende, selbstunsichere, labile, von inneren und äußeren Konflikten bedrängte Personen bedeutet die dianetische Therapie ein erhebliches Risiko der Auslösung von Angstzuständen, Depressionen, Krisen bis zu psychotischen Zusammenbrüchen ... Der Anspruch der Dianetik, alle Neurosen, psychosomatische Leiden und auch funktionelle Psychosen heilen zu können, widerspricht vollständig dem, was aus seriöser Forschung über die Wirksamkeit der Psychotherapie bekannt ist. Bezeichnenderweise gibt es im Schrifttum von LRH keinerlei Beschreibungen von nachprüfbaren Therapieexperimenten, sondern nur bloße Behauptungen. Das einleitende konditio-

nierende Procedere macht den PC für spätere Suggestionen im Sinne der ›Brücke zur Glückseligkeit‹ zugänglich. Die Unterwerfung unter die Autorität des Auditors schwächt seine Realitätskontrolle.
Er soll zum gläsernen Menschen werden, der dem System bedingungslos dient. Jede echte Psychotherapie hat demgegenüber das Ziel, die Autonomie des Patienten zu stärken, ihm zu größerer innerer Selbständigkeit und auch zur Ablösung vom Therapeuten zu verhelfen.«[19]
Scientology benutzt Instrumente der Psychotherapie – aber für völlig andere Ziele. Psychotherapeuten müssen viele Jahre erfolgreich durch Ausbildungen, Prüfungen und Zulassungen laufen, ehe sie auf die Menschheit losgelassen werden. Angesichts des Gefährdungspotentials für die psychische Gesundheit und der totalitären Ziele: Warum darf Scientology therapieren?

2.6 Erniedrigende Spiele in anderen Systemen

Lifespring ist ein amerikanischer Psychokult, der Persönlichkeitstrainings anbietet. Welche Formen der Beeinflussung benutzt ein System, das ohne den Deckmantel der Religion arbeitet und auch viele Unternehmen berät und schult?
Statt eines Tests steigt man ein über ein »Guest Event« – einen fünfstündigen Abend, an dem viele aktive Mitglieder anwesend sind und die Umworbenen mit der Technik des »Love-Bombings« bearbeiten. Die Novizen bekommen dadurch das Gefühl, daß sich endlich jemand für sie interessiert und ihre Probleme lösbar sind. Am Ende des Abends wird das Formular für den ersten Kurs vorgelegt. Dieser ist noch relativ preiswert – die Leute sollen ja nicht abgeschreckt werden.

Der autoritäre Auftakt

Zu Beginn des ersten von fünf aufeinanderfolgenden Trainingstagen kommt eine sehr große Gruppe zusammen. Etwa

200 Menschen können es schon mal sein. Sie treffen sich zum ersten Mal. Und natürlich wird da geredet, gelacht, nicht jeder sitzt schon auf seinem Stuhl, wenn der Trainer den Saal betritt. Der Trainer geht ans Mikrofon: »Warum sitzen Sie noch nicht?« Er geht an die erste Reihe, auch mit Mikrofon: »Warum steht Ihr Stuhl nicht hinter der weißen Linie?« Kein Mensch hat auf die weiße Linie geachtet. Das weiß der Trainer auch und nutzt geschickt den Gruppendruck: Wer will schon – ganz zu Beginn eines Trainings – so angefaucht werden? Jeder ist neu, jedem ist die Situation fremd.

Stramme Grundregeln

Und dann erläutert der Trainer die Grundregeln:

- Ein Abbruch des Trainings ist unmöglich.
- Jeder muß pünktlich sein.
- Man muß sitzen, bevor die Musik aufhört.
- Man darf keine Armbanduhren tragen.
- Keine Drogen oder Alkohol während des Trainings.
- Kein Schwätzen mit dem Nachbarn.
- Den Anweisungen des Trainers muß gefolgt werden.

Trainer: »Hat irgend jemand diese Regeln nicht verstanden?« Würden Sie jetzt »nein« sagen? Oder wäre »Ich warte lieber mal ab, ehe ich mich hier vor den anderen 199 Mitmachern blamiere« Ihre Antwort? Und: Haben Sie den Trick gemerkt? Der Trainer fragt nicht, ob Sie die Regeln akzeptieren – er fragt nur nach dem Nichtverstehen! Er ist so vorgegangen, als gäbe es seine Autorität schon. Und indem Sie ihm das ein erstes Mal durchgehen lassen, wird es beim zweiten Mal schwieriger, dagegen anzugehen.

Zurück ins Kindergartenalter

Übung »Sharing«: Ein einzelner wird in einer kleinen Arbeitsgruppe aufgefordert, negative Erlebnisse aus der Kindheit zu berichten. Die Gruppe erfragt ausschließlich die negativen Erlebnisse – alles Positive wird negiert. Ergebnis: Die mikroskopische Betrachtung von Negativem wühlt auf, die Teilnehmer heulen, fühlen sich verunsichert und entblößen sich mit intimen Details vor der Gruppe. Sie fühlen sich wehr- und schutzlos. Sie werden in der Folge dankbar sein für jede kleinste Streicheleinheit. Die kostet dann aber ihren Preis.

Vertrauen als Ratespiel

Übung »Mingles«: Stellen Sie sich vor, Sie sitzen einem wildfremden Menschen gegenüber und sollen ihm aus den folgenden vier Sätzen einen sagen:

- »Ich vertraue dir.«
- »Ich vertraue dir nicht.«
- »Ich bin mir nicht sicher.«
- »Ich will es nicht sagen.«

Und nun sollen Sie eine Aussage über Vertrauen machen, ohne sie oder ihn zu kennen! Die einzige richtige Aussage wäre: »Ich weiß es noch nicht – ich muß dich erst kennenlernen!« Den Teilnehmern wurde erzählt, daß sich mit Hilfe dieser Übung angeblich die Ehrlichkeit verbessert.
Eine weitere Zweierübung: Man wählt die Leute aus, die man am wenigsten mag, und erzählt ihnen, warum man sie am wenigsten mag. Nett, oder?

»100 % Committment 100 % of the time«

Dieser Spruch wird eingebleut und sitzt auch bei Ehemaligen noch lange fest. Botschaft: Setze deine ganze Energie für Lifespring ein, dann geht es dir gut. Bei einem weiteren Spruch wurde es dann schon gefährlicher: »You can get what you want« (»Wo ein Wille, da auch ein Weg.«) Nur: Die Teilnehmer von Lifespring glaubten an den absoluten Gehalt des Spruches. Wir erfuhren, daß aufgrund der

Selbstüberschätzung lebensbedrohliche Situationen durchaus vorkommen.

Rettungsboot: Wer darf überleben?

Eine der eindrucksvollsten Übungen ist »Lifeboat«: 200 Teilnehmer, jeder bekommt acht Strohhalme. Der Trainer: »Stellen Sie sich vor, Sie wären auf einem untergehenden Schiff. Das einzige Rettungsboot hat acht Plätze. Sie dürfen jetzt entscheiden, wer auf dieses Boot darf.«
Die Strohhalme werden verteilt. Wer viele bekommt, wird als »Überlebender« geehrt, die anderen als lebensuntüchtig ausgeschimpft. Jeder einzeln vor der ganzen Gruppe. Und: Die ganze Gruppe macht mit – sowohl beim Beklatschen der Sieger als auch beim Niederschreien der Verlierer.
Können Sie sich vorstellen, daß Sie nach derartigen Übungen nur zwei Alternativen sehen: Entweder Sie verlassen die Gruppe sofort oder tun alles, um bei einem Verweilen in der Gruppe bedrückende und angstauslösende Situationen zu vermeiden? Und wenn Sie die zweite Alternative wählen würden: Wären auch Sie ein Mitglied, das Anerkennung der Gruppe und vom Trainer sucht?

2.7 Womit Wirkung erzielt wird

Was machen totalitäre Organisationen mit dem Menschen?

Im technischen Wörterbuch der Scientologen schreibt Hubbard: »Gehirnwäsche ist eine einfache Angelegenheit. Bring einen Menschen dazu anzunehmen, ein bestimmter Weg könnte möglich sein. Dann sorgst du dafür, daß er introvertiert und durch Selbstkritik die Möglichkeit einräumt, daß es wahrscheinlich der richtige Weg sei. Nur so bekommst du ihn dazu, etwas Falsches als wahr anzuerkennen. Stück für Stück, in kleinen Schritten von Einhämmern, Nachdruck und

Streß erreicht es der Brainwasher, Menschen glauben zu machen, Dinge getan und gesehen zu haben, die sie niemals taten und sahen.«[20] Inwieweit diese Definition aus dem technischen Wörterbuch von Scientology als Anweisung gemeint war, entzieht sich unserer Kenntnis. Aber diese Definition beschreibt zentrale Elemente von Gehirnwäsche – Hubbard hat dies gut erkannt.
Beeinflussung begegnet uns im täglichen Leben. Mein Mann möchte die Zahnpastatube anders ausgedrückt haben und mein Verhalten in bezug auf diese Tube ändern – und er wird versuchen, mich dahingehend zu beeinflussen. Wer gewinnt, bleibt offen. Diesen Versuch, mich zu beeinflussen, werte ich noch lange nicht als »Gehirnwäsche«. Beeinflussung für sich alleine genommen ist nichts Schlimmes.

Wo liegt der Unterschied zu Beeinflussung, die wir nützlich finden oder zumindest tolerieren? Was ist im Zusammenhang mit totalitären Organisationen so schlimm an Manipulation?
Bei der Betrachtung totalitärer Organisationen tauchen häufig Begriffe auf wie Gehirnwäsche, Gedankenkontrolle, Mind control oder Manipulation auf. Was bedeuten diese Worte? Der gemeinsame Nenner: die Beeinflussung eines Menschen mit dem Ziel, sein Verhalten zu verändern – unabhängig davon, ob dieser es will oder ablehnt.
Die negative Form der Beeinflussung ist dadurch gekennzeichnet, daß die Wirkung dem beeinflußten Individuum systematisch Nachteile bringt, seine Interessen verletzt und zu mehr Nach- als Vorteilen führt. Also geht es weniger um das Instrument als um das Ziel? Wir kritisieren an totalitären Organisationen sowohl deren Ziele wie deren Methoden:

- *Ziel:* Wenn eine Gruppe Ziele verfolgt, die unsere Gesellschaft ablehnt – gleichgültig ob dies durch die Verfassung oder durch gesellschaftliche Übereinkunft definiert ist.
- *Methoden:* Wenn Menschen systematisch unwürdig behandelt werden und durch die Behandlungsmethode erheblichen und nachhaltigen Schaden nehmen.

Alles geklaut

Am Anfang dieses Kapitels beziehen wir uns auf den heimlichen Respekt vor der Gehirnwaschleistung. Vom Respekt haben wir die aktuelle Labilität abgezogen, die der totalitären Organisation in den Schoß fällt, statt von ihr hergestellt zu werden. Und noch ein Punkteabzug muß gemacht werden: Die Methoden enthalten kaum einen eigenständig-kreativen Beitrag. Man entdeckt in ihnen viele Rosinen aus den Kuchen von anerkannten Konzepten der seriösen Psychotherapie. Außerdem finden sich Giftpilze aus den Gärten menschenverachtender Phantasien. Die meisten Organisationen wildern begierig in fremden Gärten und machen aus der Beute vergiftete Pralinen. Wo und in welchem Umfang sich die einzelne totalitäre Gruppe bedient, ist individuell verschieden. Prinzipiell geht es um folgende Bereiche:

- Beim Vorbild *Militär.* Auch dort gibt es Drill, Rapport, Rangordnungen und Uniformen.
- Bei der *Folter.* Isolationshaft und gezielte psychische Qualen zermürben Gefangene oft mehr als körperliche Schmerzen.
- In der *Psychologie.* Wahrnehmung, Lernen, Denken, Motivation, Entwicklung sowie pädagogische und Sozialpsychologie sind Instrumente, die entwickelt wurden, um Menschen zu helfen.
- In der *Psychotherapie.* Hier reicht die Fundgrube von der klassischen Psychoanalyse (Infantilisierungstechnik) über die Verhaltenstherapie (Konditionierungstechnik) bis in die Unendlichkeit der therapeutischen Verzweigungen, die seit Anfang der 70er Jahre wie Pilze aus dem Boden schießen.
- Bei der politischen *Demagogie.* Kreativ mit logischen Regeln umgehen, Feindbilder erfinden, Diffamieren von Personen und Gruppen, die »es verdient haben«, eigene Überhöhung, Rache und Selbstjustiz für die »gerechte Sache« in einem als »ungerecht« bezeichneten Rechtsstaat, der »legitime Anspruch auf die Macht«.

Saubermacher für die Seele

Wie geht so eine Manipulation typischerweise vor? Welche Rezeptur braucht man, damit ein »normaler« Mensch etwas mitmacht, was er »eigentlich« ablehnt? Dabei gilt: Nicht jeder Mensch reagiert gleich stark auf ein und dieselbe Manipulation. Abhängig von den Lebenserfahrungen, der Erziehung oder den persönlichen Umständen gibt es eine große Bandbreite an Reaktionsmöglichkeiten.

Abbildung 2.4: Manipulation in modernen Brainwash-Organisationen

	Was wird erreicht?	Wie?	Wie macht das Scientology?
1	Persönlich ansprechen	Über Werbemaßnahmen, Freunde, Familie.	52 Prozent der erfolgreichen Akquise erfolgt im persönlichen Umfeld, der Rest über Ansprache auf der Straße und klassische Werbung.
2	Geborgenheit geben	Techniken wie Love-Bombing.	Überfreundliche Mitglieder, die gezielt neue Mitglieder mit Komplimenten umschwärmen, Liebesbedürfnis ausnutzen, Zuwendung geben.

	Was wird erreicht?	Wie?	Wie macht das Scientology?
4	Einschüchtern und Nachdenken ausschalten	Pauken von unsinnigem Stoff und Dogmen, Ausschaltung des analytisch-kritischen Verstandes.	Kurse: Infantilisierung; Auditing: Verhörtechnik und Beichte; passiv lernen, ohne zu reflektieren.
5	Angst aktualisieren und verstärken	Über Veranstaltungen, Gespräche, Tests und deren Auswertung wird Angst systematisch und unterschwellig erzeugt, gleichzeitig eine Lösung angeboten.	OCA-Test: Die Analyse ergibt systematisch ein negatives Ergebnis (= Angst). Die Lösung sind Auditing oder Kurse bei Scientology.
6	Bewußtsein verändern	Mit verhörähnlichen Fragetechniken zermürben.	Auditing.
8	Sprache ändern	Gruppeneigene Sprache und Ideen.	Scientologische Sprache wird durch ständige Wiederholung schnell gelernt.
9	Schwarzweißdenken	Alles ist »gut« oder »schlecht«, »richtig« oder »falsch«.	Es gibt nur gute oder schlechte Menschen bei Hubbard.
10	Menschheit retten	Die Organisation führt einen historischen Auftrag durch.	Scientology hat die einzig wahre Methode, um die Menschen zum Erfolg zu führen.

	Was wird erreicht?	Wie?	Wie macht das Scientology?
11	Wahrheit beanspruchen und Wissen monopolisieren	Nur die Organisation bzw. deren Vertreter haben das »geheime« Wissen und die Macht, es zugänglich zu machen.	Man muß vorgegebene Definitionen pauken bis zum Umfallen, ohne nach dem »Warum« fragen zu dürfen. Diskussionen der Inhalte oder gar Kritik sind unerwünscht.
12	Ehrfurcht aufbauen	Lachverbot in bezug auf die eigene Organisation.	Haben Sie schon einmal erlebt, daß ein Scientologe einen Witz über sich selbst macht? Alles, was mit Scientology zu tun hat, ist bitterer Ernst.
13	Belohnen und Erniedrigen	Die Organisation nimmt sich die Macht zum Belohnen und zum Bestrafen bei Kursen, internen Arbeiten und sogar im Privatleben.	Öffentliche Belobigungen zum Beispiel in der WISE-Liste für hohe Spenden, Aufstieg in der Organisation. Bei Fehlverhalten drohen Strafarbeiten bis hin zur physischen Gefangennahme (zumindest in den USA gerichtlich belegt).

	Was wird erreicht?	Wie?	Wie macht das Scientology?
14	Schuldgefühle erzeugen	Unerfüllbare Ziele aufstellen.	Nichterreichen individualisieren: Der einzelne Scientologe ist selber schuld, wenn seine Statistik nicht ständig steigt.
15	Beichte erzwingen	Verfehlungen müssen offenbart werden.	Auditing, Reue, Scham und Schuld erzeugen.
16	Gefügig machen	Müde reden, ausbrennen.	Aktivitäten so lange durchführen, bis die physische Substanz weit absinkt: Sauna, überlange Auditings, dadurch Schlafentzug.
17	Ständig kontrollieren und sozial abkoppeln	Dauernd beschäftigen, Einmischung in private Beziehungen.	Trennungsbefehl: Trennen von Partner und Familie, zur Mitarbeit auffordern.
19	Süchtig machen und konditionieren	Techniken der Psychotherapie destruktiv anwenden.	Erfolgsgefühle am Ende des Auditings nach Erniedrigungen machen euphorisch und süchtig.

	Was wird erreicht?	Wie?	Wie macht das Scientology?
20	Selbstwertgefühl steigern	Scheinbares ernst nehmen.	Meinungen loben und aufgreifen, aber danach unberücksichtigt lassen.
21	Realitätsbezug zerstören	Gefühl vermitteln, »alles« schaffen zu können.	Anfängliche Erfolge im eigenen Verhalten und Berichte über großartige Wirkungen bei Fortgeschrittenen vermischen sich im Bewußtsein.
22	Euphorie erzeugen	Scheinbar spontane Situationen gezielt herstellen.	Eine bedrückende Stimmung durch Übungen beenden, die ein Gemeinschaftsgefühl und persönliche Zuwendung hervorbringen.
24	Demagogisch auftreten und Aggressionen auslösen	Bedrohung durch Gegner aufzeigen; Feinde haben keine Existenzberechtigung; zu feindseligen Handlungen ermuntern.	Darstellen der Kritiker als Gefahr für das Erreichen der edlen Ziele. Potential Trouble Source und Antisoziale Persönlichkeit müssen entweder umgedreht oder bekämpft werden.
25	Finanziell ruinieren	Hohe Kosten.	Schnell ansteigende Preise bei Kursen und Auditing.

Betrachtet man die einzelnen Elemente, so fällt auf, daß es sich teilweise um die ganz normalen, gesellschaftlich akzeptierten Techniken der Beeinflussung handelt – die sozial erprobten Verhaltensmuster. Wen stört es, geliebt zu werden? Wer schließt Augen und Ohren bei Komplimenten (soziale Belohnung)? Manches wirkt angenehm!

Das scientologische Strafsystem

Scientology maßt sich an, seine Mitglieder zu überwachen, interne Rechtsprechung auszuüben und Strafen zu verhängen. Ein großer Teil des Systems basiert auf der Anwendung von Strafen. Wenn die Menschen keine Angst mehr hätten – was würde sie dann noch halten?
Also schafft man ein fein gegliedertes Strafsystem und macht es bekannt, so daß der Abschreckungseffekt stark genug wirkt. Stufe 4 beispielsweise nennt sich »Emergency« (Notstand): Neben dem Verbot von Führungstätigkeit müssen zweieinhalb Stunden Strafarbeit geleistet werden; ein rotes Fähnchen am Org Board, am Schwarzen Brett, sorgt dafür, daß alle anderen von der Strafe auch wissen.
Vor dem Ausschluß steht die Stufe 8 »Doubt« (Zweifel): keine Bezahlung, Arbeiten außer Haus oder »in einem besonders gekennzeichneten Bereich unter strenger Überwachung«, 15 Stunden Strafarbeit. Rückgabe aller (von ihm bezahlten!) Unterlagen. Öffentliche Strafkennzeichnung: Orange.[21]

Nachsitzen bei WISE

Ein Fall wird von Voltz geschildert.[22] Verfehlung: das Abstellen von Ausbildungshandbüchern in allgemein zugänglichen Aktenschränken durch den scientologischen Geschäftsführer eines WISE-Lizenznehmers. Strafe dafür:

- 500 Stunden unbezahlte Arbeit als Wiedergutmachung:
  - 400 Stunden für WISE,
  - 100 Stunden für das Unternehmen.

- Verlust der Führungsaufgabe an eine scientologische Führungskraft.
- Verbot der Führung eines anderen WISE-Unternehmens.
- Bittgang (Petition) beim Rechtschef von WISE-International, um wieder eine Führungsposition einnehmen zu dürfen (Eine solche Genehmigung kann nur der »Oberste Justizchef« von Scientology-International erteilen).

Alternative Handlungsmöglichkeit für die bestrafte Führungskraft: der staatliche Rechtsweg. Diese führt automatisch zum Ausschluß aus Scientology.
Das war also ein Blick auf das Handwerkszeug der Gedankenkontrolle. Wir sehen, daß die Gehirnwäsche die aktuelle Labilität als unabdingbare Voraussetzung einer Person nutzt. Und außerdem bedient sie sich methodisch aus anderen Bereichen. Das verringert den Respekt für die Kreativität und Leistungsstärke der bisher als mystisch wahrgenommenen Gehirnwäsche.

Das Eindrucksvolle an Scientology

Immerhin bleiben ein paar bemerkenswerte Eigenschaften, die genannt werden müssen. Damit Sie einen anschaulichen Vergleich machen können, schlagen wir Ihnen vor, jeweils die Ausprägung dieser Eigenschaften in Ihrem Unternehmen daneben zu stellen.

- *Visionär und zielorientiert.* Nahezu alle Aktivitäten werden nachdrücklich mit kurzfristig oder langfristig angestrebten Ergebnissen begründet. Die Ergebnisse und Zustände sind für die Ausführenden herausfordernd oder erscheinen zumindest plausibel.
- *Eingearbeitet und trainiert.* Es gibt auch eine anerkennenswerte Kehrseite der kalten und emotionslosen Roboterwesen in den totalitären Organisationen: Sie erhalten eine systematische Einarbeitung und werden so trainiert, daß

Sie das geforderte Verhalten vollständig und einheitlich in der Kundenbeziehung anwenden. In diesem Sinne arbeiten Scientologen bei der Akquisition (also mit den Testergebnissen), im Kommunikationsseminar und beim Auditing einfach professionell. Beim Einhalten von Qualitätsstandards könnte sich manche Vertriebs-, Produktions- und Bildungsabteilung eine Scheibe abschneiden. Zugegeben: Die Qualitätsstandards selbst muß man keinesfalls als leuchtendes Beispiel ansehen. Aber dazu kennen Sie unsere Meinung bereits von der Seite 28.

- *Vielfältig und eindrucksvoll.* Seminare von totalitären Organisationen wirken wohl kaum wegen ihrer abstoßenden Aspekte wie ein Magnet für die Seele. Da gibt es eine breite Palette von Sinneseindrücken: Farben, Licht, Ernährung, Lautstärke, Musik, Temperatur und Gerüche sorgen für Abwechslung. Spiele, Übungen, Vorträge, Diskussionen, Einzelgespräche, Strafen und Bekräftigungen gehen unter die Haut. Eine bewährte Komposition aus Sinneseindrükken, Emotionen und einer zeitlich langen »Darbietung« machen den Seminarteilnehmer voll mit Eindrücken.

Soweit die anerkennenswerten Eigenschaften, mit denen wir zu erklären versuchen, warum den totalitären Organisationen auch manches gelingt. Außerdem noch ein dementierender Hinweis an unsere Kritiker. Diese schreien sicher schon empört auf, weil wieder etliche Sätze dastehen, die keinen Hauch vom Pflichtjammern und Verteufelungsgeschrei enthalten: Wir sind keine klammheimlichen »Sekten«-Bewunderer, sondern halten es für hilfreich, die Stärken eines Gegners unter die Lupe zu nehmen. Wie sonst bekommt man heraus, wie man gegen ihn vorgeht, statt immer nur seine Untaten zu beweinen?

Das Gute an Scientology

Die Dianetik ist ein – in wissenschaftliche Terminologie verpackter – Unsinn. Der klingt aber plausibel und erscheint

somit vielen Menschen als eine einfache Heilsbotschaft. Existentielle Probleme und Fragestellungen werden von der Organisation beantwortet. Und: Scientologen – wie auch Mitglieder anderer Organisationen – empfinden fast alles als gut, solange sie im System stecken. So soll es ja auch sein.
Hinterher fragt sich sicher mancher: »Wie konnte ich nur?« Aber jeder Exscientologe sagt auch: »Ich habe eine Menge gelernt.« Darin stecken drei Mechanismen:

- *Selbstschutz.* Rückblickend neigen wir alle dazu, unangenehme Erlebnisse etwas rosiger zu betrachten, als sie tatsächlich waren. Die verlorene Zeit, das investierte Geld in Kurse, Auditing und Bücher – das darf keinesfalls umsonst gewesen sein.
- *Befangenheit.* Für das Programmieren durch Gehirnwäsche gibt es keinen Löschknopf. Etwa die Hälfte der Veränderungen klingt in den ersten sechs Monaten nach dem Ausstieg ab. Die andere Hälfte, also die Spätwirkung, wird erst im Laufe der nächsten zwei bis vier Jahre abgebaut. In der Regel verläuft dieser Prozeß wie eine Wellenlinie. Da gibt es Phasen, in denen jemand wieder völlig selbständig denkt. Aber es kommt zwischendurch auch vor, daß jemand von Gedanken und Gefühlen aus der Zeit in der Gruppe eingeholt wird.
- *Tatsächlicher Nutzen.* Man wird solchen Systemen erst gerecht, wenn man auch die nützliche Seite betrachtet. Die Menschen lernen einiges, was sie auch in anderen Zusammenhängen verwenden können. So fällt auf, daß viele ehemalige Zeugen Jehovas erfolgreiche Verkäufer sind. Warum ist das so? Sie lernten in ihrem System, auf Menschen zuzugehen, sich zu überwinden, zu überzeugen. Diese Kenntnisse kommen ihnen auch dann zugute, wenn sie statt einer »Religion« ein anderes Produkt verkaufen. Oder die Technik des Wortklärens bei Scientology: Natürlich hat es auch sein Gutes, wenn man ab und zu ganz akribisch versucht, Worte nachzuschlagen, um ihren Sinn im Detail zu erfassen. Konfrontationsübungen können dann sinnvoll

gewesen sein, wenn damit Ängste überwunden wurden und sich die zwischenmenschlichen Beziehungen verbessern konnten. Aber es verhält sich wie in der Medizin: Die Dosis entscheidet darüber, ob ein Stoff nützlich oder giftig wirkt!

Bleiben ist leichter als Aussteigen

Außer den Methoden, die das Bewußtsein direkt beeinflussen, wirken auch andere Mechanismen auf das neue Mitglied ein. Wie die Beispiele zeigen, handelt es sich dabei um Strukturen der Gruppe und auch um eine geänderte Lebenssituation: Bisherige Freunde, Angehörige und Kollegen werden negativ erlebt, und die neue Gruppe bietet viele Vorteile.

Was geht nun in einem Mitglied vor, wenn es die Vorteile in der Gruppe mit den »bösen« Menschen der Außenwelt vergleicht? Wie wägt jemand die Leiden in der Gruppe ab gegen die frühere Freiheit? Wie stellt man sich zu der Kritik an der Gruppe und zu den Überredungsversuchen der Außenwelt, die auf ein Aussteigen drängen? Wir ersparen Ihnen hier das Aufzählen der Nachteile des Lebens in einer totalitären Organisation. Und auch das Aufzählen der Vorteile eines Lebens ohne Gehirnwäsche.

Statt dessen versuchen wir, uns in dieses Mitglied zu versetzen. Wir betrachten die nachvollziehbaren Empfindungen, die für ein Verbleiben und gegen den Ausstieg sprechen.

Abbildung 2.5: Argumente für das Bleiben

Wie geht das Mitglied einer totalitären Gruppe mit den Nachteilen seiner Situation um? Welche Gedanken rechtfertigen den Verbleib in der Gruppe?

. . . die anderen schaffen es; ich muß mich nur mehr anstrengen!

. . . hier fühle ich mich geborgen!

. . . ich lerne, mit Leuten anders umzugehen!

. . . mein altes Umfeld verstärkt meine Probleme!

. . . vieles klingt auch vernünftig!

. . . ohne Härte gibt es keinen Erfolg!

. . . die setzen sich für eine gute Sache ein!

. . . alle anderen sind doch begeistert!

. . . vielleicht ist das meine einzige Chance!

. . . hier kann ich etwas Gutes für die Welt tun!

Außerdem kann das Mitglied auch noch daran denken, was alles dagegen spricht, wieder in die Außenwelt zu übersiedeln.

Abbildung 2.6: Argumente gegen das Aussteigen

Wie geht das Mitglied einer totalitären Gruppe mit den Befürchtungen um, wieder draußen zu leben? Welche Gedanken sprechen gegen den Ausstieg aus der Gruppe?

... dann scheitere ich bestimmt am Arbeitsplatz!

... dann wäre ich einsam!

... die Leute draußen werden mich als Sonderling behandeln!

Vieles spricht für einen Ausstieg, aber ...

... was wird aus den anderen, wenn ich weg bin?

... dann ist mein Leben wieder ohne Sinn!

... dann drohen mir harte Strafen!

... dann wird mich die Gruppe verachten!

... dann habe ich endgültig versagt!

... dann wären alle Anstrengung umsonst gewesen!

... dann hätte ich das viele Geld ganz umsonst ausgegeben!

Können Sie jetzt besser nachvollziehen, wie sich »ganz vernünftige und gebildete Leute« durch die Gehirnwäsche und die Mechanismen einer totalitären Gruppe verändern? Und können Sie nachempfinden, wie schwer es dem einzelnen fällt, den Schritt in die Außenwelt zu gehen?

Nährboden für die Erfolge

Natürlich kann ein System wie Scientology nur dann Erfolg haben, wenn die Gesellschaft die Grundlagen bietet. Wir sind geprägt von Hoffnungen und Ängsten: Wir wollen Erfolg haben, jugendlich sein, viel Geld verdienen, Ansehen erreichen – und fürchten uns vor Armut, Arbeitslosigkeit, Mißerfolg. Eingebettet sind diese Wünsche und Ängste in eine Zeit, in der die Isolierung des einzelnen zunimmt: Verstädterung, mehr Singles und Alleinerziehende, Scheidungskinder usw. Viele Menschen sind überfordert – punktuell oder dauerhaft. Sie suchen nach Halt, nach einem Rahmen, den die klassische Familie nicht mehr oder nur noch unzureichend bietet. Früher hieß die Lösung Kirche – aber auch hier findet nicht mehr jeder seine Heimat. Wen wundert es da, daß Menschen auch Neues ausprobieren und eine Anfälligkeit für Heilsversprechungen entwickeln?

Strümpfe als Träger mystischer Botschaften

Ein Strumpfhersteller – renommiert, nicht im Verdacht, mit einer Sekte Geschäfte zu machen – preist seine Strümpfe folgendermaßen an: »Jede verbesserte Funktion im Sportequipment läßt mehr Leistung zu. Jede bessere Leistung verändert die Kriterien des Stylings ... Sportequipment hat nur ein Ziel, Bewegungsabläufe in Harmonie zur Höchstleistung zu perfektionieren. Man weiß, daß Sportstrümpfe ein oft unterschätztes, doch entscheidendes Equipment im Einsatz der Kräfte sind. Nichts darf stören, Equipment, Kondition und Talent formieren sich zu ›Ich will.‹[23]
Blasen durch schlecht sitzende Strümpfe sind natürlich etwas Scheußliches. Aber was wird hier nicht alles mit einem einfachen Wollstrumpf verknüpft!
Wie selbstverständlich ist bei diesem Hersteller die »Leistung« das Ziel eines optimalen Strumpfes. Damit knüpft der Sporthersteller nahtlos an die gesamtgesellschaftliche Philosophie an, die da heißt: »Nur Leistung zählt.« Wenn ich

einfach aus Bewegungslust Sport treibe, gehöre ich natürlich nicht dazu, denn damit wird ja keine Leistung erbracht. Und was heißt »in Harmonie zur Höchstleistung«? Besteht unser Leben denn permanent aus olympischen Wettbewerben? Darf der Mensch beim Sport nicht entspannen, spielerisch mit seinen Kräften umgehen? Und da wundern wir uns, daß Menschen einen Ausweg aus diesem vermeintlichen Druck suchen? Daß sie Leistung auch verweigern? Daß sie Lebensformen suchen, in denen sie druckfrei leben können?
Die meisten Menschen nehmen solche merkwürdigen Botschaften nicht wahr, gehen daran vorbei und leben fröhlich weiter, können auch noch Sport aus Spaß und weniger aus Ehrgeiz betreiben. Aber es gibt viele – und darin besteht das Potential für unsere Sektenfreunde –, die unter jenem Druck leiden, der in allen Lebensbereichen vorhanden ist.

2.8 »Was ist Scientology?«

Im Frühjahr 1994 tauchte in einigen Bibliotheken ein kiloschweres Mammutwerk auf: *Was ist Scientology? Das umfassende Nachschlagewerk über die am schnellsten wachsende Religion der Welt* (New Era Publications International ApS 1993[24]).
Durchgestylt, sehr guter Druck, gebunden und was man sonst noch Schönes über einen Text-Bild-Band sagen kann. Das Werk beeindruckt auf den ersten Blick durch seine luxuriöse Ausstattung. Wir haben Fachleute gefragt, was die Erstellung eines solchen Buches kosten würde: Selbst bei einem Druck in Südkorea bewegen sich je nach Auflage die Herstellungskosten vermutlich zwischen 200 und 300 DM, wenn man alle Vorarbeiten (Grafik, Layout, Fotos) zu Marktpreisen einkaufen würde.
Warum geben Scientologen soviel Geld für ein Buch aus, das dann auch noch teilweise verschenkt wird? Nun, die Sache ist ganz einfach: Es geht um das Image von Scientology als Reli-

gion. Man wirbt verstärkt in diesen harten Zeiten, in denen die Gerichte so grausam über die Organisation urteilen. Man erstellt eine grundlegende Schrift für Mitglieder, solche, die es werden wollen, und für die Öffentlichkeit. Denn: Gemeinnützigkeit zu erhalten oder in anderen Ländern zu erringen ist ein Ziel, das die Organisation im Auge haben muß. Gemeinnützigkeit bedeutet viel Geld.
Scientology versucht, dieses Buch möglichst breit zu streuen und auch in öffentlichen Bibliotheken unterzubringen. Dies wurde schon erfolgreich in den USA erprobt. Wenn man dort in Bibliotheken nach Literatur zum Thema Scientology sucht, findet man kaum Literatur der Kritiker, aber um so mehr Bücher von Scientology selbst. Auch in Deutschland wird die Bücherplazierung nach neuesten Berichten versucht.

Der wissenschaftliche Anspruch

Machen wir eine Reise durch einige Teile des Buches. Dort heißt es über Scientology: »Und zum ersten Mal wurde eine Philosophie entwickelt, die praktisch angewandt werden kann, um den Menschen zu helfen, ein glücklicheres und erfüllteres Leben zu führen. Es ist von großer Bedeutung, daß die Entwicklung der Scientology und ihre schnelle Verbreitung zum Teil durch die Fortschritte der Naturwissenschaften in der ersten Hälfte des zwanzigsten Jahrhundert ermöglicht wurde, da Scientology die erste wirkliche Anwendung wissenschaftlicher Methoden auf spirituellem Gebiet ist.«
Omnipotenzansprüche lassen grüßen – die erste, einzige, richtige Philosophie mit den üblichen Heilsversprechungen ist das Bild, das Scientology von sich hat. Hier ist doch keiner unbescheiden, oder? Aber jetzt sind Sie aufgeklärt darüber, was Scientology nach eigenem Selbstverständnis ist.
Wir wollen Ihnen einige Beispiele aus dem Buch aufzeigen, um darzustellen, wie die Organisation Fakten zurechtbiegt, mit Halbwahrheiten operiert, mit »Wahrheiten« Zusammenhänge bildet, die ein Bild ergeben, das mit der bürgerlichen

(nichtscientolgischen) Wahrheit nichts, aber auch gar nichts zu tun hat.

»Das religiöse Erbe der Scientology«

Es handelt sich bei diesem Kapitel um eine Fotofolge auf großen Bildern mit sehr kurzen Texten. Einige Religionen werden vorgestellt – angefangen von den Höhlenmalereien und dem Menschen an sich. (»Er war, begabt mit dem göttlichen Funken, ein geistiges Wesen.«) Ein großer internationaler Rundumschlag durch Religionen folgt. Wir überspringen die Zeit bis zur Magna Charta.

»Psychologie – Religion?«

Nach einigen weiteren Stationen wie Thomas Jefferson und Darwin kommen die Psychologen, als erster Wundt (Anmerkung: Denken Sie daran, das Kapitel heißt »Geschichte der Religion« – nicht Geschichte der Geisteswissenschaften, der Medizin oder sonstiger Zweige – nein, Religion!).
»Somit wurde die Psychologie zu einem Studium der Seele, die die Existenz der Seele leugnete. Und genau diese Psychologie wurde fortan an vielen Universitäten gelehrt.« Wundt als Urvater der experimentellen Psychologie bekommt sein Fett ab. Freud kommt nicht ganz so schlecht weg: »Mit seiner Erkenntnis jedoch, daß der Mensch körperliche Krankheiten bezwingen könne, indem er sich an den Verstand richtete, betrat Freud Neuland.«
Die Aufzählung der bedeutenden Psychologen wird fortgeführt – als nächstes mit Pawlow: »Es ging darum herauszufinden, wie man Kontrolle über den Menschen ausüben könne, damit er dem Staat besser diene. Er folgerte, daß, wenn Hunde auf Kommando sabbern konnten, dasselbe auch mit Menschen möglich sei. Der Mensch wurde also auf das Niveau eines unverständigen Tieres herabgezogen – und damit war die Psychiatrie geboren, ein Werkzeug für tyrannische Regierungen.«

Bücherverbrennungen heute

Wenn nicht so viele Leute darauf reinfallen würden – man könnte sich königlich über die Logik und die Feindbilder amüsieren: »Selbst heutzutage werden in totalitären Staaten neue Ideen bekämpft,[25] und das Studieren ist nur wenigen Privilegierten gestattet, ein Versuch, das Volk unwissend zu halten. Bücherverbrennungen sind eine weitere Erscheinung unserer Zeit, die an die Inquisition erinnern.« Wir fragen Scientology: Wann fand eigentlich bei uns die letzte Bücherverbrennung statt?

Die Erlösung durch Scientology

Aber zurück zum Buch. Nach all diesem Schrecklichen kommt das einzig wahre, das moderne, das allumfassende System: »Mit Scientology kann der Mensch Antworten auf lange unbeantwortet gebliebene Fragen und wahre geistige Freiheit finden.« Dazu wird ein Foto vom Scientology-Kreuz gezeigt – Ende des Kapitels über das religiöse Erbe der Scientology.
Die Auswahl der Religionen und sonstigen Philosophien oder Ereignisse (z. B. Psychiater unter Religionen zu führen, wird diesem Berufsstand sicherlich ein neues Selbstwertgefühl vermitteln) ist historisch abenteuerlich und könnte zielgerichtet gedeutet werden auf

- Feindbilder erzeugen und untermauern;
- sich selbst historisch in eine Reihe mit Weltreligionen und Philosophien stellen.

Für den Nichtscientologen ist die Absicht leicht durchschaubar, Scientology in bestimmter Verknüpfung und als historische Folge zu zeigen. Kein Nebeneinander, denn es geht ja um Geschichte der Religionen. Am Ende steht Scientology alleine da. Die großen Weltreligionen gehen unter. Mutig, die Geschichte so zu beschreiben!

Ein Wunderknabe namens Hubbard

Das Buch ist aber noch lange nicht zu Ende – wir sind mittendrin: Jetzt kommt nämlich die Geschichte eines Wunderknaben namens Hubbard.
Hubbard: »Mit dreieinhalb Jahren konnte er nicht nur reiten, sondern auch Wildpferde mit dem Lasso einfangen und zähmen, mindestens so gut wie jeder andere.«
Leider sind aus dieser Zeit keine Fotos erhalten, die man hätte veröffentlichen können, um diese Wunder auch zu belegen – aber da hilft man sich mit Zeichnungen, deren Stil ein bißchen an die Margarinebilder nach dem Kriege erinnern. In epischer Breite – auf 58 Seiten – wird Hubbard heroisiert und zum Guru hochgeschaukelt. Daß so ein Mann überhaupt sterben konnte!
Wir wollen Ihnen die weiteren Einzelheiten über sein Leben ersparen. Wenn Sie sich dafür interessieren: Wenden Sie sich an Scientology – je nach Erstellungsdatum der dann folgenden Information werden Sie recht unterschiedliche Lebensläufe erhalten.

Regierungsstudie oder nicht?

Über die »Wirksamkeit von Narconon« – der scientologischen Organisation, die angeblich eine der wenigen wirksamen Anti-Drogen-Bekämpfungsmethoden erfunden hat – heißt es: »Durch eine Regierungsstudie nachgewiesen: 1987 wurde in Spanien eine Studie über den Erfolg von Narconon abgeschlossen und veröffentlicht, die von einer unabhängigen soziologischen Forschungsgruppe durchgeführt wurde. Die Forschungsgruppe, die oft Aufträge der spanischen Regierung ausführt, hat die bemerkenswerten Ergebnisse von Narconon bestätigt.«
Im Klartext: Eine Forschungsgruppe, die »oft« Aufträge der spanischen Regierung ausführt, ist damit Verfasserin einer Regierungsstudie. Man muß sich manche Formulierungen wirklich auf der Zunge zergehen lassen!

Sind Sie neugierig geworden? Sie erhalten dieses Werk über den Buchhandel oder direkt bei Scientology. Wenn Sie sich geschickt anstellen und eine Multiplikatorfunktion angeben, könnte es sein, daß Sie für dieses Buch nichts bezahlen müssen – ansonsten kostet es knapp unter 200 DM für Nichtmitglieder.

3 Wirtschaftlicher Erfolg mit Scientology?

3.1 Das Unternehmen »Scientology«

Die Geschäftsfelder

Es gibt von Aussteigern und Experten detaillierte Beschreibungen über die Organisationsform – leider stimmen sie nur in wenigen Details überein. Wie innerscientologisch die Machtstränge genau verlaufen, können wir nur plausibel, aber ohne Gewähr darstellen.
Die unterschiedlichen Schilderungen beruhen darauf, daß Scientologen bzw. Mitarbeiter nur so viele Informationen über die Organisation erhalten, als für ihr Funktionieren notwendig ist. Keiner soll zuviel wissen – Transparenz scheint auch innerscientologisch ein Fremdwort.
Damit Sie wenigstens einen groben Überblick über die scientologischen Geschäftsfelder und Hierarchien bekommen, haben wir alle uns bekannten Organigramme zusammengetan, gut durchgeschüttelt und auf Widersprüche geprüft.

Abbildung 3.1: Scientology-Organigramm		
	Religious Technology Center (RTC) – Inhaber der Lizenzen aus dem Nachlaß	
	↓	
	Watchdog Committee WDC	
	↓	

INCOMM (Computerabteilung)	Senior Executive Strategic Committee	Finance Office

↓

	Flag Bureau	

↓

Organization for Special Affairs	World Institute of Scientologist Enterprises International (WISE)	Association for Better Living and Education (ABLE)	Church of Scientology (Church)
Geheimdienst von Scientology	Wirtschaftsorganisation von Scientology	Organisation, die auf dem schulischen und humanitären Sektor tätig ist	Religiöse Aktivitäten von Scientology

Soweit die grobe Struktur – von der Konzernspitze aus betrachtet. Fortgesetzt werden ähnliche Strukturen regional und national. Die europäischen Headquarters befinden sich in Kopenhagen, von dort kommen dann Anweisungen für die deutschen Niederlassungen – die Dianetic Centers und Missions (kleinere Ausgabe eines Centers). Schwerpunkte der Aktivitäten liegen in Berlin, Hamburg, Frankfurt am Main, Hannover, München und Stuttgart. In weiteren Städten wird ebenfalls missioniert; ein starkes Stadt-Land-Gefälle ist zu verzeichnen.

Daß WISE – die Wirtschaftsorganisation – faktisch nur von der fünften Ebene aus agiert, ist unwahrscheinlich. Wer einer Firma das meiste Geld bringt, hat vielfach den größten Einfluß.[1]

Selbstdarstellung

Nimmt man die vorhandenen Zahlen, die von Scientology selbst in verschiedenen Dokumenten genannt werden, so ergibt sich vor allem ein Bild: Verwirrung. Scientology ordnet sich selbst nicht immer betriebswirtschaftlicher Terminologie unter, sondern nennt die verschiedensten Bezugsgrößen für Erträge, Mitglieder, Einnahmen oder Erlöse – wenn überhaupt etwas veröffentlicht wird.
Auf welche Zahlen kann man zurückgreifen? Zu einigen Sachverhalten äußert sich Scientology öffentlich; daneben gibt es Zahlen von Aussteigern, Kritikern und Journalisten.
Wir haben einige Zahlen gesammelt, um zu untersuchen, ob dieses Unternehmen nach den klassischen betriebswirtschaftlichen Kriterien ein erfolgreiches Unternehmen ist.

Abbildung 3.2: Kennziffern Scientology

	Angaben von Scientology[2]	Fremdangaben
Mitglieder in Deutschland	30 000 5000 in Hamburg (1992)	von unter 10 000 bis 30 000 (1993 noch 300 000)
Mitglieder weltweit	8 Mio.	Keine Angaben
Lebenszeitmitglieder in Deutschland	Keine Angaben	4000
Unter Vertrag stehende Mitarbeiter (1992), weltweit	10 224	Keine Angaben
Anzahl derjenigen, die mit Scientology beginnen (1990), weltweit	493 685 kommen zum ersten Mal für einen »Dienst« in eine scientologische Einrichtung	Keine Angaben

	Angaben von Scientology[2]	Fremdangaben
Anzahl der Auditing-Stunden 1990, weltweit	1 502 274	Keine Angaben
Jährliche Einnahmen in den USA		300 Mio. $ laut Finanzministerium in den USA
Vermögen USA		400 Mio $ (dpa)
Jahreseinkommen Miscavage (Chef von Scientology)		62 683 $ (1991) – (IRS)
Schiff »Freewinds« (Wert)		15 Mio $
Ausgaben für atombombensichere Türen, um die Schriften von Hubbard zu schützen		9 Mio $
Rechtsanwaltskosten in den USA		1978: 15 Mio $ 1988: 15 Mio $

Das Nachschlagewerk von Scientology (s. Kapitel 2) verspricht zwar umfassende Informationen, aber Kennziffern, die Hinweise auf die wirtschaftliche Potenz geben, werden kaum veröffentlicht. Viele eindrucksvolle Zahlen werden genannt; diese sagen aber wenig aus. So fehlen die interessanten Details, wie etwa die verkauften Auditingstunden. Abgrenzungen sind unscharf bis verschleiernd. Monetäre Größen fehlen ganz: Mittelherkunft und Mittelverwendung kommen in der Selbstdarstellung nicht vor.
Hochinteressant wird es in bei den Verkaufszahlen des »Dia-

Abbildung 3.3: Beliebtheit des Dianetik-Buches in der Öffentlichkeit

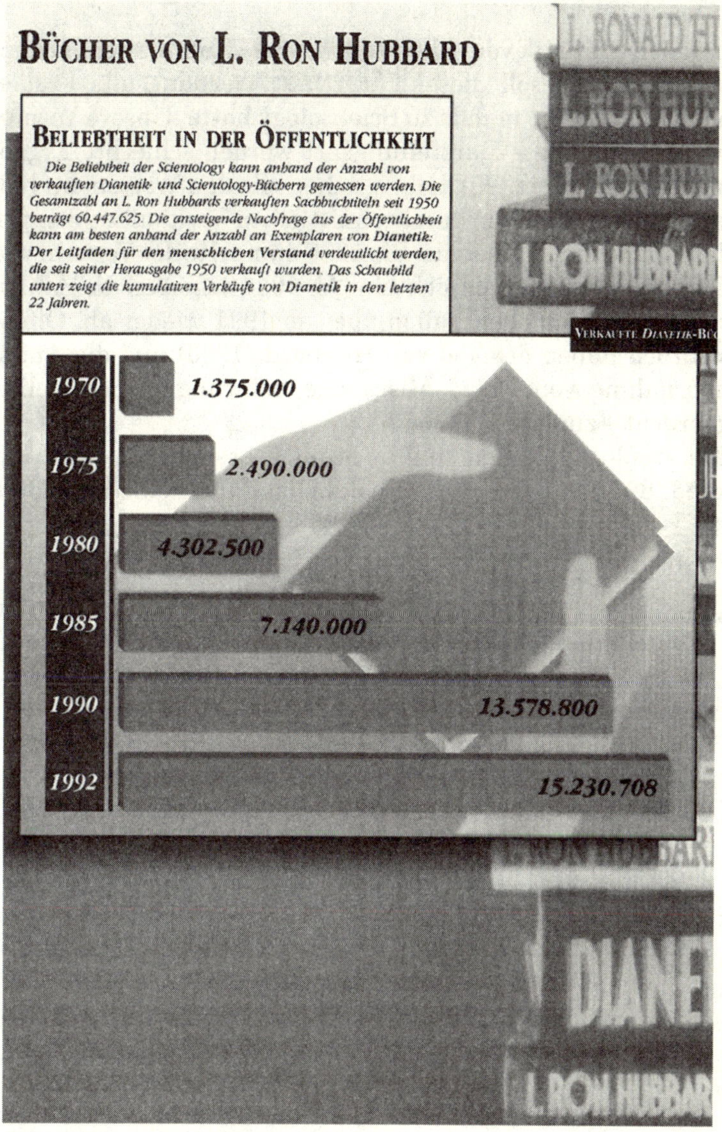

netik-Buches«, denn da steht etwas von »kumulativen Zahlen«. Man schaue sich das Schaubild auf Seite 91 an: Welchen Eindruck haben Sie? Daß es sich um die jeweiligen Jahreswerte handelt?

Laien in Statistik verstehen selten, was »Kumulation« bedeutet. Und doch soll dieses Buch laut Werbung alle Fragen beantworten, die man je zu Scientology hatte. Unsere Vermutung: Durch diese Darstellungsart werden schlechte Ergebnisse verschleiert. Wir haben daher mit den Werten ein bißchen gespielt und die durchschnittlichen Verkaufszahlen pro Jahr errechnet.[3] Ergebnis: Bis 1986 dümpelte der Verkauf von Dianetik-Büchern vor sich hin. Ab 1986 schießen die Zahlen zwar steil nach oben, fallen aber ab 1991 wieder ab. Offensichtlich haben der Tod von Hubbard (1986) und die Amtsübernahme von David Miscavage Schwung in den Laden gebracht – zunächst.

Die absoluten Zahlen sind auch nicht besonders beeindruckend: 826 000 Exemplare pro Jahr ist dann keine besonders

Abbildung 3.4: Durchschnittlicher Verkauf des Dianetik-Buches weltweit

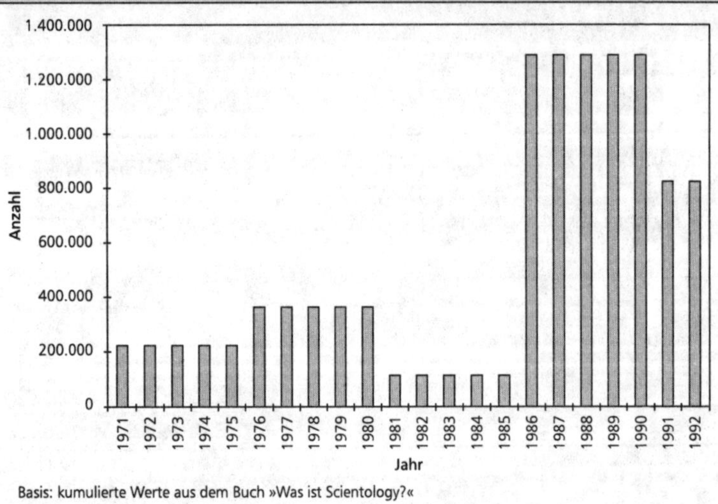

Basis: kumulierte Werte aus dem Buch »Was ist Scientology?«

hohe Auflage, wenn man glaubt, daß dieses Buch in 31 Sprachen übersetzt und in 105 Ländern vertrieben wird – durchschnittlich rund 8200 Exemplare pro Land lassen Verlegerherzen sicher nicht höher schlagen! Oder: Weniger als 30 000 verkaufte Bücher pro Sprache sind bei einem Taschenbuch auch nicht besonders aufregend. Zum Vergleich: Allein in Deutschland wird die »echte« Bibel nach Aussage von Fachleuten etwa zweimillionenmal im Jahr verkauft.
Eine Anmerkung noch für die aktiven Mitglieder der Organisation: Liebe Scientologen, ihr seid im Zustand »Gefahr«! Eure Statistik steigt nicht mehr! Ihr müßt dringend etwas tun!

Erträge der Organisation

In Hamburg nannte die Scientology-Kirche Hamburg e.V. in einem Gerichtsverfahren Zahlen über Erträge, Verluste und ähnliches.[4]
Unterschieden werden Erträge und Verluste der Geschäftsbereiche (GB) Bücher und Kurse. Jedes Jahr gibt es dort gewaltige Verluste. Das deckt sich nicht mit unserem Verständnis einer erfolgreichen Organisation. Die Erträge steigen nur unregelmäßig – so war das Jahr 1990 in beiden Geschäftsbereichen äußerst schwach. Aber viel schlimmer: Die Verluste werden nicht abgebaut. Wenn ich – wie Scientology im Prozeß behauptet – jedes Jahr Verluste mache, dann bin ich weit davon entfernt, im scientologischen Sinne zu expandieren. Und um diese Verluste aufzufangen, bedarf es schon einer Menge Spenden und freiwilliger Mitarbeit.
Für eine Organisation, die sich Kirche nennt, ist beachtlich, daß Provisionen für die Werbung von Kursen und Seminaren gezahlt werden, ebenso wie für den Verkauf von Büchern und »Artefakten« – in Hamburg durchschnittlich 8,85 Prozent.
Fazit: Glaubt man den von der Organisation vorgelegten Zahlen, so entstanden jedes Jahr Verluste in beiden Geschäftsbereichen. Und das noch unter dem Privileg der Steuerfreiheit! Das bedeutet, daß ein ständiger Kapitalzufluß durch Spenden nötig ist.

Abbildung 3.5: Einnahmen/Verluste durch Bücher

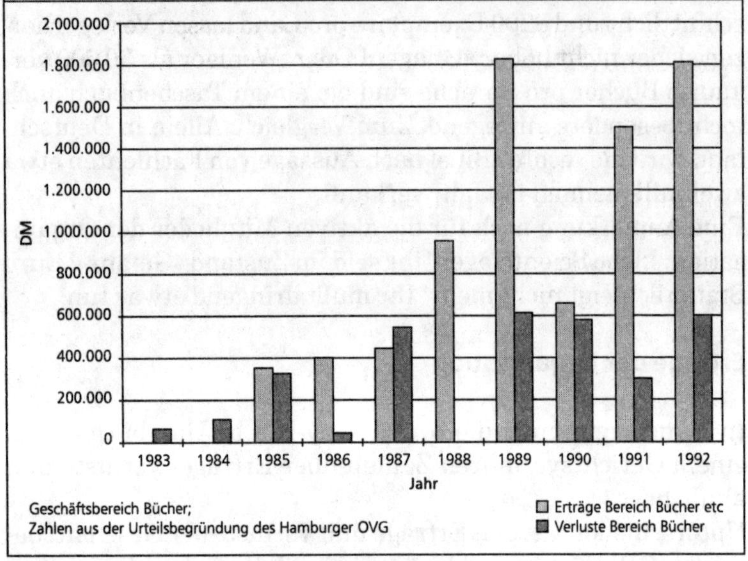

Abbildung 3.6: Geschäftsbereich Kurse

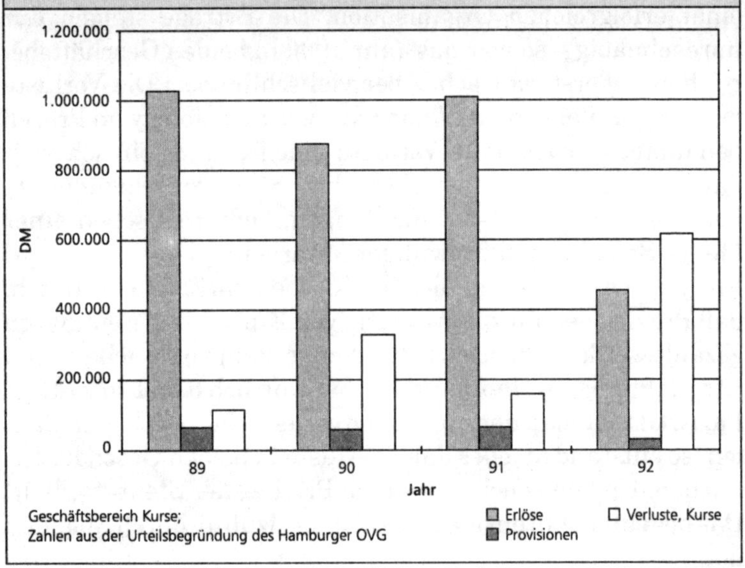

Auch europaweit sind die Zahlen für die Organisation nicht viel besser. So sanken etwa die Jahresnettoumsätze des Verlages New Era Publications in Dänemark von 224 481 000 Dänische Kronen im Jahr 1989 auf 67 724 000 im Jahre 1993.[5]
Erneut: Zustand »Gefahr«! Die Statistiken sinken! Dringender Handlungsbedarf für Scientologen!
Das Gericht stellt fest, daß selbst dann, wenn die Kosten höher als die Erträge sind, die Gewinnerzielungsabsicht nicht ausgeschlossen werden muß. »Bei einem Vertrieb, der auf den Verkauf weiterer Waren und Dienstleistungen zu zunehmend höheren Entgelten ausgerichtet ist, kommt es für die Absicht der Gewinnerzielung auf das wirtschaftliche Gesamtergebnis an. Verweigert der Verein die Angaben und sind die Verluste maßgeblich durch Unkosten aus Bereichen entstanden, über die eine Auskunft verweigert wird, so kann ... von einer Absicht auf Gewinnerzielung ausgegangen werden.«

Was geschieht mit dem Geld?

Scientology setzt sicher eine ganze Menge Geld um – die Angaben über die Höhe des Umsatzes schwanken beträchtlich. Wir zweifeln daran, daß die Organisation selbst in der Lage ist, eine genaue Summe zu nennen.
Bekannt ist, daß Lizenzgebühren an WISE dann gezahlt werden müssen, wenn ein Unternehmen Scientology nicht gehört (aber in der Regel von Scientologen geführt wird) und bestimmte scientologische Kursprogramme oder Unterlagen verwendet. Immerhin sind es 5 bis 18 Prozent (laut Ursula Caberta) vom Umsatz des entsprechenden Unternehmens, die überwiesen werden müssen. Dieses Geld fließt angeblich direkt in die USA.
Bekannt ist auch, daß es direkte Überweisungen an die sogenannte »Kriegskasse« gibt, die für den höheren Status einer Person Bedingung sind, zum Beispiel für verschiedene Stufen des »Patron« (20 000 bis 250 000 US-Dollar) – beträchtliche Summen. Geht man von der Zahl von 150 WISE-Mitgliedern aus, die vielleicht je 20 000 US-Dollar (manche mehr, manche

weniger) pro Jahr spenden, so kommt man auf eine Summe von 3 Mio. US-Dollar jährlich. Für einen Konzern ist das eher lächerlich.
Welche weiteren Hinweise für die finanzielle Potenz des Unternehmens gibt es? Rechnen wir die bekannten Zahlen über die »Kirche« hoch. Da sind zunächst die Kurs- und Auditinggebühren. Bei einer Zahl von durchschnittlich 50 000 DM, die ein Mitglied im ersten Jahr seiner Mitgliedschaft zahlt, kommt man bei vielleicht 1000 Neueinsteigern (Zahl: reine Spekulation) in Deutschland auf eine Jahressumme von 5 Mio. DM.
Dazu kommen die Altmitglieder. Scientology sagt, es gäbe etwa 30 000 davon. Wieviel mag von denen wohl in die Kasse kommen? Viele dürften finanziell schon ausgeblutet sein und verdienen sich ihre Kurse und Auditings durch unbezahlte Arbeit für die Organisation. Nur wenige Unternehmer können sich die höheren Weihen dauerhaft finanziell leisten. Rechnen wir einfach die Summe von 5 Mio. DM noch einmal hinzu.
Dies würde bedeuten, daß in Deutschland die jährlichen (monetären) Einnahmen des Unternehmens Scientology vielleicht 10 Mio. DM betragen, zusätzlich 3 Mio. US-Dollar an Spenden. Dieses Geld geht in Teilen an die »Konzernmutter« in den USA, teilweise wird es hier ausgegeben. Für ein mittelständisches Unternehmen ist dies ein nettes Sümmchen; zu einem »Konzern« reicht es noch nicht ganz.
Wie wird das Geld verwendet? Zum einen müssen die laufenden Betriebskosten wie Miete, Personal- und Sachkosten aufgebracht werden. Scientology bevorzugt für seine Centers sehr gute Lagen: in Hamburg am Steindamm, in München in Schwabing, in Frankfurt am Main in Sachsenhausen.
Die Werbung ist ein nicht zu verachtender Kostenfaktor – bei der Intensität, mit der Scientology wirbt, dürften die Werbekosten beträchtlich sein. Bei Markenartikelherstellern rechnet man dafür 10 bis 15 Prozent vom Umsatz – wäre das auch hier anzusetzen? Die Kosten einer der jüngsten Großaktionen des Unternehmens sind nicht ohne: Der Druck der scientologischen »Bibel« dürfte – obwohl in Korea durchgeführt – Hun-

derttausende an Mark oder Dollar verschlungen haben. Die Verkaufserlöse werden nur einen Bruchteil dieser Kosten wieder hereinholen. Die Anzeigenkampagne »Arme verfolgte Minderheit« in den USA kostet allein in der New York Times – Listenpreise vorausgesetzt – über eine Million Dollar.

Keine persönliche Bereicherung

Wer bereichert sich persönlich? Wo ist der Guru mit den 20 Rolls-Royce, mit Villen und Rolex-Uhren? Bei Scientology ist er bisher noch nicht aufgetaucht. David Miscavage, der das Unternehmen seit 1986 führt, hat ein Jahreseinkommen von weniger als 100 000 DM. Für einen Guru liegt er damit unterhalb der Armutsgrenze! Nun ja, er hat sicher jederzeit Zugang zur »Freewinds«, dem Schiff der Scientologen, das in der Karibik herumkreuzt (und von wo die Chefs braungebrannt, das Fußvolk aber sehr bleich zurückkommen). Vielleicht gibt es ein paar andere geldwerte Vorteile, die in dieser Summe nicht erfaßt sind. Verglichen mit dem amerikanischen Middle-Management hat Miscavage geradezu lächerliche Einnahmen. Ihm scheint die Macht zu genügen.
Es gibt keinerlei Anzeichen für die persönliche Bereicherung einzelner. Aussteiger, die in der Konzernzentrale in den USA gearbeitet haben, sind der festen Überzeugung, daß das Geld im Kreislauf bleibt, zur Systemerhaltung verwendet wird und keine persönlichen Prämien ausgezahlt werden.

Kauft Scientology die Wirtschaft auf?

Diese Frage geistert wie viele andere Fragen auch durch die Medienlandschaft. Angst vor dem Unternehmen Scientology und vor einer Unterwanderung läßt auflagensteigernde Überschriften aus dem Boden schießen. Man kommt schnell zu dem Schluß: Diese Organisation ist mächtig, nimmt enorme Summen aufgrund der Gehirnwäsche ein, ich muß mich davor schützen. (Schützen müssen Sie sich. Wo Sie recht haben, haben Sie recht.)

Für einen Aufkauf der Wirtschaft hingegen gibt es keine Anzeichen. Die Überschüsse sind offensichtlich nicht so groß, daß man damit investieren und sich gute Aktienpakete kaufen könnte. Anders war dies beispielsweise bei den Moonies, hier sind eine Reihe von Firmen bekannt, die der Organisation gehören. Doch bei Scientology kosten die Aktionen zuviel Geld. Wenn allein für die Türen eines von drei atombombensicheren Bunkern 9 Mio. Dollar ausgegeben werden, so kann man sich ausmalen, daß kein Geld übrigbleibt, langfristige Investitionen zu tätigen. Und es gibt weitere Gründe:

- Der Aufkauf von Unternehmen ist im System nicht vorgesehen, das Management by Statistics fördert kurzfristiges Denken und keine langfristige Investitionsplanung.
- Die Organisation zielt auf Menschen (Köpfe) und nicht auf Unternehmen via Kapitalmehrheit.
- Wenn Scientology Firmen kaufen würde – und dann sein Management einsetzte –, wäre das eine schlechte Kapitalanlage. Wahrscheinlich käme der Konkurs nach ca. 18 Monaten – und damit wäre das investierte Geld weg.

Alle unsere Zahlen sind spekulativ, weisen aber die Richtung: Das Unternehmen Scientology ist alles andere als ein bedrohlich wachsendes Unternehmen. Und dennoch: Das ist kein Grund zur Entwarnung – es gibt noch genügend andere Gründe, um sich kritisch mit der Organisation zu beschäftigen.

3.2 Die Hubbard-Technologie zum Führen eines Unternehmens

Im Kurs »Wie man Zustände im Leben verbessert«, begründet auf den Werken von L. Ron Hubbard,[6] bekommt man eine Ahnung davon, was Scientology unter wirtschaftlichen Aktivitäten versteht und welche Methoden empfohlen werden, um erfolgreich zu sein. Die wichtigsten Schritte haben wir in die folgenden Tabellen eingefügt und jeweils kommentiert.

Abbildung 3.7: Hubbards Unternehmenstechnologie	
Hubbards Beschreibung/Empfehlung (gekürzte Wiedergabe)	**Unser Kommentar**
1. Stufe: Beschreibung von Einkommenssituationen	
Gleichbleibendes Einkommen bei steigenden Lebenshaltungskosten • kann zu Schulden oder zum Bankrott führen, • erfordert eine spezifische Methode oder Formel.	Negative Brille. Wo bliebe sonst die Motivation der Kursteilnehmer? Wenn sie schon erfolgreich wären, säßen sie ja wohl nicht da – und die Situation benötigt eine Lösung in Form einer »Formel«, die nachfolgend angeboten wird.
Jeder Lebensbereich (Betrieb, Regierung, Nation) befindet sich in einem Arbeitszustand, wobei man entweder • sich verbessert, • versagt, • scheinbar gleichbleibt.	Die Methoden sind universell und auf alles anwendbar – Differenzierung ist unerwünscht, so auch im Denken der Kursteilnehmer.
Lösungen für »nicht verbessern« oder »verschlechtern«: • anpassen und leiden; • willkürliche Aktionen zur Verbesserung unternehmen, die vielleicht funktionieren;	Hinführen auf die bestimmte Methode – natürlich gibt es nur eine: die von Hubbard!

Hubbards Beschreibung/Empfehlung (gekürzte Wiedergabe)	Unser Kommentar
• bekannte, bestimmte oder entschlossene Aktionen für eine beständige und stabile Verbesserung – mit einer bewährten und bestimmten Methode kann man alles verbessern.	
2. Stufe: Absolute Lösungen	
Hubbard hat exakte Formeln entdeckt, die für jeden Arbeitszustand befolgt werden müssen, damit er verbessert werden kann.	Es geht um eine »Entdeckung«. Gehorsam wird verlangt (»befolgt werden müssen«). Die Lösungen von Hubbard sind durch »exakte Formeln« sehr einfach zu erreichen.
In diesem Kurs werden Sie Informationen und Formeln finden, die von Millionen auf der Welt verwendet wurden.	Was für Millionen funktioniert, muß auch für mich funktionieren.
Sie werden grundlegende Wahrheiten finden, um in jedem Lebensbereich Erfolg zu haben.	Omnipotenz läßt mal wieder grüßen.
3. Stufe: Definition Produkt	
Jemand oder etwas, das ins Leben gerufen wurde; das Endergebnis einer Erschaffung. Ein Produkt ist ein fertiggestellter Dienst oder Artikel von	Wirtschaftswissenschaftlern dürfte sich der Magen umdrehen ob dieser Definition!

Hubbards Beschreibung/Empfehlung (gekürzte Wiedergabe)	Unser Kommentar
hoher Qualität, in den Händen des Kunden als ein Austausch für einen Wert.	
Nicht austauschbar: kein Wert.	Also ein bißchen anders ist das schon. Manche Dinge haben vielleicht keinen Preis – der Wert kann dennoch sehr hoch sein!
Muß von Menschen verändert worden sein.	Auch die Banane im Urwald, die noch keinen Menschen gesehen hat, hat für den Verhungernden einen Wert und ist ein Produkt.
Produzierende Person kann Lohn oder Goodwill erhalten.	Der zukünftige Scientologe wird hingeführt auf schlechte oder gar keine Bezahlung bei Scientology.
4. Stufe: Definition Statistik	Wöchentliche Statistiken haben bei den Scientologen einen extrem hohen Stellenwert, da der »Wert« der Person jede Woche in einer Statistik ausgedrückt wird. Diese werden innerhalb Scientologys veröffentlicht und damit zu einem zentralen Straf- und Belohnungsinstrument.[7]
Anzahl oder Menge, die mit einer früheren gleichen Sache	Kann ein Aspekt einer Statistik sein – der Zeitfaktor spielt aber

Hubbards Beschreibung/Empfehlung (gekürzte Wiedergabe)	Unser Kommentar
verglichen wird – damit der relative Anstieg oder Abfall einer Quantität verglichen mit einem früheren Zeitpunkt.	nicht immer eine Rolle.
Statistiken sind der einzige solide Maßstab für jede beliebige Produktion, Arbeit oder Unternehmung.	Bewertung der menschlichen Qualität also ausschließlich abhängig von der Statistik.
Jeder Tätigkeit kann eine Statistik gegeben werden.	Alles, auch dem gesamten Gefühlsleben (wenn es denn bei Scientology so etwas gäbe!)
Der Zustand einer jeden Tätigkeit kann durch Statistiken gemessen werden.	Alles ist quantifizierbar. Mag man glauben oder nicht.
Statistiken können in einem Schaubild (graph) gegen Zeit eingetragen werden.	An vielen Stellen zeigt sich die miserable bis schlampige Übersetzung aus dem Englischen; offen ist, ob dies bewußt toleriert wird, um die Abkapselung nach außen über die gruppeneigene Sprache zu verstärken.
Beispiel Schriftsteller: schreibt in Woche 1 sieben Artikel und verkauft diese, in Woche 2 aber nur zwei Artikel, so ist die Statistik von »gut geschriebenen Artikeln, die verkauft wurden« in einem steilen Abfall.	»Steiler Abfall« impliziert Panik – die eindimensionale Betrachtung der Situation steht im Vordergrund; mögliche Zusammenhänge werden gar nicht erst diskutiert. Vielleicht war der Schriftsteller in Woche 2 auf einer Tagung? Oder im

Hubbards Beschreibung/Empfehlung (gekürzte Wiedergabe)	Unser Kommentar
	Urlaub? Oder hat er in Woche eins ein hohes Honorar bekommen?
Statistiken sind Indikatoren des wirklichen Universums und informieren Sie über die relative Notwendigkeit von Aktion.	Einführung des wichtigsten Instruments der scientologischen Kontrolle: Statistiken, Leistung, Erfolg oder Mißerfolg, Züchtigungsindikator. Gilt für alles.
Trend bedeutet die Neigung von Statistiken, sich auf einem Durchschnittswert einzupendeln, auf gleichem Niveau zu bleiben oder abwärtszugehen.	Hier kommt zunächst nur der negativ empfundene Trend vor: Trends können auch nach oben zeigen!
Trends werden verwendet, um Expansion einzuschätzen oder vor Schrumpfung zu warnen.	Eine Expansion war bisher noch nicht vorgesehen.

Wie Sie gesehen haben, wird in den Definitionen eine einseitige Betrachtungsweise vorgenommen: Konzentration auf negative »Zustände«. Hinzu gesellt sich das Einhämmern der Botschaft: Statistiken sind das wichtigste im Leben ...

Führungsformeln à la Hubbard. Aber kommen wir zum nächsten Abschnitt, der die »Zustände dem Namen nach« beschreibt. Was soll das denn schon wieder? Formeln sind »eine Methode, um Dinge zu tun« (Seite 29), und für jeden Zustand gibt es eine exakte Formel, und wenn man brav ist und sie befolgt, so kann der »Zustand jeglicher Tätigkeit verbessert werden«.

Abbildung 3.8: Die Hubbardschen Formeln zur Führung eines Unternehmens	
Hubbards Problembeschreibung (gekürzte Wiedergabe)	**Hubbards Formeln (zitiert)**
Ein Zustand von Nichtexistenz	**Formel für den Zustand der Nichtexistenz**
Statistiken im niedrigen Bereich. »Wirkliche Produkte werden nicht erreicht« oder bewegen sich langsam: »Zustand der Nichtexistenz«.	• Finden Sie eine Kommunikationslinie. • Machen Sie sich bekannt. • Finden Sie heraus, was gebraucht oder gewünscht wird. • Tun oder produzieren Sie es und/oder bieten Sie es an.
Der Zustand der Gefahr	**Formel für den Zustand Gefahr**
Produktion in einem fortgesetzten Abfall – oder ein »steiler, steiler Abfall« liegt vor.	• Übergehen Sie Gewohnheiten oder normale routinemäßige Abläufe. • Handhaben Sie die Situation und jede Gefahr in ihr. • Weisen Sie sich selbst den Zustand Gefahr zu. • Finden Sie heraus, was Sie tun, das den Idealen oder den eigentlichen Interessen der Gruppe oder der Aktivität entgegengesetzt ist, und wenden Sie Selbstdisziplin an, um es zu berichtigen, und werden Sie ehrlich und aufrichtig. • Organisieren Sie ihr Leben neu, so daß Ihnen die gefährliche

Hubbards Problembeschreibung (gekürzte Wiedergabe)	Hubbards Formeln (zitiert)
	Situation nicht andauernd zustößt. • Formulieren und befolgen Sie feste Richtlinien, die von nun an die gleiche Situation aufdecken werden und verhindern werden, daß sie immer wiederkehrt.
	Die Gefahrformel für den Vorgesetzten
	• Übergehen (= den richtigen Terminal auf einer Befehlskette überspringen) Sie (Ignorieren Sie den untergeordneten Mitarbeiter, der normalerweise für den Arbeitsbereich verantwortlich ist, und bringen Sie diesen Bereich persönlich in Ordnung). • Handhaben Sie die Situation und jegliche Gefahr in ihr. • Weisen Sie dem Bereich, in dem die Handhabung erforderlich war, den Zustand Gefahr zu. • Weisen Sie jeder Person, die mit dem Zustand Gefahr in Verbindung stand, den Zustand Gefahr auf der ersten Dynamik zu, und setzen Sie durch und stellen Sie sicher, daß die Betreffenden der Formel vollständig folgen.

Hubbards Problembeschreibung (gekürzte Wiedergabe)	Hubbards Formeln (zitiert)
	• Organisieren Sie den Arbeitsbereich neu, damit sich die Situation nicht wiederholt. • Empfehlen Sie feste Richtlinien, die von nun an das Wiederkehren des Zustandes aufdecken und/oder verhindern werden.
Der Zustand der Notlage	**Formel für den Zustand der Notlage**
Produktion bleibt über einen Zeitraum hinweg unverändert; wenn der Zeitraum zu lange anhält, so kommt der Zustand »Gefahr«.	• Werben Sie. Dies gilt für eine Organisation. Eine Einzelperson weist man am besten an zu produzieren. • Ändern Sie Ihre Arbeitsgrundlage. • Wirtschaften Sie sparsam. • Dann bereiten Sie sich zur Lieferung vor. • Straffen Sie die Disziplin.
Der Zustand normal	**Formel für den Zustand normal**
Routinemäßiger oder schrittweiser Anstieg einer Statistik.	• Wenn Sie in einem Zustand des normalen Arbeitens sind, halten Sie den Zuwachs dadurch aufrecht, daß Sie nichts verändern. • Die Ethik wird sehr mild gehandhabt, Rechtsangelegenheiten werden ziemlich mild gehandhabt, es werden keine besonders harten Maßnahmen ergriffen.

Hubbards Problembeschreibung (gekürzte Wiedergabe)	Hubbards Formeln (zitiert)
	• Wenn eine Statistik sich verbessert, so untersuchen Sie das sorgfältig, und finden Sie heraus, wodurch sie verbessert wurde, und dann tun Sie das, ohne aufzugeben, was Sie vorher taten. • Jedesmal, wenn sich eine Statistik auch nur geringfügig verschlechtert, finden Sie rasch den Grund dafür heraus, und schaffen Sie Abhilfe.
Der Zustand Zustrom	**Die Formel für den Zustand Zustrom**
Steile Zunahme einer Statistik – egal, ob eine oder fünf Wochen lang.	• Wirtschaften Sie sparsam. • Zahlen Sie jede Rechnung. • Investieren Sie den Rest in Dienstleistungen, erhöhen Sie Ihre Möglichkeiten zu liefern. • Entdecken Sie, was den Zustand Zustrom verursacht hat, und verstärken Sie es.
Der Zustand Macht	**Die Formel für den Zustand Macht**
Statistik befindet sich in einem sehr hohen Bereich, der in einen Normalzustand fortfährt. Beispiel: Ein Maurer legt so viele Ziegelsteine, »daß niemand je auf den Gedanken kom-	• Das erste Gesetz eines Machtzustandes lautet: Brechen Sie Ihre Verbindungen nicht ab. • Als erstes müssen Sie eine Aufzeichnung aller Kommunikationslinien des Postens erstellen.

Hubbards Problembeschreibung (gekürzte Wiedergabe)	Hubbards Formeln (zitiert)
men wird, ihn rauszuwerfen, nun, dann ist er im Zustand der Macht. Das ist ein Machtzustand für ein Individuum.«	• Die Verantwortung liegt darin, die ganze Sache niederzuschreiben und dafür zu sorgen, daß diese Aufzeichnungen in die Hände derjenigen Person gelangen, die sich fortan darum kümmern wird. • Tun Sie Ihr Möglichstes dafür, daß der Posten leicht ausgefüllt und ausgeübt werden kann. • Warum nennen wir es Macht? Weil da ein solcher Überfluß an Produktion vorhanden ist, daß momentane Stopps oder kleine Senkungen diesen Bereich nicht herunterziehen oder sein Überleben gefährden können.
Die Formel für den Zustand Machtwechsel gibt es nicht, aber eine Beschreibung.	Durch die korrekte Anwendung des Zustandes Machtwechsel kann jemand eine Stellung, die sein Vorgänger hinterlassen hat, erfolgreich übernehmen: Durchlaufen Sie genau dieselbe tägliche Routine wie Ihr Vorgänger; unterzeichnen Sie nichts, was er nicht unterzeichnet hätte; ändern Sie keine einzige Anweisung ... Werden Sie höllisch geschäftig darin, einfach nur diese Anordnungen zu befolgen.

Hubbards Problembeschreibung (gekürzte Wiedergabe)	Hubbards Formeln (zitiert)
	Das Abschließen von Zustandsformeln • Jeder Schritt einer jeden Zustandsformel muß gemacht sein, bevor man die nächste Zustandsformel angeht.

3.3 Management by Hubbard

Warum ist ein scientologisch geführtes Unternehmen auf Dauer erfolgsfrei?

Management by Statistics

Hubbard erließ eine Reihe von Richtlinien, wie ein Unternehmen zu führen ist. Ein Scientologe ist verpflichtet, diese immer anzuwenden.
Statistiken müssen steigen, sonst kommt man in »Zustände«, die mit den negativen Vokabeln »Gefahr« oder »Notlage« oder gar »Nichtexistenz« bedacht werden. Daher tut man als Scientologe gut daran, immer steigende Statistiken vorzuweisen. Der Druck ist ungeheuer groß, da die Statistiken in den Dianetik-Zentren wöchentlich veröffentlicht werden. Das gilt sowohl für die positiven wie die negativen Wochenergebnisse. Abgabetermin: Donnerstag.[8]
Exscientologen sprechen von den »up stats«. Dieser Begriff bezeichnet Menschen. Menschen, die Erfolg hatten, Menschen, die bei Scientology angehimmelt werden. Die Geld haben. Die gute »upper statistics« vorweisen können. Diese Rolle gefällt vielen, man möchte sie bekommen und dann

natürlich behalten. Das kann man aber nur mit guten, mit steigenden Statistiken.
Nun mag es manchmal vorkommen, daß die Statistik nicht so steigt, wie sie eigentlich sollte. Können Sie sich vorstellen, daß jemand in dieser Lage auch eine Statistik fälscht, nur um gut dazustehen? Besonders dann, wenn die mit der Statistik gemessenen Tätigkeiten schlecht überprüfbar sind (Anzahl der Anrufe, Gespräche, verteilte Handzettel)? Der Versuchung, auch finanziell relevante Statistiken zu fälschen, dürfte mancher Scientologe schon erlegen sein.
Ein betriebswirtschaftliches Berichtswesen auf der Grundlage ungenauer oder dauerhaft falscher Zahlen kann nicht funktionieren. So berichten ehemalige Mitarbeiter scientologisch geführter Unternehmen, daß gerade in diesem Bereich desolate Zustände herrschten, die man nur mühsam wieder in den Griff bekommen hätte. Was soll erst werden, wenn nach den jüngsten Urteilen zur fehlenden Gewerbefreiheit von Scientology die Prüfer der Finanzämter um Einsicht bitten werden?

Management by verbrannte Erde

Ein betroffener Unternehmer, dessen Vorgänger scientologisch führte und der das Unternehmen »befreien« konnte, beantwortete die Frage, was denn das Verhalten der Scientologen in seinem Unternehmen am besten charakterisieren würde, mit der Feststellung: »Die Politik der verbrannten Erde.«
In der scientologischen Eliteschule in Glendale, Kalifornien, werden die Registrare und Vertragsabschließer ausgebildet, um Hard Sell zu beherrschen und dafür zu sorgen, daß bereits nach dem ersten Service höhere Dienstleistungen (»major service«) gekauft werden. Die scientologische Definition von Hard Sell: »Darauf bestehen, daß gekauft wird.«[9]
Viele Berichte bestätigen ein Verhalten von Mitgliedern dieser Organisation, das durch zwei Faktoren geprägt scheint:

- skrupelloses Vorgehen,
- kurzfristiges Denken.

Scientology erzieht demnach zu einem Egoismus, in dem ohne Rücksicht auf andere Menschen ausschließlich die eigenen Ziele verfolgt werden – die bei guten Scientologen identisch mit den Zielen der Organisation sein können. Skrupel aus dem vorscientologischen Leben werden zu Störfaktoren für den aktuellen Auftrag.
Dies resultiert in einem kurzfristigen Denken als Ergebnis des Statistikdrucks: Wöchentliche Erfolgsberichte würden auch außerhalb von Scientology dazu führen, daß die Zielzeiträume immer kürzer werden. Wenn ich jeden Donnerstag gestiegene Ergebnisse beweisen muß, dann bin ich außerstande, in langfristige Ziele zu investieren.
Das gilt vor allem dann, wenn das Management by Statistics selbst skrupellos angewandt wird. Nach unserer Kenntnis werden bei der Deutung der Statistik keine anderen Einflußfaktoren außer der eigenen Leistung zugelassen – das ist eine eindimensionale Betrachtung von Ergebnissen. Einflüsse wie Konjunktur, Vergleichszahlen des Vorjahres, Saison, Gesamtunternehmenserfolg (Kollegen) etc., so wie sie in den Wirtschaftswissenschaften gelehrt werden, sind uns leider noch nicht begegnet. Der gequälte kleine Scientologe denkt dann folgerichtig im Zeitraum bis zum nächsten Donnerstag. Dann ist er wieder fällig. Es drohen Repressionen oder Strafen, wenn seine Statistik zurückbleibt. Wer mag das schon?
Wie würden Sie auf diesen Druck reagieren? Indem Sie sich einen Mehrjahresplan machen? Indem Sie über Investitionen nachdenken? Indem Sie sich überlegen, wie Sie Kunden so zufriedenstellen, daß sie auch in zwei Jahren noch bei Ihnen kaufen? Oder lieber die Kunden mit allen verfügbaren Tricks und Ideen drängen, jetzt sofort zu kaufen, denn der nächste Donnerstag naht?

Management by Abschröpfung

WISE-Mitgliedsunternehmen müssen 5 bis 18 Prozent vom Umsatz als Lizenzgebühr bezahlen. Gegenleistung: eine teils banale, unnütze und teilweise schädliche Hubbard-Technologie. Völlig unabhängig von Ertrag oder steuerlichen Überlegungen sollen 5 bis 18 Prozent vom Umsatz (nicht etwa vom Gewinn) abgeführt werden. Da muß schon eine ganz schöne Ertragslage vorhanden sein, wenn ein Unternehmen einen solchen unproduktiven Aderlaß verkraften soll.
Ein Jahr mag das bei guten Erlösen und einer zufriedenstellenden Konjunktur vielleicht möglich sein – aber dauerhaft? Die Mehrzahl deutscher Unternehmen wäre froh, eine verfügbare Umsatzrendite von 10 Prozent überhaupt zu erreichen. Den größeren Teil würden sie in Rückstellungen und Investitionen stecken, um auch die Zukunft zu bewältigen.
Fazit: Ohne Subventionen und/oder radikale Gehaltskürzungen ist ein scientologisch geführtes Unternehmen nicht lebensfähig.

Warum ist das Unternehmen Scientology selbst ein miserables Vorbild für die Wirtschaft?

Management by Kundenverachtung

Costumer Relations gewinnen an Bedeutung – das heißt: Ich nehme meine Kunden ernst. Deren Bedürfnisse und Erwartungen ändern sich ständig – ich stelle mich darauf ein. Deshalb bestehen vor allem die Unternehmen am Markt, die den ständigen Veränderungsprozeß leben und in ihren Produkten und Dienstleistungen verkörpern.
Anders bei Scientology: Die Bedürfnisse der Kunden sind vermeintlich zu 100 Prozent klar und bleiben seit Jahrzehnten scheinbar unverändert. Welches Bedürfnis wollen die Kunden von Scientology befriedigen? Ihren Defizitzustand der Seele bzw. Persönlichkeit verringern. Die Ziele der Organisa-

tion zeigen, wie man mit dem Kunden und seinen Bedürfnissen umgeht: Man will ihn einerseits schnell ausnehmen, andererseits aber auch zur Mitarbeit für Milliarden von Jahren verpflichten. Hier finden wir eine völlig neuartige Sicht der Beziehung von Kunden und Lieferanten.
Oder anders ausgedrückt: Das Verhältnis wird gleichzeitig davon geprägt, den Kunden als Geldgeber zum Wegwerfartikel, also zum Wegwerfkunden, zu machen und ihn lebenslang als Arbeitstier, zum Sklavenkunden, umzuformen.
Das Interesse für die Produkte wird mit Nutzenversprechen betrieben, die außerhalb jeglicher Seriosität liegen. Scientology braucht den Verzweiflungskunden, der so sehr in Not ist, daß er ohne Lachen oder Abwenden reagiert, wenn die Nutzenargumentation auf 900prozentiges Erweitern seiner Intelligenz abhebt und ein Immunisieren gegen radioaktive Strahlen verheißt. Zu Scientology passen am besten Kunden, die benutzbar, verzweifelt und unkritisch sind. Wir bezeichnen dieses Verhältnis zum Kunden als das »Prinzip der Verachtung« und sehen darin eine völlig neue Dimension im Wirtschaftsleben.
Die Organisation lebt diese Prinzipien für sich selbst, aber auch »übernommene« Unternehmen werden angehalten, derartige Prinzipien aufzunehmen.

Management by Qualitätsmangel

Stellen Sie sich eine Produktion vor, in der die Qualitätssicherung keine andere Aufgabe erfüllt, als das korrekte Addieren von Stückzahlen zu überprüfen. Diese Firma erklärt sämtliche Ansätze von Total Quality Management für überflüssig. Welche Folgen hätte eine solche Haltung? Dieses Unternehmen produziert eine Fehlerquote, die gleichbleibt, verzichtet auf eine wichtige Quelle der Verbesserungen für den Ablauf und das Produkt. Außerdem riskiert es Reklamationen und das Abwandern der unzufriedenen Kunden.
Wie sieht das bei Scientology aus? Bei den Hauptumsatzträgern, Test und Auditing, gibt es keinerlei erkennbaren Versuch, die Qualität festzustellen, geschweige denn Konsequen-

zen zu ziehen. Beim Test weiß bisher keiner, ob er das mißt, was er messen soll. Und beim Auditing existieren öffentlich keinerlei Angaben über den Therapieerfolg, über Nebenwirkungen und Spätfolgen. Wenn es Untersuchungen und positive Ergebnisse gäbe, würde Scientology sie sicherlich stolz vorzeigen.

Management by Innovationsstopp

Erfolgreiche Unternehmen berichten gern an erster Stelle über den Stolz, der sie erfüllt, wenn sie beispielsweise 80 Prozent des Umsatzes mit Produkten machen, die jünger als drei Jahre sind. Wir empfinden die Situation bei Scientology als eine umgekehrte Politik, die von folgendem Motto auszugehen scheint: »Ja nichts ändern! Was wir kennen, gibt uns Sicherheit! Was damals gut war, kann heute nicht schlecht sein!«
Wie sieht es bei Firmen aus, die seit Jahrzehnten weltweit erfolgreich operieren und zeitlose Produkte anbieten? Denken Sie an bestimmte Erfrischungsgetränke und Frühstücksflokken: Selbst diese Firmen entwickeln ständig neue Produkte für veränderte Bedürfnisse, für modische (Gesundheits-)Anforderungen und für Zielgruppen, die gerade erst entstehen. Keine Chance für ein vergleichbares Handeln bei Scientology!

Management by Maskerade

Innovation scheint außerhalb von Marketing und PR unerlaubt zu sein. Und selbst in diesen Bereichen handelt es sich um Notreaktionen, die zum Motto passen könnten: »Wie können wir uns immer neu tarnen, damit ein Kunde glaubt, er hätte es mit einem anderen Anbieter zu tun, weil er uns strikt meiden möchte? Welche immer neuen Versprechungen können wir abgeben, um von der schädlichen und nutzlosen Wirkung unserer Produkte abzulenken?« Statt die Ursachen alleine in Verschwörungen der Außenwelt zu suchen, würde ein modernes Management auch die eigenen Anteile am Negativimage untersuchen. Kein perspektivisch denkendes Unternehmen würde versuchen, sein Image und seine Akzeptanz über Mitleid und uneinlösbare Versprechungen aufzubessern.

Management by Lockvogel

Vielleicht kamen die Scientologen einmal zu der Erkenntnis: »Wenn wir schon vieles falsch machen, müssen wir wenigstens bei der Akquisition hervorragend sein!« In einer Hotellobby wurden wir Zeuge mehrerer Akquisitionsgespräche, die gut genug geführt wurden, um als Lehrvideo eingesetzt zu werden. Leider stand keine Kamera zur Verfügung. Wir glauben, diese Gespräche waren keine »positiven Ausrutscher«. Dafür lief die Systematik zu professionell!
Anhand des ausgewertet vorgelegten Tests bringt die Akquisiteurin den potentiellen Kunden durch eine unaufdringliche Fragetechnik zum Sprechen. So erfährt sie genug, um ihn für verschiedene Stärken zu loben und zu bewundern. Erst nach einiger Zeit spricht sie ihn suggestiv und verständnisvoll auf Situationen an, die immer wieder vorkommen und nur unbefriedigend bewältigt werden.
Die Negativpunkte in der Testauswertung beziehen sich auf den Bereich der Kommunikation und sind völlig allgemein gehalten. Dadurch passen die Problembeispiele des Kunden immer in die Testauswertung. Und: Wer hat nie ein Kommunikationsproblem? Der Kunde reagiert verblüfft auf die scheinbare Aussagekraft des Tests. Nach der anschließenden Frage, ob er sich denn weiterentwickeln will, öffnet seine Antwort (»Ja! Aber wie?«) die Tür sperrangelweit für den entscheidenden Vorstoß der Akquisition: »Da können wir Ihnen helfen! Aber bitte sagen Sie mir erst, ob Sie es *wirklich* wollen.« Wer brächte da ein »Nein« heraus? Schon sind wir beim Kommunikationskurs, der allerdings erst in drei Monaten einen freien Platz aufweist. Beiderseitiges Bedauern setzt ein.
Da merkt der Kunde, daß seine Gesprächspartnerin mehr ist

als nur verständnisvoll – sie will ihm ganz persönlich helfen. Sie hat alle Belegungspläne bei sich, erweist sich also als Profi. Und sie hat Einfluß: »Ich will Ihnen helfen, und ich glaube wie Sie, das sollte bald passieren. Wenn Sie *wirklich* teilnehmen wollen, rufe ich jetzt meinen Kollegen an. Der macht übermorgen den Kurs. Ich kann für Sie erreichen, daß er einen Platz frei macht oder Sie zusätzlich hereinnimmt. Auf Ihre Zusage kann ich mich doch verlassen?«

Der Rest ist Routine. Von uns gibt es akquisitionsmäßig einen Pluspunkt ohne Einschränkung. Das Beispiel bezieht sich auf das mit Scientology »befreundete« Unternehmen AMK. Wir trauen Scientology an diesem Punkt eine gleichartige Professionalität zu. Allerdings: Bei übernommenen Firmen wird es schwieriger. Dort will der Kunde nach dem Akquirieren keine bewußtseinstrübende Gehirnwäsche, sondern wartet als Geschäftsmann auf das ordnungsgemäße Erfüllen seines Auftrags. Wenn dafür der Rest der Firma im vorher beschriebenen Sinn »gehandhabt« wird, geht kaum alles glatt ab.

Management by Bad Image

Scientologische Werbung

Scientologische Werbung zeichnet sich durch massive Streuverluste aus: Scientologen werben. Sie werben unendlich viel. Sie werben in unterschiedlichen Medien. Und: Sie werben (meistens) schlecht.

Eine Frau kaufte im Herbst 1992 das Dianetik-Buch. Sie hinterließ den Scientologen ihre Adresse – nicht ahnend, was da kommen würde: lästige Anrufe und jede Menge Post.

Wir haben sie gebeten, einen unüblichen Weg zu gehen, nämlich die Post aufzubewahren und uns zu geben. Sie ist schon etwas entnervt. Wir danken ihr an dieser Stelle für die große Geduld! Das Ergebnis ihrer akribischen Sammlung finden Sie in Abbildung 3.9.

Abbildung 3.9: Werbemaßnahmen von Scientology	
20.11.92	Hubbard-Buch gekauft, Adresse deponiert.
03.12.92	Telefonat um 20.45 Uhr über Dianetik-Buch – Hinweise, was in welcher Reihenfolge zu lesen sei.
Dezember 92	Weiterer Anruf.
03.12.92	Handschriftlicher Brief mit versprochener Zeitung.
Januar 93	Anruf mit der Einladung zu einem Einführungsabend (wurde abgelehnt) – mit der Aufforderung, nicht mehr anzurufen.
02.02.93	Post aus Hamburg mit Zeitschrift.
14.02.93	Postwurfsendung.
25.02.93	Postwurfsendung.
11.03.93	Postwurfsendung.
01.06.93	Handschriftlicher Brief.
Juli 93	Postwurfsendung mit Test und Bewerbungsaufforderung.
23.08.93	Postwurfsendung.
04.09.93	Brief mit unpersönlichem Anschreiben und Prospekten.
06.09.93	Postwurfsendung.

11.10.93	Postwurfsendung.
04.12.93	Postwurfsendung.
20.12.93	Unpersönlicher Brief.
22.12.93	Dianetik-Information.
18.01.94	Postwurfsendung.
07.02.94	Postwurfsendung.
28.02.94	Postwurfsendung.
09.04.94	Postwurfsendung.
24.07.94	Postwurfsendung.
01.03.95	Schreiben, Serienbrief, mit Unterschrift.
Zusätzlich über die gesamte Zeit:	»Positiv« = regelmäßige Broschüre von Scientology: Nr. 19,21,23,25,27,29,31.
16.03.95	Postwurfsendung: »Ein klarer Kopf für ein klares Leben« = Werbung für den Reinigungs-Rundown.
April 95	Postwurfsendung mit Werbung für den Kommunikationskurs.
10.05.95	Positiv Nr. 33.
10.05.95	Handschriftlicher Brief mit Waschzettel über den Reinigungs-Rundown.

Unternehmerisch gedacht: Ein einziger direkter Kontakt mit vagem Interesse führt zu über 30 Folgekontakten seitens der Organisation – ohne ermunterndes Zwischenergebnis. Im Gegenteil: Die Frau forderte die Anrufer ausdrücklich und nachhaltig auf, sie in Ruhe zu lassen (was dann – zumindest auf telefonischem Wege – auch geschah).
Dies ist kein Einzelfall – fast jeder, der seine Adresse bei Scientology hinterlassen hat, kann ähnliches berichten. Selbst Menschen, die im Unfrieden aussteigen, bleiben auf Verteilern und bekommen weiterhin Post.
Ist denn Scientology jenseits von Gut und Böse? Hat Scientology zuviel Geld? Kann die Organisation dem Personal – ob bezahlt oder unbezahlt – keine sinnvolleren Aufgaben geben? Nein: Man klebt an der Adresse, wirkt lästig und erzeugt Unmut ziemlich großen Ausmaßes – aber gibt nicht auf. Ganz schön hartnäckig, könnte man sagen. Hat ja auch was Gutes. Vielleicht beißt gelegentlich ein Dianetikbuch-Käufer auch an und bucht einen Kurs. Ob dann der Folgekurs auch noch belegt und ein neuer Scientologe geboren wird? Aus unternehmerischer Sicht ist das blinder Aktionismus, ineffizienter Einsatz von Ressourcen – eine maßlose Verschwendung von (Wo-)manpower und Geld.
Warum macht Scientology so etwas? Vier mögliche Gründe lassen sich dafür finden:

- *Strafen:* Die vielen Aktionen dienen nicht nur der Werbung, sondern sind Strafarbeiten für die eigenen Mitglieder und somit zur Erhaltung des eigenen Systems gedacht.
- *Aktionismus:* Die eigenen Leute müssen »sinnvoll« beschäftigt werden.
- *Zielerreichung:* Die Hoffnung, irgendwann den Empfänger an einem labilen Punkt zu erreichen und dann doch noch einen neuen Kunden zu gewinnen.
- *Ineffizienz der Dateiverwaltung:* Karteileichen werden weiter gepflegt – so wird aus der Dresdner Scientologyniederlassung berichtet, daß eine Kartei von 2000 bis 3000 Adressen für die Mailings benutzt wird, die nie bereinigt wurde.[10]

Scientology setzt eine Vielzahl von Gedrucktem ein: Flugblätter, Broschüren, Anzeigen und natürlich die direkte persönliche Ansprache – auf der Straße, in den Dianetik-Zentren. In den USA gibt es auch TV-Spots – in Deutschland wurden sie nur vereinzelt gezeigt, nach Protesten dann aber von den Sendern zurückgezogen.

Pressearbeit auf scientologisch

Scientologische Pressearbeit sucht ihresgleichen. Im Sommer 1994 konnten wir folgende Begebenheit beoabachten: In Frankfurt am Main landete ein Flugzeug mit etwa 300 Scientologen, die auf der »Freewinds«, dem Schiff der Scientologen, eine neue Kampagne, »Clear Deutschland«, eingeübt hatten. Deutlich zu sehen auf den T-Shirts der Reisenden. Eine Aussteigerin hatte Wind davon bekommen und die Presse informiert.

Neben einigen »Anti-Scientologen«, TV- und Radioreportern stand auch eine Frankfurter Scientology-Delegation bereit und begrüßte die Ankömmlinge. Einer beschwerte sich, daß er als Scientologe nie zu Wort käme. Die Reporter stürzten sich auf ihn, um endlich Antworten auf ihre Fragen zu bekommen. Aber nein, der Scientologe änderte plötzlich seine Meinung: »Wenn ich jetzt was sage, dann verdreht ihr es doch nur!«

Der Pressesprecher der Scientologen kam braungebrannt dazu: Nein, er könne nichts zu den Schulungen in den USA sagen. Der Reporter machte ihn – vor laufender Kamera – auf die fehlende Logik aufmerksam: Einerseits beschwere er sich über mangelnde Originalberichterstattung, andererseits gebe er keine Informationen preis. Der Pressesprecher, zunehmend aggressiver, beschimpfte den Reporter, »weil Sie ein Frechling und ein Fiesling sind«, und sagte zum Schluß mehrfach: »Ich find Sie fies! Ich find Sie fies!«[11] – und das alles lächelnd. Natürlich konnte man das am Abend – genüßlich kommentiert – im Fernsehen anschauen.

Wenn dies der Pressesprecher eines »normalen« Unternehmens gewesen wäre – er wäre postwendend wegen mangelnder Qualifikation rausgeschmissen worden. Ein Pressesprecher, der ohne Not die Presse vor laufender Kamera persönlich beschimpft und beleidigt, ist äußerst schädlich für sein Unternehmen und auch ein schmales Gehalt nicht wert.

Die Berichterstattung in Deutschland über Scientology ist durchweg negativ – außerhalb der eigenen Publikationen ist uns nur selten eine positive Meinung begegnet. Auch dies zeigt die miserable Öffentlichkeitsarbeit – was nach der geschilderten Begegnung durchaus verständlich ist.

Andere Gruppen arbeiten professioneller – man nehme nur die Zeugen Jehovas. Jede Menge Artikel mit einem zumindest neutralen Touch von gut bearbeiteten Journalisten tauchen in den Printmedien auf.

Fazit: Aus all diesen Gründen sehen wir für Scientology auf Dauer erfolgsfreie Zeiten bei den übernommenen Unternehmen. Oder um es mit den Worten eines Aussteigers zu sagen: »Professioneller Dilettantismus«!

Garantiert erfolgreich? Die Mitarbeiter in totalitären Systemen

Management by Sklavenarbeit

Subventionen bestehen in scientologisch geführten Firmen vor allem aus unbezahlter oder unterbezahlter Arbeit. Dauerhaft rote Zahlen von Scientology zwingen vermutlich zum Prinzip, übernommene Firmen als Quelle für Subventionen zu mißbrauchen. Der immense Geldbedarf geht so weit, daß die Geldgeber selbst in rote Zahlen geraten müssen.

Ganz wesentlich für das Funktionieren der Organisation ist die Tatsache, daß minimale Löhne gezahlt werden. Scientologen arbeiten für zukünftige Weltverbesserungen – wer käme da auf die Idee, den Lohn schon auf Erden suchen zu wollen! So berichten ehemalige Mitarbeiter von Hungerlöhnen wie 30 bis 100 DM pro Monat. 1985 hatte beispielsweise eine Frau bei Vollzeitarbeit einen durchschnittlichen Lohn von 1,44 DM erhalten.[12] Und Angestellte der Eliteorganisation »Sea-Org« arbeiten 84 Stunden pro Woche – Lohn dafür: 15 bis 30 US-Dollar. Eine Kranken- oder Sozialversicherung wird in solchen Fällen nicht bezahlt, da kein geregeltes Arbeitsverhältnis besteht.[13] Ein Traum für jeden Unternehmer, der sich mit den hohen Arbeitskosten für seine Mitarbeiter auseinandersetzen muß. Also doch ein Pluspunkt für Scientology?

Management by Angst und Schrecken

Es gehört heute zum Konsens in der deutschen Wirtschaft, die Qualität des Führungsverhaltens als immer wichtiger anzusehen. Die Führungskultur beeinflußt bei den Mitarbeitern

- die Identifikation mit der Firma,
- die Arbeitszufriedenheit und die Motivation,
- die Suche nach Ideen und die Zielorientierung,
- die Leistung und das Qualitätsniveau,
- die Kundenorientierung und die Ausstrahlung der Firma,
- die Marktposition und das Betriebsergebnis.

Beruflich begegnet uns dieses Thema mit den Fragen: Wie erarbeiten wir sinnvolle Grundsätze für Führungskräfte und Projektleiter? Wie kann man die edlen Vorsätze aus den abgehefteten Hochglanzbroschüren in den Alltag übertragen? Ob die Vorsätze gelingen, fragt man am besten die Kunden der Führungskräfte, also deren Mitarbeiter. Man nennt diese bewährte Methode *Aufwärtsbeurteilung.* Wir verfügen dazu über Ergebnisse aus normalen Unternehmen unterschiedlichster Branchen, die wir in Seminaren erfragt haben. Zwei Erkenntnisse daraus: Erstens unterscheiden sich die Firmen und Branchen kaum; es herrscht eine ziemlich *einheitliche Führungskultur* im Land. Zweitens birgt das allmählich ansteigende Niveau weiterhin gewaltige Steigerungsmöglichkeiten. Anders ausgedrückt: Deutsche Chefs führen keineswegs immer ideal.
Nun fanden wir die Frage interessant, wie denn das Füh-

rungsverhalten in totalitären Gruppen aussieht. Also fragten wir ehemalige Mitglieder und benutzten den gleichen Fragebogen wie in den Seminaren. Unser Ziel bestand darin, die Führungskultur in normalen Firmen und in totalitären Organisationen zu vergleichen. Es begann mehr als Spaß, denn die Befragten kamen aus unterschiedlichen Gruppen.

Die Ergebnisse übertreffen alle negativen Hypothesen!

Natürlich gelten alle Aussagen unter dem Vorbehalt, daß es sich um eine kleine Stichprobe handelt und es Gruppen gibt, zu denen wir niemanden befragen konnten. Und falls Sie sich einmal mit Statistik quälen mußten: Die Differenzen erweisen sich selbst bei den kleinen Zahlen bereits als signifikant auf dem Einprozentniveau! Da bleibt dem Gegenargument »Zufall« wenig Spielraum ...

Überall die gleiche Misere

Die Antworten weisen eine extrem geringe Streuung auf. Das bedeutet: Egal, welcher Gruppe jemand angehört(e) und egal, ob es dabei um die Mutterorganisation oder um eine übernommene Firma geht, sprechen die Ergebnisse für ein *einheitliches Profil des Führungsverhaltens in totalitären Gruppen.* Das bestätigt unsere Sichtweise, denn: Es ist völlig unerheblich, welchen inhaltlichen Quatsch sich eine Gruppe ausdenkt. Die autoritäre Struktur führt stets zum gleichen betrüblichen Umgang mit den Mitgliedern bzw. Mitarbeitern.

Das positive Führungsverhalten wird danach abgefragt, wie häufig es vorkommt: nie (=0), manchmal (=1), häufig (=2) oder immer (=3). Der Unterschied ist bei allen 23 abgefragten Verhaltensweisen negativ für die »Sekten«. In Abbildung 3.10 sehen Sie die durchschnittliche Häufigkeit in einer Gegenüberstellung.

Abbildung 3.10: Vergleich des Führungsverhaltens

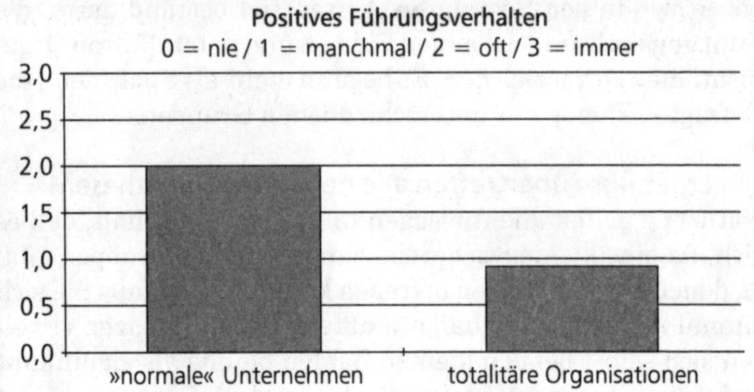

Beschämendes Niveau

Bitte berücksichtigen Sie dabei, daß die normalen Betriebe in dieser Hinsicht noch weit unter dem Idealzustand (3,0 Punkte für »immer«) liegen. Hinzu kommt, daß das beste Ergebnis bei totalitären Gruppen beschämender ausfällt (1,5 Punkte bei: »Unterläßt es, sich mit Erfolgen anderer zu schmücken«) als das schlechteste und gleichzeitig bekannteste Ergebnis bei normalen Betrieben (1,6 Punkte bei: »Lobt mich für gute Leistungen«).

Die Propagandisten der Zukunftswelt präsentieren sich – wenn es konkret wird – auf einem Niveau, das historisch eher als überholt gilt.

Worauf legen totalitäre Organisationen besonderen Wert?

Was würden Sie häufiger erleben, wenn Sie Ihren Arbeitsplatz ab sofort in einer solchen Gruppe oder in einem übernommenen Betrieb hätten? Hier finden Sie eine Auswahl:

Der Chef . . .

. . . verbittet sich Kritik an seiner Person.

. . . weigert sich, aus Fehlern zu lernen.

... löst Konflikte ohne Rücksicht auf die Meinung anderer.
... äußert Kritik an einzelnen vor der Gruppe.
... trifft Entscheidungen, ohne die Betroffenen einzubinden.
... mischt sich in die Arbeit ein und untergräbt die Selbständigkeit.
... geht nach dem Motto vor: »Teile und herrsche.«
... entmutigt alle, die neue Ideen vorbringen.

Keine Vorteile ...

Welches Fazit können wir ziehen? Das Führungsverhalten in einem sektenmäßig organisierten Unternehmen verfügt über keine hohe Anziehungskraft für die Mitarbeiter.

... und keine Aussicht auf Erfolg

Wo sich die Führungskraft so aufführt: Welche Ausstrahlung entwickelt ein solcher Betrieb? Welcher geschäftliche Erfolg kann damit erreicht werden?

Management by Karriereknick

Als Mitarbeiter in einem scientologisch geführten Betrieb steht Ihnen mit einiger Wahrscheinlichkeit ein Karriereknick in zwei Varianten zur Auswahl:
Entweder Sie kündigen gleich. Dann ist es vielleicht schwierig, in der gleichen Gegend eine vergleichbare Position zu finden. Auch wird es heikel, beim Einstellungsgespräch Ihren Wechselgrund glaubwürdig darzustellen.
Oder Sie lassen sich auf ein Verbleiben ein und arbeiten sogar in der Mutterorganisation selbst mit. Dann verschiebt sich Ihr Karriereknick auf einen späteren Zeitpunkt. Allerdings wirkt er sich dann um so heftiger aus: Sie bewerben sich ohne Zeugnis oder mit einem, das Sie lieber für sich behalten. Abgesehen davon, fühlen Sie sich seelisch ausgebrannt, finanziell abgebrannt und sozial völlig isoliert. Ihre Sprache und Ihr Verhalten wirken befremdlich auf Ihre Gesprächspartner. Und Ihre Fachkenntnisse liegen weit hinter dem aktuellen

Standard. Bei der Anforderung, selbständig zu arbeiten, erleben Sie sich als hoffnungslos überfordert. Welche Variante des Karriereknicks bevorzugen Sie?

3.4 Unterwanderung der Wirtschaft?

Wie und wo tritt Scientology in Erscheinung?

Wir haben in einer früheren Veröffentlichung[14] einen Überblick über die Hauptfelder scientologischen Agierens gegeben. Daher an dieser Stelle nur eine kurze Zusammenfassung.

Scientologen trifft man schwerpunktmäßig in Beratungsfeldern, die sich mit der Schulung oder psychischen Beeinflussung von Menschen befassen. Das lernen sie in der Organisation. Solange sie dazugehören, glauben sie auch fest an die Vorteile des soeben Gelernten. Beispiel hierfür ist der Weiterbildungsbereich. Auch die Heilpraktikerausbildung gehört dazu, da »deren Ausbildung grundsätzlich auf subjektive und geistige Anschauungen angelegt ist«.[15]

Strategisch interessant ist der gesamte Personalbereich, ist auch der Betriebsrat. Hier hat man den Schlüssel für die Mitarbeiter, hier kann man ansetzen, um Tests und Schulungen im Unternehmen einzuführen. Liegt darin ein möglicher Grund, warum immer wieder scientologische Personalberater auffallen?

EDV ist der Schlüssel für Informationen über Menschen und Unternehmensdaten. Informationen kann man immer gut verwenden. Ein Schelm, wer Böses dabei denkt.

Am Anfang war das Wort – ein Feld mit interessanter Wirkung liegt im Verlagswesen. Natürlich ist es vorteilhaft, die Hubbardschen Theorien auch verdeckt zu verbreiten und so Einfluß auf die Gedanken der Menschen zu nehmen – ohne daß diese gleich verschreckt reagieren.

Bei Immobiliengeschäften agierten scientologisch geschulte Makler sehr erfolgreich – vor allem im Aufscheuchen der öffentlichen Meinung.

Darüber hinaus haben wir den Eindruck, daß es mehr vom Zufall abhängt, in welcher Branche Scientology wirkt. Wenn man einen Firmenchef bekehrt, so ist es egal, ob die Firma bis zu ihrem drohenden Konkurs Kekse oder Unterwäsche anbietet: Die Bestrebungen gehen nach unserer Einschätzung dahin, die »Technologie« im Unternehmen anzuwenden und Mitarbeiter zu schulen, um sie zu neuen Scientologen zu machen. Darüber hinaus gibt es Scientologen, die schon vor ihrer Zeit bei Scientology bestimmte Dinge einfach beherrschten: werben, verkaufen, PR-Konzepte erstellen und durchführen, Personal suchen ... und damit weiterhin Erfolg und öffentliche Aufmerksamkeit erreichen.
Wo Sie Scientology sonst noch finden? Oft dort, wo Menschen Angst haben. Beispiel: Nach einem Chemieunfall wurde Scientology mit dem Ableger »MUT – Mitbürger üben Toleranz« in der Umgebung des Unternehmens aktiv und versuchte, den Reinigungs-Rundown (stundenlange Saunagänge) als probates Gegenmittel für die angeblichen Vergiftungen anzupreisen. Leider erhielten wir bis heute keine Antwort auf unsere schriftliche Frage, auf welcher wissenschaftlichen Grundlage diese Theorie basiert.
Manchmal lösen scientologische Schreiben selbst auch Angst aus. So versucht eine Tochter der Organisation, die »Kommission für Verstöße der Psychiatrie gegen Menschenrechte e.V. (KVPM)«, Eltern angst zu machen. Argument: Die »psychiatrische Industrie« habe ihre Einkommensgrundlage auf Kinder und Jugendliche verlagert. Indirekte Schlußfolgerung: Auch Ihr Kind ist gefährdet.

3.5 Hilfe – mein Chef ist Scientologe geworden!

Im Kölner Raum gibt es einen exemplarischen Fall. In einem normalen Unternehmen wendet sich der Chef Scientology zu. Er versucht, die soeben gelernte »Philosophie« bzw. »Technologie« in seinem Unternehmen anzuwenden.

Wie versprochen, werden wir Ihre Neugier auf Namen nicht befriedigen: Personen- und Firmennamen sind von Thomas Engel frei erfunden, dessen Diplomarbeit »Sekten und Management« uns eine gute Unterstützung war. Um die Firma endlich zur Ruhe kommen zu lassen, haben wir zusätzlich mit der Geographie geschummelt.

Die Hauptpersonen

Herr Weiland. Geschäftsführer Marketing; Primus inter pares von vier Geschäftsführern. Persönlichkeitsmerkmale laut Mitarbeiter: autoritär, explosiv (brüllte bei jedem Anlaß), cholerisch; unter der Oberfläche aber sehr empfindlich; unfähig, Konflikte auszutragen; ausgesprochener Esoterikfan. Seine Anfänge bei Scientology fanden zeitgleich mit einer für ihn sehr schweren Scheidung statt. Ein typischer Fall für die aktuelle Labilität, die Menschen so oft für »Sekten« anfällig macht. Nach seinen scientologischen Schulungen war Weiland gleichgültig, emotionslos, eiskalt und ruhig: die typische Persönlichkeitsveränderung.

Herr Biel – der Geschäftsführer Vertrieb – weiß heute viel über Scientology

Herr Maus, einfacher Handelsvertreter bei einem Franchise-Nehmer und cleverer Vertriebsmann, der ein Schulungsunternehmen aufmachen wird. Weiland mag und protegiert ihn.

Herr Lauer ist Leiter einer Vertriebs-GmbH, den die Schulungen ebenfalls stark interessieren.

Es kommen weiterhin vor:

- die Franchise-Nehmer;
- Klaus K., Immobilienhändler und bekannter Scientologe;
- Axel F., ebenfalls bekannter Scientologe;
- Reinhard S., Leiter eines scientologischen Schulungsinstituts, und viele andere mehr.

Das Unternehmen – nennen wir es die Y-KG

Gegründet wurde es Ende der 50er Jahre, hat 300 Mitarbeiter und ist in mehrere Franchise-Organisationen verschachtelt.

Der Umsatz beträgt rund 40 Mio. DM pro Jahr; 15 000 Kunden werden insgesamt beliefert. Produkt: Maschinenzubehör. Der öffentliche Sektor ist stark im Kundenstamm vertreten.

Scientology bei der Y-KG – die Anfänge

1989 hatte der Chef, Herr Weiland, erste scientologische Erleuchtungen durch Literatur und Seminare. Er schickt ein zehnseitiges Schreiben an alle Mitarbeiter des Unternehmens mit der Überschrift: »Das Management-Instrument des 21. Jahrhunderts: Zustandsformeln«. Die Inhalte: Eine knappe Zusammenfassung der »Führungstechnologie« von L. R. Hubbard, wie wir sie im Kapitel 3.2 beschreiben. 1989/90 bekennt sich Herr Lauer, Leiter einer der 15 Vertriebs-GmbHs der Y-KG, ebenfalls offen zu Scientology. 1991 wurde er dann in den WISE-Listen als »Patron« geführt – das heißt, er stellte Scientology eine Jahresspende von mindestens 40 000 US-Dollar zur Verfügung.
Mitte 1990 landeten zwei Verkäufer von Herrn Lauer bei Scientology – nennen wir sie die Herren Katz und Maus.

Der Aufbau der Hubbard-Technologie bei der Y-KG

Der größte Teil des Jahres 1991 vergeht, ohne daß sich Scientology bei den Mitarbeitern bemerkbar macht. Die neuen Mitglieder müssen wohl erst noch geschult werden. Aber: Der Geschäftsführer Vertrieb holt aufgrund verdächtiger Hinweise erste Informationen ein.
Die kommende Zeit wird für viele Mitarbeiter der Y-KG unvergessen bleiben – hier eine Chronologie der Ereignisse:

1.5.1991	Verkäufer Maus gründet zusammen mit seinem Bruder und einer Frau S. ein Beratungsunternehmen außerhalb der Y-KG: die Maus-Beratungs GbR.

Das Unternehmen arbeitet von Anfang an als WISE-Franchise-Nehmer und zahlt Lizenzgebühren an WISE. Unterneh-

menszweck: Managementtraining, Verkaufs- und Kommunikationsseminare. Das Trainingskonzept von Maus ist ausschließlich auf extreme Expansion ausgerichtet – betont wird ausdrücklich die Trennung von Privatleben und Geschäft.
Kunden der Y-KG erhalten zur Eröffnung der GbR eine Einladung. Der OCA-Test wird bei dieser Gelegenheit an den Gästen ausprobiert. Ein Kunde informiert sich über die Testhintergründe und bricht nach dem Bekanntwerden der Scientology-Connection alle Geschäftsbeziehungen zur Y-KG ab.
Nebenbeschäftigungen dieser Art sind Mitarbeitern der Y-KG vertraglich untersagt. Geschäftsführer Weiland jedoch unterstützt Maus, so daß zunächst keine Ahndung oder Abmahnung erfolgt.
Im Juli 1991 schreibt der Firmenchef Weiland an alle Mitarbeiter der Y-KG über das »20/80 Naturgesetz«. Dieses »Naturgesetz« findet sich auch bei Hubbard. Weiland entwickelt in dem Papier ein generelles Muster für die Organisation und führt aus, daß 18 Prozent der Kunden 84 Prozent des Umsatzes machen. Wenn man die ordentlich bearbeite, so könne man den Umsatz innerhalb eines Jahres leicht um 50 bis 60 Prozent erhöhen. So einfach geht das. Das kann man natürlich auch mit den Kleinkunden machen. Genauso einfach. Alles erscheint unglaublich einfach.

15.8.1991	Schreiben eines Kunden der Y-KG an einen Anti-Sekten-Verein; detaillierte Beschreibung der Anwerbung für Scientology

Der Kunde schreibt: »Vor kurzem informierte mich Herr Maus, daß sie eine Beratungsfirma für Schulungen gegründet hätten. Da ich erfolgreich sei, bot er mir an, meine Fähigkeiten zu verbessern. Wer will das nicht? Er lud mich zu einem Infoabend ein, bei dem noch ca. 20 andere Personen aus dem Kundenstamm der Y-KG anwesend waren.
Nach zweistündiger Erarbeitung der Themenkreise Erfolg, Ziele, Zufriedenheit usw. hatten wir die Möglichkeit, anhand

eines wissenschaftlichen Tests (fotokopiert, kein Hinweis auf den Verfasser) zu überprüfen, wie gut wir auf diesen Gebieten sind. Auf die Frage nach dem Verfasser wurde die Harvard-Universität genannt.
Nach der Besprechung des Tests war ich plötzlich nicht mehr erfolgreich, sondern hatte laut Test massive Probleme. Ich ›erkannte‹, daß ich noch viel lernen muß und bekam von Herrn Maus ›Produkte‹ angeboten.
Nachdem ich nicht gleich für die ersten beiden Kurse unterschriftsreif war und den Verdacht auf Scientology andeutete, wurde mir erklärt, daß ich in 20 bis 30 Jahren, wenn ich so weitermachen würde, nur noch ein kritisierender, mißtrauischer Typ wäre und die anderen Menschen – inklusive ihm – nichts mehr mit mir zu tun haben wollen.
Für mich besteht kein Zweifel, daß sowohl die Fa. Y-KG als auch Herr Maus die L.-Ron-Hubbard-Gedanken in Firmen und Köpfe einschleusen will.
Selbstverständlich brechen wir die Geschäftsbeziehungen mit diesen Firmen ab und hoffen, daß andere Kunden auch ›aufwachen‹.«
Daß Kunden solche Briefe schreiben – davon träumt doch jedes gutgehende Unternehmen, oder?

21.1.1992	Rundschreiben von Weiland an alle Mitarbeiter »Strategie – Der Ausgleich ist ein Naturgesetz«

Da heißt es: »... Wenn man jetzt den Verkäufer Gernegroß fragt, was er denn seinerseits an Verbesserungen durchführen will, dann würde er antworten: Ich weiß schon alles, ich kann und werde nichts mehr bei mir verbessern ... Peng ... Schluß ... Aus.
Das heißt, diese Person will von anderen alles verändert, verbessert haben, bei sich selbst will sie aber überhaupt nichts verbessern.
Ist das normal ... oder ist das nicht eigentlich kriminell?
Was passiert eigentlich in solchen Fällen mit dieser Person?

Ist sie denn zufrieden, gesund und vital, wenn ihre Wünsche erfüllt werden?
Sie ist es nicht ... denn wenn diese Person ihr Umfeld dazu gebracht hat, ihr selbst alles zu geben, ohne selbst etwas zu leisten, wird sie immer fordernder, immer unverschämter, immer unzufriedener und kränker. Im Grunde weiß sie ja, daß ihr Verhalten irgendwie nicht o.k. ist, sondern schon einem kriminellen Verhalten ähnelt ...«
Klingelt es auch bei Ihnen? Erinnern Sie sich an die »Antisoziale Persönlichkeit« des Herrn Hubbard aus Kapitel 2.4?
Dieses Schreiben an die gesamte Belegschaft verfolgt einen ganz handfesten Zweck – nämlich für Schulungen zu werben: »Der einzelne verbessert sich durch Schulung sowohl im technischen als auch im menschlichen Bereich sehr stark in seiner gesamten Leistung, die er anbietet.« Nach dem »Naturgesetz des Ausgleichs« werden damit folgende Ergebnisse produziert:

- »Diese Person wird (wenn sie Verkäufer ist) ihr Gebiet so ausbauen, daß sie quasi ›Alleinherrscher‹ wird. Das Gebiet wird also riesengroß.
- Als ›Alleinherrscher‹ wird sie höhere Provisionen erwirtschaften, die auch umsatzanteilig steigen.
- Das Produkt aus ›Verkäufer und seiner Leistung‹ wird konkurrenzlos in Preis und Qualität.
- Der Verkäufer und seine Leistung wird aus sich selbst zur besten Verkaufsförderungsmaßnahme überhaupt.

Das ganze Umfeld des Verkäufers hat sich geändert, verbessert, weil er selbst sich verändert, verbessert hat. Das verbessert gleichzeitig die ganze Gesellschaft. Er selbst hat das mit voller Absicht verursacht ...
In diesem Sinne ... fangen Sie an (natürlich nur, wenn es notwendig ist), sich zu verbessern ... und es verbessert sich alles andere nahezu automatisch.«
Schon wieder: Die Lösung aller Probleme ist einfach, geht automatisch. Und da wundern Sie sich, lieber Leser, daß so viele Menschen von Scientology fasziniert sind?

März 1991	Referat des Scientologen Klaus K. vor allen Franchise-Partnern.

Dieser Vortrag löst bei vielen Mitarbeitern der Y-KG einen Kick aus – nun wird Scientology firmenintern heftig diskutiert.

Anfang 1992	Beauftragung des Scientologen Maus, alle Franchise-Partner zu schulen.

Thema der Schulungen: Verkaufstraining. Der Kurs umfaßt einen ersten Teil Verkaufstechnik – fast ohne Dianetik – und einen zweiten Teil mit reiner Dianetik (scientologische Übungen: Tonskala, Konfrontationsübungen und TR 0 – TR 4). Einige Auszüge daraus:

Einführendes TR-0: »Zweck: Jemanden daran zu gewöhnen, einer anderen Person gegenüber bequem dazusein und *nichts anderes zu tun, als dazusein.*«
Bei TR-0 wird aus dem »nichts anderes zu tun« »eine andere Person zu konfrontieren«. TR 0 Bullbaiting (Titel der Übung) übt das Konfrontieren, »ohne sich aus der Fassung bringen oder ablenken zu lassen oder in irgendeiner Weise ... zu reagieren«.
Laut Biel wurde die Schulung mit psychologischem Druck propagiert – Tenor: Die Nichtteilnahme ist kriminell!
Das Unterrichtsmaterial ist eindeutig scientologisch. Die »Anträge auf Seminarteilnahme« stimmen wörtlich mit Angeboten von AMK oder ON TOP, bekannten Trainingsinstituten von Scientology, überein.

Anfang 1992	Weiland entzieht der Verwaltung die Personalverantwortung und macht sich selbst zuständig; er läßt sich dabei von hochrangigen Scientologen beraten.

Im Februar 1992 nimmt Biel Kontakt zu Norbert Potthoff und anderen Anti-Sekten-Beratern auf, ebenso zu einem spezialisierten Anwalt. Für Biel steht zu diesem Zeitpunkt fest, daß im Unternehmen folgende Scientologen arbeiten:

- ein Vollhafter im Zentralunternehmen mit ausgelagertem Geschäftsbereich (Weiland);
- mindestens vier Angestellte im Zentralunternehmen;
- zwei Geschäftsführer von Partnerunternehmen;
- mindestens vier Angestellte in Partnerunternehmen.

Biel klärt die anderen Partnerunternehmen und deren Mitarbeiter auf.

1992	U-Man, eine scientologische WISE-Firma, übernimmt die Personalauswahl mit dem OCA-Test von Hubbard.

Im Unternehmen Y-KG findet eine massive Veränderung statt: Das »Management by Statistics« wird eingeführt. Ziel im ersten Jahr: Umsatzsteigerung von 25 Prozent. Die detaillierte Abfrage findet wöchentlich statt. Da sich nun leider nicht alles in der Y-KG quantifizieren läßt, werden die abgefragten Statistiken von der Gestaltung her der Wirklichkeit angepaßt. So sind zum Beispiel Anzahl der Briefe und der Telefonate Erfolgskriterien.

25.3.1992	Schreiben von Weiland an Biel; Bezichtigung der Lüge.

Auszug: »Wenn ich Ihnen sage, daß Y-KG kein Scientology-Unternehmen ist und wird, dann haben Sie das so hinzunehmen und zu glauben, dann ist das auch so!!«

10.4.1992	Schreiben von Weiland an Biel.

Vorwurf: Maus-Training zu torpedieren (Biel verweigert nach wie vor seine Teilnahme an den Seminaren).

14.4.1992	Rundschreiben an alle Mitarbeiter von Weiland: »Strategie für alle – Schlüssig und einfach zu verstehen«.

Kern des siebenseitigen Schreibens: Pflichtbewußtsein implementieren, Fehler offen eingestehen, Standards einführen und auf die Schulungen hinweisen. Offensichtlich sind die Führungskämpfe im Unternehmen voll ausgebrochen, denn ohne Namensnennung wird hier ein 57jähriger angegriffen, der die »Maus-Seminare« verweigert. Zusätzlich wirkt das »Management by Skrupellosigkeit«: *»Jeder bessere Wettbewerber* wird *Sie,* so er kann, hinwegfegen! Die einzige Möglichkeit, das zu verhindern, ist, daß Sie ihn hinwegfegen ... Wenn man immer besser überleben will, muß man immer besser werden, Sie da draußen, Sie in der Unternehmensführung genauso wie Sie in der Produktion und Verwaltung!«

Offensichtlich gehen Weiland die Angriffe wegen Scientology auf die Nerven, denn er schreibt im letzten Absatz: »Zusammen mit dem beikopierten Zeitungsausschnitt können Sie erkennen, daß es *Ihrem Strategen* vollkommen gleichgültig ist, woher die Techniken zur ständigen Verbesserung kommen ...

... aus Grimms Märchen,
... japanischen Erfolgstechniken,

… der EKS,
… Training nach L.-Ron-Hubbard-Daten,
… von Buddha, Christus
… oder aus der Esoterik.

Ich will nur, daß wir alle ständig besser werden, weil nur wirkliche Könner überleben können … und auch die haben es schwer!«

27.4.1992	Rundschreiben an alle Mitarbeiter: »Einsteins Weltformel«.

Es sind schon zwölf Seiten, mit denen die Mitarbeiter traktiert werden. Und er fängt an mit Einsteins Weltformel

$$E = m \times c^2.$$

Erklärung von Weiland: »Expansion ist gleich Masse oder Know-how bzw. Können mal Zeit im Quadrat.«
»Jetzt schlägt's aber mindestens dreizehn! Dies vom eigenen Chef!« mögen auch die Mitarbeiter der Y-KG gedacht haben. Weiland schildert folgende Ideen:

- »Überleben kann ich nur, wenn ich expandiere. Folge: Als Unternehmer muß ich in möglichst kurzer Zeit mehr Wissen reinholen; dieses durch Training und Drill in Können umsetzen; das vorhandene Können in Kundenbesuche umsetzen – und die Expansion läßt sich nicht mehr verhindern: ›Expandiere und du überlebst.‹
- Diese Logik ist frei nach Einstein ein Naturgesetz.
- Warum hat Einstein das den Menschen nicht gesagt? Ganz einfach: Wenn die Menschen das nicht selbst durch eigene Erkenntnis herausgefunden, sondern von ihm gesagt bekommen hätten, hätten sie es nicht geglaubt, sie hätten zugelassen, diesen genialen Menschen einfach am nächsten Baum aufzuhängen, weil diejenigen (oder viele davon),

die es teilweise verstanden hätten, begonnen hätten, die überwiegende Anzahl der Menschen zurückzustoßen. Und zwar bewußt, zielstrebig und voller Egoismus angewandt. Schon die, die es nicht voll wissend angewandt haben, wie zum Beispiel Hitler, haben damit Tod und Verderben gebracht.«

Wenn man die Logik darauf anwendet, ergeben sich folgende Schlüsse: Die Mitarbeiter hängen ihn auf. Wenn ich etwas mache, ist es gefährlich oder nützlich – je nachdem, ob ich dabei (un-)wissend bin.
»So ist die allgemeine Gültigkeit der Einsteinschen Weltformel bis heute unentdeckt geblieben. Aufgrund der Umweltzerstörung stehen wir aber nur wenige Jahre vor der vollen und uneingeschränkten Entdeckung dieser Weltformel.«
Das ist alles sehr merkwürdig, sehr versponnen, mögen Sie, verehrte Leser, denken. Recht haben Sie. Was mögen erst die Mitarbeiter gedacht haben, als sie dieses Elaborat von ihrem Chef bekamen? Der hatte sicherlich die Erwartung, daß die Mitarbeiter und Kollegen sich an die Lehren der Einsteinschen Weltformel halten. Was hätten Sie als Mitarbeiter getan?

Aber weiter in der Chronologie der Ereignisse.

Mai 1992	Werbehandzettel von Scientology mit dem Foto von Maus werden in Köln auf der Hohe Straße verteilt.

Dies bedeutet, daß sich eine Führungskraft der Y-KG öffentlich – und damit auch für Kunden und Lieferanten erkennbar – als Scientologe bekennt.

22.5.1992	Dramatische Tagung aller Franchise-Nehmer.

In dieser Sitzung wird die Diskussion über die Hubbardschen Schulungen offen geführt. Alle Anwesenden, mit Ausnahme der drei Scientologen Weiland, Maus und Lauer, lehnen das Scientology-Konzept ab; Weiland bietet an, sich aus der Y-KG zurückzuziehen, wenn Kunden wegen der Scientology-Connection verlorengehen. Die Scientology-Terminologie soll aus den internen Schreiben herausbleiben.
Gründe für die Ablehnung der Schulungen: Angst um den Fortbestand des Unternehmens – die scientologische Connection ist schon zu Kundenohren gedrungen und hat zu Abwanderungen geführt.

5. 6. 1992	Schreiben von Weiland an Biel, Inhalt: starker Druck, an den Seminaren teilzunehmen.

17. 7. 1992	Fristlose Kündigung von Biel (in seiner Funktion als Vertriebsleiter Deutschland) durch Weiland.

Kündigungsgründe:

- mangelnde Kommunikation mit den übrigen Geschäftsführern;
- Aufbau einer Gegenmacht zur Zentrale der Y-KG.

Der Krieg bricht damit öffentlich im Unternehmen aus.

19. 6. 1992	Rundschreiben von Weiland an alle Mitarbeiter, sie sollten sich wegen Scientology keine Sorgen machen.

25. 6. 1992	Schreiben von Weiland an alle Außendienstler.

Darin heißt es, daß niemand gezwungen werde, der Scientology-»Kirche« beizutreten; privat und geschäftlich sollten getrennt sein; Seminarbestandteile wie Tonskala, ARK-Dreieck und Konfrontationsübungen seien auch außerhalb von Scientology in Schulungen üblich.

29. 7. 1992	Rundschreiben von Biel an alle Franchise-Partner.

Biel schildert die Situation im Unternehmen aus seiner Sicht: »Leider hat sich Herr Weiland trotz sicherer Einigung in vielen Gesprächen dazu entschlossen, mir die Vertriebsleitung mit fadenscheinigen Gründen zu entziehen. Das zeugt eindeutig von der Befolgung der Verwaltungsanweisungen, die von den Hubbard-Management-Werkzeugen vorgeschlagen werden ... Im Laufe der Zeit gab es immer wieder zahllosen Schriftverkehr (mit Weiland) über die Themen *Illoyalität, Kommunikation, Verzettelung und Verbrüderung mit dem Außendienst,* welcher im Laufe des Jahres 1992 immer weiter eskalierte.

Dauerthema meinerseits war immer die Verunsicherung der Y-KG sowie die Gefährdung des Firmenimages durch eine Verbindung des Unternehmens mit der Scientology-Sekte, der Dianetik oder den Managementtechniken von L. Ron Hubbard. Wie berechtigt diese Befürchtungen sind, belegt beiliegendes Kundenschreiben.«

Biel schildert, daß Weiland als Bedingung für die weitere Zusammenarbeit die Unterstützung der Maus-Seminare als Y-KG-Schulungspaket, neben anderen Kleinigkeiten wie Abgabe der Geschäftsführung, Übernahme der Anteilsmehrheit etc. fordert. »Dieser Punkt widerspricht ganz offensichtlich den öffentlichen Beteuerungen von Weiland, niemand solle in Kurse, sei es Dianetik, Scientology oder Managementwerkzeuge nach Hubbard gezwungen werden. Vielmehr dient diese Bedingung dazu, ein Unternehmen innerhalb der Y-KG aufzubauen, das eindeutig Managementwerkzeuge nach L. Ron Hubbard schult.«

Anfang August 1992	Solidaritätsschreiben fast aller Franchise-Partner an Biel.

13. 8. 1992	Neue Kündigung von Biel durch Weiland.

Hauptgründe:

- Drohung,
- erpresserisches Verhalten,
- Geheimnisverrat.

14. 8. 1992	Weiland fordert von Biel die Vertragsstrafe in Höhe von 3,4 Mio. DM.

15. 8. 1992	Kündigung der Verträge mit der Y-KG durch Biel und alle anderen Franchise-Nehmer.

In der Kündigung der Franchise-Partner verweisen diese auf die Mitgliedschaft von Geschäftsführern bei Scientology und auf den Druck, Maus-Seminare mitzumachen. Ein Anwalt ermuntert seinen Franchise-Nehmer mit folgenden Argumenten zur Kündigung: »Es kommt nicht darauf an, daß Herr Weiland der Scientology-Sekte angehört oder deren Gedankengut vertritt; entscheidend ist vielmehr, daß er den Versuch unternimmt, dieses Gedankengut in die Geschäftsbeziehungen der Y-KG miteinfließen zu lassen.« Ein weiterer Anwalt schreibt gar: »Das aktive Werben für Scientology kann als Vertragsverletzung stichhaltig begründet werden. Gegen diese sogenannte Kirche sind Ermittlungsverfahren wegen des Verdachts der Bildung krimineller Vereinigungen und wegen ähnlicher Verstöße gegen die Strafgesetze anhängig. Keinem Franchise-Nehmer wird durch die Rechtsprechung zugemutet, für ein Unternehmen tätig zu sein, dessen Unterneh-

menszweck im weitesten Sinn auf kriminelle Handlungen gerichtet ist.«
Am selben Tag unterschreiben die meisten Franchise-Nehmer folgende Erklärung: »Eine faire, gewissenhafte, saubere und legale Geschäftspolitik ist unter dem wachsenden Einfluß des offenkundigen Scientology-Gedankengutes in entscheidenden Geschäftsbereichen der Y-KG nicht mehr gewährleistet. Es liegen zur Zeit schwerwiegende Gefährdungen

- für das Image der Y-KG,
- für den guten Ruf eines jeden Vertragspartners,
- für die Existenz eines jeden Vertragspartners
- und für die Produktmarke vor.«

Die Unterzeichner erklären weiter, daß sie die Y-KG als Gesamtunternehmen erhalten und geeignete Maßnahmen ergreifen wollen; keine Aktivität soll der persönlichen Bereicherung und der Erlangung von Machtpositionen dienen. Die Unterzeichner wollen weiter wirtschaftlich zusammenarbeiten; sollte eine Trennung notwendig werden, wird diese gemeinsam ausgesprochen. Außerdem teilen sie sich die Kosten.

19.8.1992	Gesellschafterversammlung.

Sie weist folgende Tagesordnungspunkte auf:

- Ausschluß des Gesellschafters Weiland oder
- freiwilliger Rücktritt des Gesellschafters Weiland.

Ende August 1992	Trennung vom Scientologen Weiland.

Ausgehandelte Bedingungen für das Ausscheiden von Weiland: Zahlung von 4,5 Mio. DM für Rücktritt (entspricht seinem Anteil und einem »Schmerzensgeld« von rund einer Million DM); Zahlung von je 500 000 DM Abfindung an die Scientologen Lauer und Maus.

16.9.1992	Fristlose Kündigung von Maus.

Aus dem Kündigungsschreiben an Maus: »Ihr Unternehmen vertreibt Kurse mit Inhalten, die eindeutig von L. Ron Hubbard stammen. Die Verbindung zur Scientology-Church ist damit zwingend gegeben. [...] Damit ist sichergestellt, daß für jeden Ansprechpartner aus dem Y-KG-Kundenstamm in Ihrem jetzigen und vorherigen Kundenstamm Gewißheit herrscht, Y-KG dulde oder fördere gar eine äußerst umstrittene Sekte. Querverbindungen sind in unserem Markt vorprogrammiert.
Schon der Anschein einer Zusammenarbeit mit Scientology-Unternehmen führt zu massiven Imageverlusten in der Öffentlichkeit. Kunden stellen bei Bekanntwerden einer solchen Verbindung unverzüglich die Zusammenarbeit ein.
[...]
Sollte der Firmenname Y-KG öffentlich mit der Scientology-Church in Verbindung gebracht werden, was nach Ihren Aktivitäten jeden Tag eintreten kann, muß damit gerechnet werden, daß ein Großteil der Kunden sofort die Geschäftsbeziehungen aufgibt.«

20.8.1992	Die Franchise-Nehmer nehmen ihre Kündigung zurück.

September 1992	In der Y-KG arbeiten keine Scientologen mehr.

Die Scientologen suchen sich neue Betätigungsfelder; eine Kopie der Kundenkartei nehmen sie vorsichtshalber mit.

1993/1994	Neue Wettbewerber am Markt – namens Maus und Lauer.

Sie hausieren bei den Kunden der Y-KG und richten dort beträchtlichen Schaden an.

Fassen wir den Schaden für das Unternehmen zusammen:

- Zirka 250 000 DM an Kosten für Schulungen nach Hubbard.
- Zirka 18 Monate intensive Beschäftigung mit dem Thema: Wie bekommen wir Scientology aus dem Unternehmen raus? Dadurch: keine kreative Weiterentwicklung des Unternehmens – das Thema legt alles lahm.
- Ständige Beratung mit Anwälten – hohe Kosten und Energieaufwand.
- Abwanderung von sehr guten Mitarbeitern wegen scientologischer Zusammenhänge.
- Einige Mitarbeiter wurden durch die beruflichen Zusammenhänge zu Scientologen.
- Neue Wettbewerber bewegen sich auf dem Markt; durch die mitgenommenen Kundendaten und den durchbrochenen Kundenschutz entsteht laut Biel eine Umsatzeinbuße von etwa 9 Mio. DM in drei Jahren.

Wie wir sehen, schwächt und zerstört das Wirken mancher Scientologen die Substanz des Unternehmens in vielfacher Hinsicht. Kurzfristig gab es sehr gute Umsatzsteigerungen – aber: Diese wurden nur möglich über die »Politik der verbrannten Erde im Verkauf«, das heißt, die Kunden wurden über den Tisch gezogen – es fand Hochdruckverkauf statt, bei dem es gleichgültig war, ob die Kunden in drei Jahren auch noch Kunden sind. Kurzfristig also schnelle Umsatzsteigerungen, aber ohne Fundament, ohne langfristige Kundenbindung, ohne Berücksichtigung der Kundenzufriedenheit. Nach Biel ist dies typisch für den Stil, den Scientologen in ein »über-

nommenes« Unternehmen einbringen. Seiner Meinung nach ist die Verhinderung von weiteren Aktivitäten nur über Geldstrafen (Konventionalstrafen) möglich – nur beim Geld hören Scientologen genau zu, denn: »Die Organisation ist ein Geldstaubsauger.«
Sein Unternehmen hatte vor allem Angst, aufgrund der Scientology-Mitgliedschaft des Chefs und von mehreren Mitarbeitern Kunden aus dem öffentlichen Dienst zu verlieren. Vorerst letzter Akt:

27.2.1995	Schreiben von Weiland an alle Mitarbeiter der Y-KG.

Er behauptet: »Ich war niemals Scientologe im Sinne des Erfinders, und ich habe mich auch niemals missionierend für diese Organisation eingesetzt.«

3.6 Die Mitinhaberin ist Scientologin

Eine Frau (nennen wir sie Frau Schulze) betreibt seit sechs Jahren Sprachkurse mit einer Scientologin (nennen wir sie Frau Meier). Sie rechnen getrennt ab und teilen die Gemeinkosten. Jede der beiden Frauen hat eigene Mitarbeiterinnen. Frau Schulze kennt den scientologischen Hintergrund schon seit einigen Jahren. Bis vor wenigen Monaten funktionierte die Zusammenarbeit sachlich und gut.
Frau Meiers Mann ist Auditor bei Scientology. Der Sohn brach kurz vor dem Abitur seine Schullaufbahn ab und plant in Clearwater eine scientologische Karriere. Für den Sommer steht eine gemeinsame Reise dorthin auf dem Plan. Das Ehepaar lebt ohne Freunde in der Region. Gelegentlich werden geschäftliche Abendverabredungen getroffen – ansonsten verbringen die beiden ihre Wochenenden fast ausschließlich in Frankfurt am Main.
Spannungen zwischen den Mitarbeitern, Frau Schulze und

der Scientologin treten in einem bis dahin noch nicht gekanntem Umfang auf. Die Mitarbeiterinnen klagen, daß Frau Meier zunehmend autoritärer und härter im Umgang mit ihren Untergebenen auftritt.
Frau Meier konzentriert sich seit einiger Zeit auf Kinder- und Elternbetreuung, akquiriert hier ihre Kunden. Sie bietet verstärkt auch Lese- und Rechtschreibhilfen an. Sie schottet sich räumlich immer mehr ab, will sich nicht mehr in die Karten gucken lassen. Sie plant, im Büro ihres Mannes einen Raum zu mieten, um dort Kurse durchzuführen – trotz der ausreichend vorhandenen Räume in der Schule.
Was läuft in ihren Kursen genau ab? Beeinflußt sie Kinder und deren Eltern mit Hubbardschen Methoden? Frau Schulze bekommt aufgrund ihrer Gespräche mit Kunden die Gewißheit, daß sehr ungewöhnliche Methoden angewandt werden, die sie ablehnt. Was die Verhaltensänderung der Scientologin ausgelöst hat, ist nach wie vor unklar: Sie fährt jetzt häufiger nach Frankfurt ins Center, läßt sich vielleicht häufiger auditieren – wir können nur spekulieren.
Frau Schulze sucht professionelle Hilfe und läßt sich beraten. Welche Schäden könnten für sie entstehen? Die größte Gefahr für ein Unternehmen besteht im Imageschaden: Will man ein Unternehmen ganz schnell in den Konkurs treiben, so lohnt es sich, das Gerücht zu streuen, es sei scientologisch unterwandert. Die Wirkung ist verblüffend.
Darüber hinaus gibt es Menschen wie Frau Schulze, die moralische Bedenken bekommen, wenn sie beobachten, daß Kunden mit Methoden unterrichtet werden, die sie nicht nachvollziehen können oder die sie für unseriös bis schädlich halten. Damit möchten sie nichts zu tun haben, sie möchten potentielle Opfer schützen.
Frau Schulze folgt dem Rat des Sektenbeauftragten und ihrer Anwälte – sie trennt sich unauffällig. Ende 1994 ist alles gelaufen: Sie hat einen Auflösungsvertrag mit Frau Meier abgeschlossen. Aufgrund ihrer eher bescheidenen Forderungen gibt es dabei überhaupt keine Schwierigkeiten. Allerdings wußte Frau Meier vom Kontakt mit dem Sektenbeauftragten.

Nach dem Vertragsabschluß führten beide Frauen ein Gespräch. Frau Meier wollte wissen, inwieweit Scientology ein Grund für die Trennung gewesen sei. Frau Schulze gab zu, daß dies den Ausschlag gab. Die Weltbilder liegen so weit auseinander, daß ein Zusammenarbeiten nicht möglich sei. Reaktion von Frau Meier: »Dann könntest du auch mit keinem Buddhisten arbeiten?« Was ausblieb, war der große Knall – es gab keinerlei Reaktionen von seiten der Organisation.
Frau Schulze sorgte dafür, daß die Fachöffentlichkeit ausreichend informiert wurde.

3.7 Die scientologische Kaderschmiede: AMK

Die Private Akademie für Management & Kommunikation – AMK (ausnahmsweise kein Pseudonym, sondern der wirkliche Name) ist ein scientologisch geführtes Unternehmen, dessen Geschäftsführer, Martin K., sich auch als Scientologe »bekennt«. Seinen Partner Dirk B. lernte er 1988 kennen. Dieser machte inzwischen ein neues Standbein im Norden der Republik auf, die »Gesellschaft für Management-Technologie« GMT (ebenfalls der echte Name). Der Standort Ahrensburg scheint ihm aber schon zu heiß geworden zu sein: Nach einem Bericht des Hamburger Abendblattes wird die GMT der Stadt den Rücken kehren. Vielleicht gibt es demnächst an einem anderen Standort eine neue Tarnfirma.[16]
Zitieren wir aus einer Selbstdarstellung der Geschäftsführer:[17] »Die AMK entstand als eigenständige Firma ... aus der ursprünglichen Idee, ... mit optimalen Trainingsseminaren zu schulen und ... anderen Menschen dieses Wissen zu geben. [...] Die Verkaufstechnologie ist letztlich deutlich unwichtiger als die Tatsache, daß es den Leuten gutgehen muß, daß sie ethisch sind, fleißig und zuverlässig. Diese Werte sind einfach wichtiger als alle anderen, die man normalerweise in Verkaufsseminaren vermittelt. Geld ist nicht etwas, das sehr stark motiviert. Umgang mit Menschen, Stimmung, Begeiste-

rung, eine phantastische Gruppe, aber auch klare Ziele, die man allerdings vielen Menschen vorgeben muß – das motiviert. Wir verkaufen also an interessierte Firmen konkrete Techniken, wie sie mit ihren Leuten besser umgehen können, wie eine Führungskraft den menschlichen Kontakt mit ihren Mitarbeitern verbessern kann und wie es letztlich menschlich allen bessergehen kann.«
Der Rat für junge Verkäufer: »Er sollte vom ersten Tag seiner Tätigkeit an einen größeren Teil seines Einkommens und seiner Zeit dafür verwenden, sich weiter ausbilden und trainieren zu lassen und damit niemals aufhören. Die gesteckten Nahziele für AMK sind beachtlich: ein Schulungszentrum mit ca. 2000 qm Nutzfläche und 30 000 qm umgebenden Grundstücks, mit allem, was das Herz einer Managerschule begehrt, mit Sport-und Erholungsmöglichkeiten und sogar einem Kindergarten.«
Soweit die Selbstdarstellung. Auffällig ist die Liste der Kurse: Diese findet sich in identischer Form sowohl bei GMT als auch bei den »Maus-Seminaren« der Y-KG (siehe Kapitel 3.5). Die Kursblöcke untergliedern sich jeweils in vier bis fünf Spezialkurse:

- Kommunikation,
- Selbstmanagement,
- Management,
- Führung,
- Spezialkurse.

Kurs I des Blockes Kommunikation ist noch relativ preiswert; er kostet nur 1390 DM. Bucht man die restlichen Kurse sowie Block II, so kostet es schon fast das Zehnfache – 12 900 DM. Zur besseren Kundenbindung und zur Werbung für Bücher und »Einführungskurse« werden an Interessenten die AMK-News verschickt, eine Kundenzeitschrift.
Ein junger Mann, 21 Jahre, bekam eine Einladung zu einem Infoabend der AMK an einem Donnerstag, um sich in Kommunikation zu verbessern. Er machte dort den OCA-Test, die

Auswertung erfolgte am Freitagabend. Er buchte daraufhin für Samstag/Sonntag den Kommunikationskurs.
Die Eltern unterstützten seine Bemühungen. Allerdings: Sonntags erkannten sie ihren Sohn nicht wieder, er hatte sich in seinem Verhalten erschreckend verändert. An dem Wochenende hatte er schon einen Folgevertrag über 4000 DM für Kurse und über 250 DM für Buchbestellungen unterschrieben. Die Eltern konsultierten bereits am Montag einen Rechtsanwalt. Die Rückbuchung der schon abgebuchten Summen verlief problemlos.
Auch andere angeworbene Teilnehmer berichten davon, daß sie ohne Schwierigkeiten von Kursen zurücktreten und ihre Abbuchungen zurückfordern konnten, als sie die scientologischen Hintergründe der AMK erkannten.
Die Kursmethoden und Inhalte: Hubbard pur. Warum dieses Unternehmen immer noch erfolgreich operiert? Wir vermuten, daß es sich bei der AMK um ein durch Scientology subventioniertes Unternehmen handelt, dessen Unternehmenszweck – neben dem Verkauf von Kursen – auf die Zuführung von Kunden für Scientology gerichtet ist.

3.8 Schulungen nach Hubbard: Eine amerikanische Versicherung

Erfolgreich verlief der Versuch, die Firma Allstate, eine der großen amerikanischen Versicherungsgesellschaften, mit scientologischem Gedankengut zu versorgen. Das Wall Street Journal schreibt ironisch: » Angeleitet von einem Mitglied der Kirche, erreichten die Kursteilnehmer Gewinne außerhalb des ›Vorstellbaren‹ – Copyright: L. Ron Hubbard.«[18]

Umstrukturierungen als Streßfaktor

Was war passiert? Zwischen 1988 und 1992 durchliefen viele Allstate-Mitarbeiter aller Ebenen des Unternehmens scientologische Kurse. Vorausgegangen war die Entscheidung der Geschäftsführung, die gesamte Firma umzustrukturieren.

Das bedeutete: mehr Verantwortung für den einzelnen Agenten, der bisher ausschließlich Versicherungen verkaufte. Nun sollte er auch noch sein eigenes Büro einrichten, Mitarbeiter einstellen und neue Kunden gewinnen – und das alles ohne jegliche unternehmerische Erfahrung. Das bedeutete für die einzelnen enormen Streß (den wir als »aktuelle Labilität« klassifizieren).

Ein neuer Wundertrainer taucht auf

Ein Scientologe bekommt die Chance seines Lebens: Er fängt zunächst in Kalifornien an, Kurse für die Versicherungsmanager zu halten. Seine Unterrichtsmethoden und sein Material: Hubbard pur. Dieser charismatisch geschilderte Trainer arbeitet so erfolgreich, daß ihn bald auch Agenten in anderen Staaten als Trainer wollen.
Die Schulung verläuft zeitweise intensiv: So unterziehen sich 50 Manager in Nordkalifornien zwei Monate lang einem Intensivtraining von jeweils zwei bis drei Tagen in der Woche (!). Die Gewinne am Ende des Jahres 1989 ziehen steil an.
Bis 1992 war der Trainer aktiv. Dann sollte auch die Konzernspitze von ihm beglückt werden. Diese schreckt jedoch auf, weil sich eine starke Opposition formiert. Eine heftige Diskussion um die scientologischen Methoden setzt ein.

Ergebnisse seiner Schulungen

Mitarbeiter von Allstate berichten unter anderem von der brutalen Anwendung des Management by Statistics:

- Dem jeweils schlechtesten Agenten und Manager einer Filiale werden tägliche, wöchentliche und monatliche Ziele aufgegeben. Häufig sind die Ziele unerreichbar. So soll beispielsweise der Umsatz verdoppelt oder verdreifacht werden.
- In Orlando werden die Agenten dafür kritisiert, daß sie nicht genug verkaufen. Bedingung für die Weiterbeschäftigung: innerhalb kurzer Zeit sechs Lebensversicherungen abzuschließen.
- Agenten mit guten Statistiken (up stats) können tun und

lassen, was sie wollen. So heißt es in den Unterlagen des Trainers: »Diszipliniere nie jemand mit hohen Ergebnissen. Akzeptiere nie einen Ethikbericht über ihn. Schreibe drauf: tut mir leid – up statistic – und schicke ihn zurück.«

- Mitarbeiter mit weniger guten Ergebnissen sollen – so sagen es die Kursunterlagen – verhört werden: »... eine Person mit niedrigen Statistiken erhält keinen ethischen Schutz, sondern wird verfolgt.«
- Ein langjähriger krebskranker Mitarbeiter, dessen schwere Erkrankung den Vorgesetzten bekannt ist, bekommt die verschärfte Form der Hubbardschen Anweisungen zu spüren: Er soll innerhalb von 120 Tagen die Verkäufe in seiner Region verdoppeln, mindestens eine weibliche Agentin und einen Vertreter einer Minderheit einstellen, Rhetorikkurse sowie einen Unikurs zur Verbesserung der zwischenmenschlichen Fähigkeiten besuchen. Sein Vorgesetzter besucht ihn jede zweite Woche, um seine Fortschritte zu kontrollieren. Seine Witwe: »Das war ein Programm für drei Menschen auf einmal!«

Aber es gibt auch etwas Positives über die scientologischen Kurse zu sagen – so ein Mitarbeiter: »Sie sind durch ihre Anspruchslosigkeit sehr leistungsfähig.«
Nachwehen. Viele Klagen, unter anderem wegen Betrugs, Quälereien (»harassment«) und religiöser Diskriminierung, oft auch im Zusammenhang mit Kündigungsschutzklagen, überziehen das Unternehmen. Offiziell distanziert man sich von allen scientologischen Methoden und erklärt sie als unvereinbar mit den Unternehmenswerten.

3.9 Der Mitarbeiter als Scientologe: Werbung im Betrieb

Einen Fall behandelten wir an anderer Stelle[19] schon einmal ausführlich. Weil er exemplarisch und gerichtlich festgestellt ist, hier einige Auszüge: In einem großen Konzern gab es einen

Betriebsrat, der zu Scientology stieß und die Lehren auch in seinem beruflichen Zusammenhang intensiv lebte. Ihm wurde gekündigt. Das Kündigungsschutzurteil beschreibt, welchen Schaden er im Unternehmen verursachte:

- *Mißbrauch der Vertrauensstellung.* Kollegen, die Rat suchten, wurden nach Frankfurt am Main ins Dianetik-Center geschickt, um dort ihre Nöte durch scientologische Maßnahmen zu lindern. Das Gericht stellte dadurch *Vermögenseinbußen* in Höhe von 1000 bis 18 000 DM fest.
- *Alkoholikern* versprach der Betriebsrat Heilung durch Scientology. Das Gericht sah es als besonders verwerflich an, daß diese von ihm zu Scientology statt zu einer Langzeitentwöhnungskur geschickt wurden. Dadurch verloren sie die Möglichkeit, im Falle einer Kündigung in den Genuß der Wiedereinstellung in das Unternehmen zu kommen.
- *Störung des Betriebsfriedens* durch aktive Werbung für Scientology am Arbeitsplatz, *Weitergabe von Adressen* ohne Wissen der Beteiligten und der *Mißbrauch betriebseigener Mittel* ergaben weitere Gründe für die fristlose Kündigung.

In einem zweitinstanzlichen Urteil werden Modalitäten der Kündigung verändert, nicht aber die genannten Schäden. Der Mitarbeiter blieb seitdem in der Öffentlichkeit ungenannt. Was kann man vermuten? Daß er bei Scientology weiterhin mitmacht? Daß er völlig zusammenbrach und sich von Scientology abwandte? Daß er seinen damaligen Realitätsverlust, als er trotz der Abmahnungen seine Handlungen fortsetzte, jetzt einsieht? Wir tendieren eher dazu, ihn auch zu bedauern. Er war nicht nur Täter – er war auch Opfer.

3.10 Kauf eines Unternehmens: Der Versuch ist nicht strafbar

Mehrfach wurden Versuche bekannt, Unternehmen ganz zu kaufen – oder Mehrheiten zu übernehmen. Es waren immer einzelne Scientologen, die diesen Versuch unternahmen. Unbekannt ist, ob sie eigenes Geld hineinbringen wollten oder ob es sich um Geschäfte im Auftrag und mit Mitteln der Organisation handelte. Renate Rennebach, MdB, heute engagierte Kämpferin im Bundestag gegen derartige Organisationen, kam auf diese Art und Weise an das Thema Scientology heran: Treuhandunternehmen in Berlin standen zum Verkauf. Betriebsräte und die Belegschaft gingen in langwierigen Kämpfen gegen den Verkauf an Scientologen vor und versicherten sich dabei auch der Unterstützung durch Frau Rennebach. Die durchaus realistische Befürchtung: Zerschlagen bzw. Stillegen von Betriebsräten, Einbringen der scientologischen Handlungsanweisungen in den Betrieb, damit: Gefährden der Mitarbeiter und des Fortbestandes des Unternehmens. Die Käufe konnten in diesen Fällen verhindert werden.

3.11 Bewerber: Aufgepaßt

Haben Sie in der FAZ schon einmal selbst eine Anzeige geschaltet? Und sich gewundert, wie viele der Zuschriften ausgesprochen merkwürdig waren und nichts mit ihren Spezialitäten zu tun hatten? Und wenn dann auch noch mehrere Schreiben von der gleichen Firma, aber von unterschiedlichen Büros stammen: Wirkt das befremdlich?
Ein Unternehmen preist sich – in mehreren Schreiben mit jeweils anderen Geschäftsführern – mit folgenden Vokabeln an: »Produktlinien Umwelt, Sicherheit und Ernährung.« Im anderen Schreiben werden daraus die »Bereiche Umwelttechnologie, Sicherheitstechnologie, Gesundheit«. Das Unternehmen expandiert gleich an mehreren Stellen: Einmal »expandiert es europaweit«, im anderen Schreiben findet gleich mehrmals die »europäische Expansion« statt. Weitere Schlüsselvokabeln: »Marktführer« (obwohl völlig unbekannt) sowie »Schlüssel zum Erfolg: Wir sind in der Lage, für jeden unserer Mitarbeiter einen individuellen Karriereplan zu erstellen und

damit die Kreativität jedes einzelnen zu fördern« (Schulungen?, à la Hubbard?). Das Unternehmen fiel schon früher auf: mit traumhaften Gewinnversprechen für die Einsteiger, in diesem Fall für einen abgebrannten Musiker.
Vermutete Strategie: Wer in der FAZ eine Bewerbungsanzeige schaltet, sucht einen Job. Damit befindet sich der Bewerber möglicherweise auch in einer Phase der »aktuellen Labilität« – denn es gibt oft negative Gründe wie Unzufriedenheit oder Arbeitslosigkeit, die zu einem solchen Schritt motivieren. Also ist der Bewerber besonders offen für Erfolgsversprechungen aller Art – auch der unseriösen.

3.12 Clubs und Vereine

»McCann (ein kanadischer Spitzenscientologe) wies die kanadischen Scientologen an, Elch-Logen, Rotary und Lions Clubs, Bürgergruppen, Frauenvereine, Studentenverbände und was es da so in einer Gemeinde sonst noch an Vereinigungen gibt, die nach Projekten hungern, als das Werkzeug zu benutzen, mit dem man das Vertrauen in der Gemeinschaft gewinnt.«[20]
Bisher war Scientology in derartigen Vereinigungen nicht sehr erfolgreich. Abgesehen von den Mitgliedern politischer Parteien, die sich mit Unvereinbarkeitsbeschlüssen auseinandersetzen müssen, gibt es wenig Auffälliges. Es bleibt einem guten deutschen Scientologen auch wenig Zeit, sich in Vereinen zu organisieren. Das mag jenseits des großen Teiches ganz anders sein – so berichten Aussteiger, daß amerikanische Scientologen weniger rigide im System steckten, daher die Schäden auch kleiner seien. Dagegen nehmen es die Deutschen – wie immer – auch in der Anwendung der einzelnen Regeln bitter ernst – und das führt dann dazu, daß keine Zeit mehr bleibt …

4 Spektakuläre Kämpfe und Racheaktionen

Scientology erweist sich in den eigenen Schriften als akribischer Kenner der Nazipropaganda.[1] Und wen wundert der symbiotisch-herzliche Umgang anderer »Sekten« mit extrem konservativen bis zu rechtsradikalen Politikern, die sich in verschiedenen Ländern gerne zum Fürsprecher für die Belange von derartigen Gruppen machen?

Während wir in der ersten Jahreshälfte 1995 diese Texte für Sie schreiben, passieren in etlichen Ländern Gewaltexzesse von kriegsähnlichem Ausmaß: Giftgasanschläge in Tokio und zentnerschwere Bomben in Oklahoma City. Die Anschläge der RAF in den 70er Jahren wirken dagegen wie Lausbubenstreiche. Immer wieder stecken totalitäre Gruppen dahinter. Die eigene Zuordnung zur rechtsradikalen oder weltanschaulich-visionären Szene bestimmt darüber, ob eine Gruppe öffentlich als »paramilitärisch« oder als »religiös« bezeichnet wird.

Um Mißverständnissen vorzubeugen: Wir sehen gegenwärtig bei keiner in Deutschland religiös auftretenden Gruppe einen Ansatz zur Gewaltstrategie. Grundsätzlich kann aber in irgendeiner Gruppe jederzeit eine solche Entwicklung beginnen. Eine Beobachtung von totalitären Gruppen unter diesem Gesichtspunkt erscheint uns mindestens so wichtig wie ein Registrieren der möglichen Verfassungsfeindlichkeit.

Es ist eine unheilvolle Verbindung aus Ahnungslosigkeit, Hilflosigkeit und klammheimlicher Sympathie, daß immer erst ein unhaltbarer Zustand von Gewalt erreicht sein muß, bis die entsprechenden Instanzen eingreifen. Einzelne Fälle trösten wenig, in denen eine totalitäre Gruppe das enorme und explosive Gewaltpotential gegen sich selbst wendet, was gelegentlich mit Massenselbstmord endet.

Das Beispiel von Oklahoma City zeigt (bei allem Respekt vor den noch andauernen Untersuchungen) erstmals weltweit den bisher heftig bestrittenen oder zumindest abwegig erscheinenden Zusammenhang. Und er konnte in voller Öffentlichkeit sämtlicher Fernsehstationen begutachtet werden: Religiöser und paramilitärischer Extremismus passen bei Bedarf so gut zusammen wie füreinander bestimmte Zahnräder. Dabei fließt die Verbindung vorzugsweise in eine Richtung: von den »Sekten« zu rechtsextremen und paramilitärischen Organisationen. Diese greifen Themen (und gerne auch Mitglieder) auf, um mit deren Hilfe Rache am demokratischen Staat zu üben.
In Oklahoma City wählte eine paramilitärische Gruppe den Jahrestag des Waco-Dramas in Texas, bei dem nahezu alle Mitglieder einer fanatischen religiösen Sekte tot zurückblieben. Das Erkennen dieses Zusammenhanges ist zwar unbequem, aber elementar, um totalitäre Gruppen zu verstehen.
Eine weitere Vertiefung würde die Sache hier zu weit von der aktuellen Bedrohung der Wirtschaft wegbringen. Wenn Sie an diesem Thema interessiert sind, empfehlen wir Ihnen die 1995 entstehende Dissertation von Andreas Klump: »Politischer Extremismus und politische Sekten«. Über den Verlag können Sie uns gerne nach der Bezugsadresse fragen.

»Der Zweck heiligt die Mittel!«

Besteht prinzipiell die Möglichkeit, daß eine Sekte von friedlichen Methoden zum Terror überläuft? Sie kennen den unsinnigen Spruch: »Der Zweck heiligt die Mittel!« Wir halten ihn für irreführend, weil uns die Einsicht fehlt, daß es richtig sein kann, zum Beispiel gegen die Todesstrafe zu kämpfen und dabei Mord als Kampfmittel einzusetzen. Manche totalitären Gruppen wenden andere Einsichten an. Wenn der Zweck in globalen Dimensionen daherkommt (etwa mit einer neuen Weltordnung für die Menschheit), gelten oft keine Skrupel mehr. Einwände aus der Moral erweisen sich scheinbar als hinderlich.
Erweist sich die Gruppe in ihrem Handeln als erfolgsfrei,

braucht sie kreative taktische Schritte, um »erfolgreich« aufzutreten. Es gibt einen anderen Weg, der zum gleichen Ergebnis führt: Die Gruppe oder ihr Führer entwickeln ziemlich schnell irreale Gedanken. Die Gruppe unterläßt deshalb den Versuch, friedliche Mittel auch nur zu testen. Statt dessen verselbständigt sich die Ideologie, gerät völlig außer Kontrolle und führt schnurstracks zur Gewaltstrategie.
Der »neue Weg« liegt dann außerhalb der alten Normen und bevorzugt spektakuläre Aktionen. Was eignet sich da besser, als durch Gewalt und Todesopfer in die Schlagzeilen zu kommen bzw. die Machtprobe mit dem Staat aufzunehmen? Wer dabei moralische Skrupel vorbringt, erweist sich als Verräter, der offenbar auf der Seite des Feindes steht. Schon heiligt der Zweck die Mittel – insbesondere, wenn der Zweck zweifelsfrei im Rang der Heiligkeit steht.

4.1 Droht ein politischer Kampfbund?

Die Szene der Sektenbekämpfer führt natürlich auch ein Eigenleben: Neben dem nützlichen Austausch wichtiger Informationen geht es auch um Meinungen, Einschätzungen und Vermutungen. Und wie in jedem Unternehmen auch, geht es manchmal sogar bevorzugt um Dinge, die außerhalb der reinen Fakten liegen, dafür um so spannender sind. »Wie war das vermutlich?« Und: »Was könnte sich entwickeln?« Wir befinden uns also inmitten von Gerüchten.
Mitte 1995 wird beispielsweise gerade darüber spekuliert, welche Strafen Scientology an der erfolgsfreien Personalspitze ihres mächtigen Ortsvereins in Hamburg exekutiert. Straflager? Sklavenarbeit? Essensentzug? Stundenlanger Dauerlauf? Die Wut auf Scientology entlädt sich gerne in netten Phantasien. Grundlegend für dieses beliebte Spiel: Niemand weiß nix Genaues!
Noch ein Thema gewinnt an Boden in der Gerüchtebundesliga: »Die Sekten schließen sich zu einem Bündnis zusammen, um ihre politische Schlagkraft zu erhöhen!«

Welche Anlässe gibt es?

Versetzen wir uns in die Lage und damit in den Blickwinkel der totalitären Gruppen im Jahr 1995: Die Organisationen dümpeln vor sich hin. Das Neukundengeschäft verläuft weitgehend rückläufig. Potentielle Kunden entwickeln schlechte Meinungen über die Heilsanbieter. Die Bindung zu bestehenden Kunden wird brüchig. Die Medien greifen in konzertierter Aktion, also im Rahmen einer Verschwörung, die Gruppen an. Der Gesamtumsatz und der Ertrag bleiben hinter den Erwartungen zurück. Gerichte entziehen einzelnen Unternehmen den wirtschaftlichen Sonderstatus der Steuerfreiheit. Sogar ein Minister regt sich auf!

Jede Gruppe kämpft alleine. Scientology muß seine PR in den USA vom Exil aus betreiben. Und wenn die öffentliche Verschwörung erst mal die stärkste Gruppe ausreichend verfolgt und niedermacht, dann droht den anderen Gruppen dieses Schicksal auch bald!

Wo liegt die Gemeinsamkeit?

Das Motto liegt auf der Hand: »Einen Finger kann man brechen, fünf Finger sind eine Faust!« Was den einzelnen widerfährt, läßt sich gemeinsam eher verhindern. Eine Koordination muß her für wirkungsvolle Aktionen.

Was steckt hinter den Gerüchten über eine solche Verständigung? Uns ermuntert die beiläufige Bestätigung durch einen Sektenvertreter während einer TV-Talk-Show, uns auszumalen, welche Gruppen sich eventuell beteiligten und welche Perspektive sich daraus ergeben könnte. Hier unsere Phantasie:

Zu diesem Thema treffen sich – widerwillig, aber der Einsicht in die Notwendigkeit folgend – Vertreter von Scientology, Universellem Leben und Zeugen Jehovas. Zunächst war es bestimmt ganz schön schwer. Schließlich wissen wir aus der Geschichte, etwa von den Politsekten der 70er Jahre, daß die scheinbar schlimmsten Feinde einer Sekte weniger bei den Sektengegnern zu suchen sind, sondern bei den ums Seelenheil konkurrierenden Organisationen. Wer setzt sich schon

friedliebend an den runden Tisch, wenn man sonst erbittert um Marktanteile kämpft?
Was in der Wirtschaft gelegentlich bei einem Gläschen Sekt abläuft, gestaltet sich bei Sekten schwieriger: In der Wirtschaft haben alle das gleiche Ziel, nämlich ein gutes finanzielles Ergebnis. Dieses Interesse teilen die Seelenprofiteure zwar auch, aber die eigenen verqueren Endzustände, die in der Ideologie als das Eigentliche verkauft werden, unterscheiden sich kräftig: Wie sollen die einen im Auge behalten, »die Brücke zu überschreiten, die über den Abgrund und zu den höheren Stufen des Operierenden Thetans führt« und gleichzeitig mit jenen verhandeln, die sich den Kopf darüber zerbrechen, ob man dem baldigen Weltuntergang mit meterdickem Beton ausreichend begegnen kann? Noch ein Handicap gibt es: Die Rituale und Techniken in einer totalitären Gruppe knabbern nach unserer Einschätzung große Teile des analytischen Denkvermögens weg und stiften einiges Ungeschick im Anwenden logischer Grundregeln. Wie schwer wird es da, das Gemeinsame vom Trennenden zu unterscheiden!
Nehmen wir wohlwollend an, eine Einigung wenigstens auf den kleinsten gemeinsamen Nenner wäre gelungen, und lassen der Phantasie freien Lauf. Worauf könnten die Leute gekommen sein? Waren sie schlau, fingen sie beim einfachsten an, daß sie nämlich alle fürchterlich verfolgt werden und daß dies in der Demokratie unanständig ist. Im weiteren mögen sie festgestellt haben, daß sie sich deshalb als Opfer von bösen deutschen Traditionen darstellen können und sich dabei am besten auf irgendeinen Artikel der Verfassung und überhaupt die ganzen Menschenrechte berufen sollten, weil das im In- und Ausland immer gut ankommt.

Was tun?

Damit haben wir eine Plattform aus übereinstimmenden Interessen und strategischen Forderungen erreicht. Jetzt folgt als nächster Schritt die Frage nach den Aktivitäten, mit denen die Plattform verwirklicht werden kann. Folgendes erscheint uns als gemeinsame Aktion denkbar:

- Demonstrationen auf der Straße;
- Auftritt bei öffentlichen Veranstaltungen, um gemeinsam Stimmung zu machen oder mit verteilten Rollen ein Rederecht für die jeweils andere Gruppe zu fordern;
- Auftritt bei Fernseh- und Radiosendungen;
- Anzeigen in Zeitungen und Zeitschriften;
- Aufteilen der Märkte nach Regionen;
- Gemeinsame Publikationen;
- Bei verschiedenen Prozessen abwechselnd als Kläger auftreten.

Diese Varianten bieten gegenüber anderen Möglichkeiten den Vorteil, daß sie keinen großen Verwaltungsapparat beanspruchen, durch Vorgesetztenbefehl mit der benötigten Personenzahl bestückbar sind und in der Erfolgsmessung keinen klaren Kriterien unterliegen. Egal wie die Sache läuft, man kann im nachhinein die Sache stets schönreden bzw. dem gemeinsamen Gegner eine Verschwörung oder wenigstens Gemeinheit unterstellen.

Die nächste Phase

Was könnte weiterhin passieren? Es wird ein feines Gefühl sein, gemeinsam und niederlagenfrei solche Situationen zu durchschreiten. Das schreit nach mehr. Die Entwicklung muß auf eine höhere Stufe gehoben werden! Nehmen wir an, es besteht mittlerweile ein paritätisch besetztes Büro. Das entwickelt schon aus der Eigenschaft, eine Organisation zu sein, die Selbstbetrachtung, sich als Keimzelle für etwas viel Gewaltigeres zu sehen.

1. Planstellen und Pflichtbeiträge

Das für die Aktionen zeitlich befristete und deshalb provisorische Büro richtet Planstellen ein. Die Mitgliedsorganisationen bezahlen jetzt keine projektgebundenen Kostenanteile, sondern richtige Beiträge.

2. Gründung eines Verbandes

Die Vereinigung selbst beginnt eine große Spendenaktion im In- und Ausland. Dafür wird das Aktionskomitee umbenannt in *Vereinigung verfolgter Verfassungsfreunde / religöse deutsche Minderheiten,* also VVV/RDM. Das RDM-Anhängsel wird in dieser Fiktion von Scientology durchgesetzt, um einen ihrer Intimfeinde zu ärgern, den sektenbekämpfenden Ring Deutscher Makler. Anderen Gruppen erscheint dies aber zu umständlich, deshalb entfällt das Anhängsel nach einiger Zeit.

3. Verbindungen zum Ausland

Verbindungen zu ausländischen Verbänden gegen die Unterdrückung religiöser Minderheiten werden hergestellt. Massive Lobbyarbeit in der UNO und im Bundestag kommen in Gang.

4. Nichtangriffspakte

Hinter den Kulissen gibt es erste Erfolge: Interpol verständigt sich mit den Abgesandten auf eine Tolerierung aller Aktivitäten als Ausdruck der Religionsfreiheit. Ein deutsches Ministerium läßt einen Bericht über die Situation der totalitären Gruppen einstampfen, weil es eine gerichtliche Auseinandersetzung vermeiden will. Außerdem ergibt ein vertrauliches Gespräch mit dem Meinungsführer der Innenminister aus den Bundesländern, den Verfassungsschutz noch einige Zeit herauszuhalten, weil VVV sonst mit einer Diskriminierungsklage käme.

5. Lobbyarbeit

Inzwischen wird VVV zunehmend politischer. Dazu tragen weniger eigene Einsichten bei, sondern einige interessante Kontakte aus der letzten Zeit. Zum einen stöberte die Lobbyarbeit einflußreiche Mitglieder der Parteien auf, die zum rechten Rand gehören und völlig unbeteiligt an der Verschwörung gegen Sekten sind. Es handelt sich um vernünftige Leute, und es gibt viele übereinstimmende Ansichten. Das macht es für beide Seiten einfacher, ins Gespräch zu kommen.

6. Mit einem Bein ins rechtsradikale Lager
Zum anderen wurde VVV mehrfach von betont national denkenden und handelnden politischen Gruppen angesprochen. Diese Leute leiden auch darunter, daß der berechtigte Stolz auf ihr Anliegen mit Füßen getreten wird und sie sich als aufrechte Deutsche im eigenen Land wie eine verfolgte Minderheit vorkommen. Vorsorglich haben etliche von ihnen schon Waffen gekauft und üben auch damit. Die drei Gründergruppen distanzieren sich zwar davon, aber neue VVV-Leute aus Minigruppen, die über wenig Einfluß verfügen, lassen sich gern auf die Doppelmitgliedschaft ansprechen. Bei der Arbeit in diesen nationalen Gruppen orientieren sich die neuen Mitglieder ganz schnell: Die Strukturen und der Umgangston kommen ihnen sofort vertraut vor.

Was passiert wirklich?

Soweit ein überwiegend erfundenes Szenario. Wie wahrscheinlich ist eine solche Entwicklung? Wir maßen uns in dieser Frage keine eindeutige Position an. Das perspektivische und organisatorische Desaster, das bestehende Gruppen wie Scientology in der Wirtschaft anrichten, führt uns eher zu einer skeptischen Haltung. Andererseits: Es gibt einige Hinweise, *daß sich totalitäre Gruppen politisieren.* Der nächste Schritt besteht im Annähern an Parteien und Politiker, die zwischen extrem konservativ und paramilitärisch einzuordnen sind. Und: In den USA gibt es deutliche Hinweise auf Einflüsse von totalitären Gruppen in großen Unternehmen und im Umfeld der Regierung. Das reicht vom subtilen Training (z. B. »Lifespring«) bis zu den aggressiv-demagogischen Waffenfetischisten (mit 2,5 Millionen Mitgliedern die stärkste Lobbyorganisation, also die National Rifle Organization).
Ein unkalkulierbarer Faktor erschwert unsere Einschätzung bei dieser Sache: Welche Rolle werden Regierungen in Bund und Ländern sowie die Parlamente spielen? Natürlich kann eine gefährliche Entwicklung durch totalitäre Organisationen nur gestoppt werden, wenn andere gesellschaftliche Institutionen und viele einzelne Bürger auch mitmachen.

Aber *ohne die staatliche Ebene* kann es keinesfalls gelingen, einem politisch-religiösen Kampfbund der geschilderten Art wirkungsvoll zu begegnen! Wir werden erleben, ob der bisher klägliche Zustand von Untätigkeit, Herunterspielen und gelegentlichen Sonntagsreden gesteigert werden kann ...

4.2 Botschaften aus dem »Exil«

So offen die Frage eines politischen Kampfbundes der führenden Sekten bleibt, die Frage nach zukünftigen Kampfformen bleibt in anderer Hinsicht noch unbeantwortet.

Droht Sektengewalt in der deutschen Wirtschaft?

Wir erwarten ein drastisch zurückgehendes Geschäft für Scientology in unserem Land. Es sprechen aber zwei Dinge gegen eine Radikalisierung und das Anwenden von Gewalt durch diese Entwicklung: Erstens wendet Scientology im operativen Geschäft eine vorwiegend weltliche Firmenphilosophie an. Deshalb fehlt der ideologische Nährboden für die Mystifizierung von Gewalt. Zweitens scheint die Niederlassung in Deutschland sehr eng von den USA aus geführt zu werden. Dort betont die Firmenzentrale den seriösen Auftritt, was Tendenzen zur Gewalt zusätzlich abbremst. Näher liegt da schon eine kleine Wende beim Image. Das Thema bringt uns in den Bereich der Public Relations.

Neue Ausrichtung der Öffentlichkeitsarbeit

Das Problem für Scientology: Wenn Gewalt eine Antwort auf Erfolglosigkeit darstellt, aber aus Gründen der Opportunität ausscheidet, welchen anderen Weg kann diese Gruppe beschreiten? Was kann sie tun, um von verluststrotzenden Bilanzen und vom miserablen Image wegzukommen?

Der vermutliche Konzeptgedanke von Scientology: Das Gegenstück zum aggressiven Täter ist das passive und *leidende Opfer.* Wem es an Kraft mangelt, um selbst einen Sieg zu erringen, der braucht Verbündete. Wem dann auch noch die Attraktivität als Bündnispartner fehlt, der braucht Anlässe, mit denen sich potentielle Unterstützer aktivieren lassen. Wer eignet sich dafür besser als ein gemeinsamer Feind, als dessen Opfer man sich darstellt?

Eine geniale Kampagnenidee

Der verwirklichte Lösungsansatz von Scientology: Vor diesem Hintergrund läßt sich eine prächtige Kampagne zimmern. Man nehme ein Land, das hochsensibel auf religiöse Diskriminierung reagiert, und wähle als Bedrohung den Übeltäter, gegen den dieses Land den umfassendsten Krieg dieses Jahrhunderts führte. Schon befinden wir uns in den USA (= sensibles Land) und beim Dritten Reich (= Übeltäter). In den USA konzentrieren wir uns auf den Sitz der Regierung und die Stadt mit den meisten Holocaustopfern. Jetzt nehmen wir die größten Zeitungen, also die *Washington Post* und die *New York Times.*
In diesen Medien schalten wir eine Serie von zwei Dutzend ganzseitigen Anzeigen. Und mit ihnen prangern wir an, was jetzt schon wieder an schrecklichen Dingen in Deutschland passiert! Wir setzen darauf, daß die Unlogik unserer Argumente durch die Brisanz der Behauptungen unauffällig bleibt. Sofern es uns gelingt, selbst als Opfer aufzutreten, erzeugen wir Mitleid und schüren Empörung. Das brauchen wir nur noch zu aktivieren und erhalten damit Solidarität im Kampf gegen die behauptete Entrechtung. Wir lassen appellieren! Und wir wählen mächtige Institutionen als Adressen für Proteste und Bittschriften: die amerikanische und die deutsche Regierung!
Sie sehen: Um spektakulär aufzutreten, besteht kein Zwang, mit den Muskeln zu spielen und Terror anzuwenden. Es gibt auch den Weg, sich in die *Opferrolle* zu begeben und auf das *Mitleid* zu setzen, um Unterstützung zu erhalten.

Demagogie auf scientologisch

Die Kampagne wurde im September 1994 gestartet. Der Anzeigenpreis für eine ganzseitige Schaltung kostet laut

Listenpreis in der New York Times etwa 50 000 US-Dollar. Zusammen mit dem Erscheinen in der Washington Post ergibt das für bisher 26 Anzeigen etwa 2,5 Millionen US-Dollar. Das läßt sich relativ leicht finanzieren. Vermutlich decken das die rückerstatteten Steuern, nachdem in New York die Gemeinnützigkeit anerkannt wurde. Ansonsten reichen wahrscheinlich die Einnahmen von höchstens 20 geschröpften Kunden auch für diese PR-Investition.
Die Anzeigen tragen die Handschrift von Profis: klare Botschaften, ein günstiges Verhältnis von Text und Bild, hoher Wiedererkennungswert innerhalb der Serie usw.

Die Anzeigenserie enthält ein durchgehendes Muster:

① *Kurze, anklagende Überschriften*
Beispiele: Religiöse »Apartheid«?
Nie wieder!
Haß schont kein Alter
Alarm für Menschenrechte
Stolz auf die Verfolgung

② *Großflächige Fotos aus der Nazizeit und aktuelle Szenen*
Beispiele: In Schlafregalen eingepferchte KZ-Gefangene
NSDAP-Parade und -Parteitag
Bücherverbrennungen
Deportierte Juden mit einem gelben Stern
Öffentlich entwürdigte Juden

③ *Ausführliche Textargumentation*
Aufbau in den meisten Fällen:
- Bei den Nazis begann alles mit schlimmen Worten.
- Dann folgten schreckliche Taten.
- Heute gibt es in Deutschland wieder schlimme Worte.
- Schreckliche Ereignisse (z. B. Ausländerfeindlichkeit) ereignen sich heute in Deutschland.
- Was heute vereinzelt auftritt, breitet sich mit Duldung und Förderung durch die Regierung aus.

- Was heute andere Minoritäten hart trifft, wird auch die Scientologen treffen (bzw.: aus sanften Diskriminierungen von Scientologen werden sich schreckliche Taten entwickeln).
- Gegen die Nazis wurde die Welt zu spät wach; jetzt kann noch eingeschritten werden, bevor es wieder soweit ist.

④ *Aufforderung zum Handeln*
- Die aktuelle Situation wird als Bruch nationaler und internationaler Rechte bezeichnet.
- Der Leser wird als empörte Person angesprochen.
- Dem Leser wird verdeutlicht, welchen Beitrag er gegen die angeklagten Zustände leisten kann.
- Der Leser wird aufgefordert, sich schriftlich an Bill Clinton (bzw. seinen Staatssekretär) und an Helmut Kohl (bzw. seinen Außenminister) zu wenden.

⑤ *Werbung in eigener Sache*
Den Abschluß bildet ein – in großer Schrift gehaltener – Hinweis darauf, daß die Anzeige durch eine Spende der »International Association of Scientologists« erschien und man sich an eine bestimmte Adresse für weitere Informationen wenden kann.
Etwa ein Drittel der Seite wird vom jeweiligen Foto ausgefüllt. Auf Seite 167 sehen Sie ein Beispiel. Die Anzeige fordert auf, folgenden Satz bei Abdrucken mit aufzunehmen: »Reprinted with the permission of the International Association of Scientologists in keeping with its vision to work with others to preserve religious liberty for all faiths worldwide.«

Die logischen Tricks: Verschwiegene Unterschiede ...

Es bedarf wohl keines breiten Kommentars, um zu begründen, daß es sich hier um eine absichtlich falsche Darstellung der realen Entwicklung in Deutschland handelt. Das entscheidende »Stilmittel« besteht darin, ähnliche Ereignisse aus der Anfangszeit der Nazis mit aktuellen Ereignissen zu vergleichen und dabei die Gemeinsamkeiten herauszustellen. Der Vergleich lebt wesentlich davon, die Unterschiede zu verschweigen.

Abbildung 4.1: Anzeige in der New York Times

IN TODAY'S GERMANY

NEVER AGAIN!

was an
ır Ger-
former
ate of
demo-
ermany
0 years
ver the
iting of

: years
as one
country
those
r non-
ıy time

m has
cks on
ties.
among
is year,
s fire-
extrem-
— the
agogue

Hardly.
ı, inci-
olence
g year,
,275. In
Mem-
ns and
ı targets of beatings, burnings and even

lent, Richard von Weizsaecker, warns of the
m, with anti-Semitism again rearing its ugly
told the *New York Times* that when he spoke
ears ago, "I got many letters then asking me

the bu
with
bange
He
tion a
office
Jewisl
him.
was I
abuse
When
his il
officer
in the
nation
had t
attack
the G
state a
Rec
and h
of fi
destr
owne
arrest
police
Howe
ish w
rioter
men.
In t
throu
cities
Jews
minorities. Although news of these events
nothing was done.

Today, we would be wise not to ignore th
a country which has twice this century bro
whose government is today attempting t
exhibition at Columbia University puff

Immerhin muß man berücksichtigen, daß Scientology auch aktuelle Fakten nennt, die sich tatsächlich ereignet haben: rechtsradikale Anschläge und völlig unhaltbare Kritik von der Seite der Gegner. Ohne diese Dinge würden die Voraussetzungen der Anzeigenkampagne fehlen!

... und unzulässige Verallgemeinerungen

Wir rechnen damit, daß Scientology die konstruierte Bedrohung in Deutschland propagandistisch weiterführen und ausbauen wird. Mit welcher Argumentation unterstellt Scientology eine Bedrohung, die sich neben die Greuel der Nazis stellen läßt? In der Regel handelt es sich um logisch unzulässige Verallgemeinerungen. Dafür filtern wir für Sie zwei rhetorische Kunststücke aus den Anzeigen heraus:

- *Bücherverbrennung.* Gegen eine »Dokumentation« der Scientologen gibt es gerichtliche Untersuchungen. 1933 sah die Welt tatenlos zu, wie die Freiheit der Meinungsäußerung von Nazistiefeln zertreten wurde. Heute fängt das wieder an.
- *Massenmord.* Hunderttausende wurden im Krieg von den Nazis umgebracht. Heute sind Angriffe auf Afrikaner, Juden, Türken und andere Minoritäten (!) so üblich, daß sie kaum noch in Lokalzeitungen erscheinen. Bei Scientologen ist schon die Stufe erreicht, daß sie ihre Arbeitsstelle verlieren. Die Regierung fordert zum Krieg gegen deren Kirche auf.

4.3 Seelische Muskelprotze oder ein Häuflein Elend?

Sie kennen das: Wer auf Expansion setzt, zeigt seine Stärken. Wer neue Kunden gewinnen will, tritt selbstbewußt auf. Wer sein Produkt für unschlagbar hält, der stellt genau das heraus. Kein vernünftiges Unternehmen käme auf den Gedanken, mit den eigenen Schwierigkeiten und Rückschlägen zu werben.

Und wer die ganze Menschheit beglücken will: Wie kann der in einer Pose der Jämmerlichkeit antreten? Wie überzeugend kann ein Konzept sein, das ständig schlimme Niederlagen einsteckt, statt zu siegen? Wer möchte denjenigen die Macht geben, die nur Mitleid davor retten kann, immer weiter die Verliererstraße hinunterzulaufen?
Und wer Solidarität braucht, der sollte tatsächlich ein Opfer sein! Wer sein Geschäft schlecht betreibt, kann kaum auf Mitleid pochen. Wem die Stärke fehlt, sich selbst zu wehren, der soll *weniger großkotzig auftreten und dafür Fakten auf den Tisch legen.* Dann kann er mit Unterstützung rechnen, wenn ihm tatsächlich Unrecht geschieht. Dann müssen die Fakten aber auch stimmen und schlüssig sein!
Wenn wir die suggerierte Botschaft der Scientology-Anzeigen in den großen US-Zeitungen richtig verstehen, besteht für Scientology-Mitglieder in Deutschland höchste Alarmstufe. Alleine die Tatsache, sich scheinbar vom Ausland aus »wehren« zu müssen, legt das nahe.

Scientologen kurz vor der Gaskammer?

Wir ziehen aus der Anzeigenserie folgenden Schluß: Keineswegs nur durch indirekte Andeutungen, sondern ausdrücklich und vielfach stellt sich Scientology in die Reihe der Naziopfer. Kommentare aus der Regierung und von Journalisten bezeichnen das als »infam« und »perfide«. Uns interessiert weniger, daß der Vergleich mit den Naziopfern die Naziverbrechen verharmlost. Das geschieht in der Bundesrepublik häufig, wenngleich selten so kraß. An dieser Stelle ist es uns auch unwichtig, welche *ungeschickten bis haarsträubenden Äußerungen* von Politikern und Journalisten gemacht werden.
Wir fragen lieber danach, wie tragfähig der Vergleich ist, den Scientology anstellt. Wir wollen von den Scientologen wissen, welche *realen Folgen* die angebliche Entrechtung aufweist, die überhaupt den Gedanken zulassen, sich mit Fotos vom Holocaust in eine Reihe mit den KZ-Opfern zu stellen. Und insbesondere pochen wir auf eine Antwort auf die Frage, ob

das nichtüberlebte Leiden der Naziopfer auch nur die geringste Ähnlichkeit mit dem hat, was Scientologen in Deutschland widerfährt!

Abbildung 4.2: Neun Fragen an Scientology
Wir fragen die »verfolgten« deutschen Scientologen: 1. Welche Scientologen wurden in andere Länder verschleppt? 2. Welche Scientologen wurden gefoltert, verstümmelt oder mit Nummern tätowiert? 3. Welche Scientologen wurden als Eigentümer ihrer Häuser und Betriebe enteignet? 4. Welche Scientologen erhielten ein rechtskräftiges Berufsverbot wegen ihres Glaubens? 5. Welche Scientologen wurden Opfer irgendeines anderen Gerichtsurteils wegen ihres Glaubens? 6. Welche Gesetze wurden beschlossen, um die Rechte von Scientologen einzuschränken? 7. Welche Scientologen wurden wegen Ihres Glaubens inhaftiert? 8. Welche Scientologen mußten Zwangsarbeit leisten? 9. Welche Scientologen wurden ermordet?

4.4 »Töten Scientologen immer Kaninchen?«

Wenn es um spektakuläre oder private Aktionen geht, die den Rahmen religiöser Handlungen überschreiten, bleibt eine letzte Frage: Wie bedroht muß sich jemand fühlen, der Kritik an Scientology übt oder die Organisation verläßt? Braucht man also Mut? Muß man ängstlich sein? Zu dieser Frage konnten Sie schon auf den einleitenden Seiten unseren Standpunkt kennenlernen.
Vor einem Jahr machten wir uns bereits unbeliebt, indem wir eine Broschüre mitverfaßten, die unsere Kritik an Scientology enthält. Was passierte? Mörderbanden? Telefonterror? Pro-

zesse? Die blanke Enttäuschung: Lediglich ein Brief kam an. Darin wurde höflich auf den Text eingegangen. Einige sachliche Aussagen fanden keine Zustimmung. Und das war's! Selbstkritisch fragten wir uns, ob die Kritik zu mild ausgefallen war. Fast fühlten wir uns beleidigt angesichts dieser Vernachlässigung.

Welche Ängste sind berechtigt, und auf welche können Sie verzichten? Wie verhält es sich, wenn jemand die Loyalität zur Truppe bricht und aus der Organisation aussteigt? Wird man schon bedroht und bestraft, wenn man kein Interesse an der Mitarbeit zeigt? Kann der Bannstrahl jeden treffen und fürchterlich sein?

Es gibt in Deutschland viele glaubwürdige Berichte über *Psychoterror*, z. B. verschiedene Varianten von belästigenden Telefonaten und bedrängenden Gesprächen. Dagegen gibt es keine verläßlichen Fakten über *körperliche Gewalt* oder gar Mord. Diese Unterscheidung mag uns den Vorwurf der Verharmlosung einhandeln: Korrekt ist sie allemal! Wer diese Unterscheidung leugnet, betreibt Panikmache statt Aufklärung. Und dadurch entstehen übertriebene Bedrohungsängste, die lähmend auf Gegenaktivitäten wirken.

Dafür mag die folgende Episode stehen: Eine Frau hält sich Kaninchen und kümmert sich um die geliebten Tiere. Plötzlich setzt ein rätselhaftes Sterben bei den Kaninchen ein. »Kombiniere«, sagt sich die Frau, »Scientologen sollen doch so merkwürdige Dinge tun!« Also ruft sie in einem Anti-Sekten-Verein an. Sie nimmt Kontakt zu einem Exscientologen auf, der sie bei ihrem Problem beraten soll. Die Frage an ihn lautet: »Töten Scientologen immer Kaninchen?«

Im ersten Moment mag die Episode ein Schmunzeln auslösen. Doch dann stellen sich unbequeme Fragen ein:

- Wie entsteht diese Angst bei der Frau?
- Welche Informationen hatte sie bis dahin zur Verfügung?
- Wie souverän könnte sie einem aktiven Scientologen begegnen?

Eignet sich das bisher verbreitete Bild von Scientology, um mit dem Problem zuversichtlich und angemessen umzugehen? Können wir uns damit beruhigen, daß wir dieser Frau ein etwas naives Denken attestieren? Das wäre zu bequem. Statt dessen halten wir weite Teile der Bevölkerung in Deutschland für wenig informiert und stark verunsichert. Die Episode von den Kaninchen zeigt das genau an – nur in überspitzter Form.

5 Andere Anbieter mit merkwürdigen Methoden

5.1 Religiöse Betriebe

Die Zeugen Jehovas

Die Wachturmgesellschaft der Zeugen Jehovas fiel bisher noch nicht dadurch auf, daß ihre Mitglieder »Unterwanderungsversuche« in der Wirtschaft versuchten. Dennoch sollte die Wirtschaft ein waches Auge auf diese Gruppe haben: Mitarbeiter, die einem totalitären System angehören, können im Betrieb ein Verhalten zeigen, das die betrieblichen Abläufe stört oder schädigt.

Zunächst einige Informationen über diese Organisation: 4,7 Mio. Menschen sind weltweit in 231 Ländern Anhänger der Zeugen. In Deutschland glauben über 165 000 an Jehova – mit einer steigenden Tendenz.

Wirtschaftlich gesehen ist die Wachturmgesellschaft ein multinationaler Konzern mit geschätztem monetären Jahresumsatz von 4 Mrd. DM weltweit. Zahlen werden in der Regel nicht veröffentlicht, sondern beruhen auf Schätzungen und Hochrechnungen. So erscheinen allein die Periodika »Wachturm« in einer Auflage von durchschnittlich 16,4 Mio. (Angaben im Impressum) und »Erwachet« von 13,1 Mio. Stück weltweit in verschiedenen Sprachen zweimal im Monat.

Beträchtlich ist der Immobilienbesitz der Zeugen bzw. Wachturmgesellschaft: Sie besitzen allein in New York 30 Hochhäuser, Hotels, eine Farm mit 688 Hektar Land sowie eine gigantische Computeranlage. In Deutschland fällt das neue Anwesen in Selters auf – es soll einen Wert von 150 Mio. DM haben. 1993 gab die Wachturmgesellschaft[1] allein 48 Millionen US-Dollar für ihre reisenden Vollzeitprediger aus.

Typisch ist die Entstehung von Selters im Taunus zwischen 1979 und 1984 – es wurde vor allem mit der Hilfe von rund 15 000 ehrenamtlichen Helfern auf 30 Hektar gebaut.
Wichtigstes Finanzierungsmittel der Wachturmgesellschaft ist der Verkauf ihrer Druck- und AV-Erzeugnisse. Über 900 Mitarbeiter drucken beispielsweise für 58 Länder täglich (!) 80 000 Bücher in 18 Sprachen für West- und Osteuropa. Diese werden unter anderem in Selters von einer hochmodernen Druckerei produziert.
Die Publikationen werden an Mitglieder und Interessenten – seit 1991 gegen Spenden – abgegeben. Vorher wurden sie verkauft, aber die Steuergesetzgebung zwang zu einer Umstellung – die Gemeinnützigkeit wollen die Zeugen natürlich behalten. Gespendet wird von den Anhängern immer – nach Aussagen von Aussteigern gibt es dabei einen erheblichen sozialen Druck. Die Sekte finanziert sich weiterhin durch Geschenke und Erbschaften, die gerne genommen werden.
Die Zeugen Jehovas berufen sich in ihrer Lehre auf eine eigene Bibelinterpretation und gehören zu den Sekten, die mit dem Weltuntergang, dem »Harmagedon«, operieren.
Die wirtschaftliche Macht der Zeugen ist groß, so daß sie auch interessante Konditionen schaffen können: Eine große Bank in Frankfurt am Main gewährt allen Anhängern der Zeugen Sonderkonditionen – in dem uns vorliegenden Tonband mit der Stimme von Bruder Fabian heißt es ausdrücklich: »... wendet Euch bei Kontoeröffnungen nicht an die Filiale, sondern an die Zentrale in Frankfurt.« Auf demselben Band wird auch detailliert beschrieben, wie man sich als Zeuge sowohl vor der Bundeswehr als auch vor dem Ersatzdienst drücken kann, daß man Wahlen boykottieren soll – und natürlich: wie man am besten bei den verschiedenen Projekten durch freiwillige Mitarbeit helfen kann.
Die Mitglieder geben sich nach außen unauffällig, wenig aggressiv. Die Gruppe erweist sich nach Meinung von vielen Aussteigern nach innen allerdings als problematisch und zeigt einige Züge eines totalitären Systems:[2]

- Primat der Wachturmgesellschaft vor der Familie und dem Arbeitgeber. Das führt – glaubt man diesen Berichten der Ehemaligen – zur mangelnden zeitlichen Flexibilität. Der Arbeitseinsatz in der Freizeit kann zu enormer psychischer und körperlicher Belastung führen – zum Beispiel für den Königreichssaalbau, Seltersbau, Druckereien und Auslandseinsätze für neue Bauten. Natürlich dient dieser Einsatz nur dem guten Zweck, und man bekommt in der Regel kein Geld dafür – nach unserem Verständnis ist das die reine Ausbeutung von Mitgliedern.
- Früher war eine fehlende Rentenversicherung auch bei ganztägiger interner Arbeit für die Zeugen die Regel. Mittlerweile trat eine Vereinbarung zwischen BfA und Zeugen auf Nachversicherung in Kraft.
- Krankenversicherung auf Armutsbasis: Der günstige Studententarif wird bei der Hausversicherung der Zeugen auf viele Mitarbeiter angewandt – wegen eines Armutsgelöbnisses, durch das sie sich selbst als nicht sozialversicherungspflichtig ausweisen. Ihr monetäres Einkommen liegt tatsächlich darunter; zählt man jedoch die geldwerten Vorteile als Teil des Einkommens hinzu, kann die Sache schnell anders aussehen. Nach Berichten Ehemaliger werden Zeugen angehalten, die jährlichen Fragebogen der Krankenkasse nicht direkt zurückzuschicken, sondern nur über die Organisation (die dann Korrekturen machen könnte? Aber wer käme denn auf diese Idee!).
- Untertarifliche Bezahlung – um es milde auszudrücken: Es gibt ein Taschengeld von 100 DM (bis vielleicht 400 DM; die Aussagen schwanken) bei freier Kost und Logis – also Bezahlung weit unterhalb der Armutsgrenze. Dies dient vermutlich auch dem Ziel, Zwangsversicherungen wie Kranken- oder Rentenversicherung möglichst niedrig zu halten.
- Psychische Abhängigkeit der Mitglieder vom Wohlwollen der Gemeinschaft der Zeugen. Ehemalige sagen: »Man steht immer unter Druck.« Der wird beispielsweise bei Austritt durch die Androhung von Ächtung durch alle aktiven

Mitglieder ausgeübt. Es ist den Anhängern verboten, mit »Abtrünnigen« überhaupt nur zu reden – für die Ehemaligen, die ihren gesamten sozialen Bezug bei den Anhängern der Organisation hatten, eine enorme Strafe. Eine eigene Gesetzgebung mit Strafandrohung – vor allem Ausschluß bei Fehlverhalten – gibt es auch bei den Zeugen. Die Ausschlußdrohung wirkt heftig bei der extremen Abhängigkeit, in der sich die Mitglieder befinden. Nach Aussagen von Ehemaligen entspricht dies der Drohung »lebenslanges Zuchthaus« durch die staatliche Gesetzgebung.

- Psychische Kindesmißhandlung durch den Zwang, daß Kinder an Festen in der Gesellschaft und vielen schulischen Aktivitäten nicht teilnehmen dürfen.[3]
- Extreme Verachtung des weiblichen Geschlechts und Schlechterstellung (»... der Mann ist ihr Haupt«, heißt es im Lehrbuch für die Königreichsdienstschule). Frauen dürfen in der Regel Ämter nur dann ausüben, wenn es keine Männer dafür gibt.
- Faktische Einschränkung demokratischer Rechte durch gruppeninternen Druck. Dazu gehören die Partnerwahl, der Zeitpunkt von Heirat und Kinderkriegen. So heißt es, daß Ledige möglichst nicht heiraten sollen, Verheiratete sollen möglichst keine Kinder bekommen – denn das würde ja die Verfügbarkeit für die »Gemeinschaft« einschränken.
- Lebensbedrohendes Verbot, Bluttransfusionen zu empfangen – auch für Kinder.

Folgt man den Berichten von ehemaligen Mitgliedern, so scheint die »Versektung« – das heißt ein noch stärkerer Hang zu totalitär ausgeprägten Strukturen – in den letzten Jahren zu wachsen. Auch die Senatsverwaltung für kulturelle Angelegenheiten in Berlin kommt zu dem Schluß, daß »die innere Organisation der Sekte zunehmend apodiktische und repressive Züge«[4] angenommen habe. Die Kritik von außen wächst durch viele Berichte. Dies führt in der Organisation zu einem verstärkten Druck auf die Mitglieder, sich unterzuordnen.

Bisher ahnen nur die Kenner der Szene, daß diese Gruppe totalitär handelt und – ähnlich wie Scientology – versucht, unter dem Schutz der Religionsfreiheit wirtschaftliche Vorteile zu erlangen. Dies ist nicht vorwerfbar. Wenn aber eine Reihe von demokratischen Rechten faktisch außer Kraft gesetzt werden, so ist das verwerflich.
Was heißt das für Unternehmen? Eine direkte Gefahr für Störungen im Betrieb besteht nicht: Zeugen werben neue Mitglieder unauffällig; sie sind zum absoluten Gehorsam erzogen und passen sich nach allen Aussagen gut im Betrieb an. Nachteil: Sie müssen unendlich viele Bibelstunden, Sonderfeldzüge (zum Werben neuer Mitglieder) oder freiwillige Einsätze absolvieren. Die Freizeit ist ausgefüllt mit energieraubenden Aktivitäten. Das schränkt die Flexibilität beispielsweise für Überstunden im Betrieb stark ein. So berichtete ein Unternehmer aus Nürnberg, daß punkt vier Uhr ein Anhänger »die Griffel fallen läßt« – er mußte pünktlich zu seinen Versammlungen erscheinen.

Universelles Leben

Gabriele Witteck spielt im Raum Würzburg recht erfolgreich die Prophetin, die eine sehr eigenwillige Bibelauslegung predigt. Welche Bedeutung hat dieses Unternehmen mittlerweile für Gesellschaft und Wirtschaft?
Im Raum Würzburg versuchen offensichtlich Anhänger dieser Gruppe, sich gezielt auszubreiten. Ihre Läden und Handwerker könnten den Grundbedarf ganzer Dörfer abdecken – bis hin zu einer monopolistischen Struktur. Auf lokaler politischer Ebene wurde gezielt versucht, Einfluß zu gewinnen und das öffentliche Leben zu bestimmen. UL-Anhänger hatten sich in einer Partei namens »Urdemokraten« organisiert.
Kritiker behaupten, daß die Mitglieder angehalten werden, privates Vermögen als Spende abzugeben – und mit ihm auch die Zinsen. Schenkungen – wie z. B. von Häusern – würden aber erst dann angenommen, wenn sie schuldenfrei sind. UL-Anhänger arbeiten in Betrieben, deren Verschach-

telungen nicht mehr erkennen lassen, wer denn das Sagen hat. Die beliebteste Rechtsform ist die GmbH & Co. KG. Angestellte, die sich dem UL verschreiben, erhalten einen Einheitslohn.
Die Zahl der Mitglieder wird mit 40 000 in Deutschland angenommen (scheint eher realistisch), weltweit – so die vom UL geäußerte Zahl – mit 73 Mio. Anhängern (eher Wunschdenken). Das System ähnelt anderen Gruppen: eine Guru (es lebe die Gleichberechtigung), strenge Hierarchie, gleichmacherische Einkommensideen, verquere Ängste vor einer Flut (die Neubauten erhalten ein Meter dicke Bodenschichten aus Beton, um der Flut standzuhalten ...). Legt man marktwirtschaftliche Maßstäbe an, so könnte man von einer Unterbezahlung der Mitarbeiter sprechen. Kritiker beschreiben die Einflußnahme auf das Umfeld durch konzentrierte Maßnahmen sowie massive Werbung mit Broschüren, Büchern und AV-Medien.
Mögliche Gefahren für die Wirtschaft: Konzentriertes, aber undurchschaubares Angebot auf (noch!) regionaler Ebene, Verquickung wirtschaftlicher Aktivitäten mit ideologischen Botschaften, Einbindung der Anhänger in ein guru-zentriertes System mit den üblichen Nachteilen.

5.2 Psychoterror pur: »Personal growth« oder »New identity«

Unter diesen Begriff fallen viele Organisationen in den USA – so Lifespring, Erhard Seminar Training (EST) oder das Casriel Institute of Group Dynamics. Sie versprechen eine persönliche Perspektive: man verbessere sich als Persönlichkeit, habe weniger Probleme, mit anderen Menschen umzugehen, finde den Sinn im Leben. Methodisch gehen sie oft totalitär vor. Ähnliche Mechanismen wie bei Scientology greifen auch hier und führen zu abhängig machender Gehirnwäsche.
Derartige Angebote gibt es auch schon in Deutschland. Oft basieren sie auf amerikanischen Vorbildern. Arbeitnehmer

sind in Krisensituationen gefährdet – besonders wenn mit der »Persönlichkeitsveränderung« auch noch neue berufliche Perspektiven versprochen werden.
Alle folgenden Beispiele bestätigen unsere Sichtweise. Die religiös-philosophischen Inhalte und die Guruposition sind für die Wirkung einer Sekte unwichtig. Diese Gruppen geben dem Gründer oder Chef eine kleinere Rolle und verzichten vollständig auf einen religiösen Deckmantel.

Eine neue berufliche Perspektive?

Eine Freundin, Sozialpädagogin, Anfang 30, kam vor einigen Monaten völlig verwirrt von einem zweieinhalbtägigen »Emotional Training« bei einem Institut für Selbstaktivierung zurück. Laut Prospekt sollte sie dort lernen, »auf die Entstehungsgeschichte deiner Persönlichkeit zurückzuschauen. Es ist die Chance, die wichtigsten negativen zerstörerischen Elemente deiner Charakterstruktur und ihre Ursachen ans Licht zu bringen und lebenswichtige Neuentscheidungen zu treffen.« Für besonders geeignete Kandidaten bietet das Institut eine Ausbildung zum »Emotional Trainer« (E.T.!) an. Ziel: »... die Stärkung von Beziehungs- und Liebesfähigkeit unter Hinwendung zum spirituellen Wesenskern – sowohl bei den Ausbildungskandidaten als auch bei deren Klienten.«
Wie kam die junge Frau dazu? Lassen wir sie selbst ihren Fall schildern.

Empfehlung schafft Neugier

Nach der Trennung von meinem Partner suchte ich dringend nach Ablenkung. Ich hatte von dem Institut über eine Arbeitskollegin gehört, die dort regelmäßig Seminare besucht. Sie berichtete begeistert von vorher nie erlebter Akzeptanz in der Gruppe. Obwohl der Seminarleiter, Günther V., nicht über eine anerkannte Ausbildung verfüge, orientiere er sich an bewährten psychologischen Verfahren. Die mir empfohlene Literatur zum Thema »Holding« (z. B. Prekop: Hättest du

mich festgehalten) galt jedoch nur für den Umgang mit schwer gestörten autistischen Kindern und war dazu umstritten. Skeptisch, aber auch neugierig, meldete ich mich zu einem »Einstiegswochenende« an. Ich war überzeugt, daß ich mich aufgrund meiner Ausbildung vor »unlauteren« Methoden schützen könnte.
Von den fünfzehn Teilnehmern hatten die meisten bereits etliche »emotionale Trainingseinheiten« zum Preis von jeweils 620 bis 3400 DM (!) absolviert. Visitenkarten der einzelnen Teilnehmer mit Berufsbezeichnungen wie »Kosmologe« wurden verteilt.

Das »Bonding«

Ohne größere Einleitung beginnt das Training mit einer Paarübung, dem sogenannten »Bonding«. Jeder Teilnehmer überlegt sich, welche Situation ihn derzeit wütend macht. Es bilden sich Paare unterschiedlichen Geschlechts, die nach genauer Anleitung eng miteinander verschlungen auf einer Matratze Stunden ausharren müssen. Während einer der beiden seine Wut durch Schreien und Schlagen ausleben muß, wird er vom anderen festgehalten – und umgekehrt. Da diese Übung gerade bei Mann/Frau-Paaren verständlicherweise auch sexuelle Gefühle auslöst, schildern die »Betroffenen« der Gruppe hinterher ohne irgendwelche Hemmungen anschaulichst ihre Emotionen.

Training der Lust

Anschließend werden in Kleingruppen die ersten sexuellen Erfahrungen von der Kindheit an bis heute sowie das erlebte Sexualverhalten der Eltern ausführlich diskutiert. Ziel: die Ursachen für nicht gelebtes sexuelles Lustempfinden zu erforschen. Letzteres wird sofort in einer weiteren Paarübung (»Sonnengeflecht«) trainiert, in der ein Teilnehmer nach einer streng vorgegebenen Reihenfolge bei seinem am Boden liegenden Partner durch Handauflegen »über und unter der

Gürtellinie« – begleitet von mystischer Musik – Wärmegefühle und Lust erzeugen soll.

Betteln um Liebe

Eine weitere Paarübung sieht so aus: Ein Kind wartet vor einer imaginären Tür auf das Nachhausekommen von Vater/Mutter. Das Kind hebt die Arme und bettelt um Liebe, während der Elternteil aggressiv abwehrt und das Kind mit den Füßen wegstößt. Dies wird jeweils zwanzigmal mit wechselnden Rollen geübt, bis die meisten Teilnehmer aufgrund ihrer Erinnerungen in Tränen ausgebrochen sind. An- und abschwellende psychedelische Musik tut ihr übriges dazu.

Rache üben

Die aufgekommene Wut auf die verhaßten Eltern wird anschließend durch eine Art Schattenboxen mit verbundenen Augen unter Trommelmusik und den Anfeuerungsrufen des Trainers (»zeigt's ihnen«, »fester«, »stich auf ihn ein«) abreagiert.

Ohne Luft lebt's sich besser

Eine weitere einstündige Übung besteht darin, so lange wie möglich die Luft anzuhalten, anschließend stoßweise auszuatmen und dadurch ein »Befreiungsgefühl« zu erzeugen (wohl eher ein Schwindelgefühl aufgrund des Sauerstoffmangels im Gehirn).

Feuerlauf der Gefühle

Die für mich abstoßendste Übung war der »Feuerlauf der Gefühle«. Die Gruppe sammelt sich am Boden, ein Teilnehmer sitzt in der Mitte. Der Reihe nach nennt jedes Gruppenmitglied möglichst viele negative Eigenschaften des »Opfers«: »Mich stößt an dir ab, daß du . . .«; »ich hasse an dir deine . . .«

Unter Anfeuerungsrufen des Trainers beginnt die Gruppe gemeinsam immer lauter auf das »Opfer« einzuschreien. Wem das noch nicht genug ist: Das »Opfer« wird zu ständigem Blickkontakt mit der Gruppe gezwungen. Auf die Frage: »An welchen Elternteil erinnert euch der Teilnehmer in der Mitte?« reagiert die Gruppe schließlich mit ekstatischem Wutgeheul. Danach »darf« ein anderer in die Mitte.
Zwischen den Übungen werden immer wieder »positive« Runden eingelegt, in denen die Teilnehmer einander umarmen, in einer eigens vorbereiteten Kuschelecke im Knäuel oder zu zweit im »Bonding« aufeinanderliegen müssen.

Die Verwesung der Eltern

Zum Abschluß des Seminars findet eine Art »Gedankenreise« statt: Hier müssen sich die Teilnehmer unter Anleitung mit verbundenen Augen den Alterungsprozeß eines Elternteils bis zum Tod in allen Details (Sarg, Grabreden, Verwesung) vorstellen. Jeder Teilnehmer wird eindringlich angehalten, die aufkommenden Gefühle von Trauer, Verzweiflung, Rache bis hin zu Erleichterung und Freude deutlich nach außen zu zeigen. Dazu werden ausgiebig Taschentücher verteilt.
Die abschließende Einladung, in einem sogenannten »Metanoia-Prozeß« sieben Tage jeweils 16 (!) Stunden lang »durch meine tiefsten seelischen Abgründe in mein inneres Himmelreich zu gelangen« habe ich dankend abgelehnt.

Warum ich diesen Wahnsinn 2½ Tage durchgehalten habe?

Es lag hauptsächlich am geschickten Schachzug, mich als Neuling in eine Gruppe »erfahrener« Teilnehmer zu stecken. In Anbetracht der Euphorie und Hemmungslosigkeit der anderen stellte sich mir bald die Frage: »Wer ist hier eigentlich gestört, die anderen oder ich?«
Die Gruppe tat natürlich alles, um meine Hemmungen (aus einem gesunden sozialen Empfinden) ins Krankhafte zu ver-

drehen und dann Heilung zu versprechen. Traurig genug, wenn ich an ein Gespräch mit meinem 60jährigen Übungspartner denke, der über eine psychosomatische Klinik bei der Behandlung seiner Depressionen an das Institut geraten war. Er kam immer wieder , weil er »über seine Scheidung bis heute nicht weggekommen sei, aber hier in der Gruppe endlich ungestraft weinen dürfe«.
Letztlich hängt die Entscheidung über eine Fortsetzung solcher Trainings sicher vom Umfeld ab, in das der Teilnehmer nach einem solchen Psychoterror zurückkommt. Denn ohne Möglichkeiten, diesen Wahnsinn hinterher zu verarbeiten, muß das Selbstwertgefühl der meisten Menschen Schaden nehmen.

Soweit der Bericht unserer Freundin.

Wer steckt dahinter?

Wir sehen: Ganz ähnliche Mechanismen wie bei Scientology greifen auch hier: eine aktuelle Labilität, Werbung über das persönliche Umfeld, Entwürdigung der Menschen durch Gruppendruck, vermischt mit euphorischen Übungen, Erfolgsversprechen. Und auch hier: ein Trainer ohne anerkannte fachliche Qualifikation.
Die evangelische Zentralstelle für Weltanschauungsfragen in Stuttgart schreibt dazu: »Es dürfte kaum ein Zweifel daran herrschen, daß das ›Institut für Selbstaktivierung‹ dem großen Bereich der alternativen Psychoangebote zugehört und nicht der seriösen Psychotherapie.«[5]

Terror durch exzessive Gruppendynamik

Fortbildungsmaßnahmen von privaten Anbietern für arbeitslose Akademiker bieten die Möglichkeit, mit einer Zusatzqualifikation die Chancen auf dem Arbeitsmarkt zu verbessern. Das Arbeitsamt finanziert die meisten Teilnehmer. Diese verpflichten sich, die Maßnahme zu Ende zu führen – es sei denn,

sie finden in der Zwischenzeit eine neue Stelle. Der Teilnehmer ist meistens finanziell abhängig von der Förderung. Ebenso basieren die Einnahmen der Schule zu einem entscheidenden Teil auf der Teilnahme geförderter Schüler.
Ein Beispiel aus Norddeutschland: Die betreffende Schule wird von der zuständigen IHK und einem Ministerium des Landes empfohlen, die Teilnehmer vom Arbeitsamt gefördert.
Neben den fachlichen Themen gibt es einen verhaltensorientierten Unterrichtsteil. Dieser soll Schwierigkeiten abbauen, wenn es darum geht, sich im Unternehmen zurechtzufinden und mit Macht umzugehen. Es sollen die Prozesse sowie die eigenen Anteile daran erkannt werden. Weiterhin sollen Lernmethoden angewandt und Entwicklungsvorgänge initiiert werden. Angeblich basiere der Unterricht auf einer anerkannten Methode der Gruppendynamik. Die Dozenten können allerdings keinerlei fachliche Vorbildung für gruppenorientierte Konfliktprozesse vorweisen.

Die Erlebnisse im Kurs

Die Teilnehmer berichten über gruppendynamische Prozesse, die alles andere als angenehm verlaufen. Aber man lernt fürs Leben – das ist manchmal auch hart. Hier eine kleine Auswahl aus den Berichten:

- Die Leiter initiieren gruppendynamische Konfliktprozesse, die schwere psychische Irritationen auslösen. Konflikte innerhalb der Gruppe, die frühzeitig auftreten, werden manipulativ behandelt. Dazu gehören:
  - Unzureichende Konfliktlösung im Unterricht.
  - Bewertungs- und Interpretationsverbote.
  - Das Verbot, außerhalb der Gruppe miteinander zu kommunizieren.
  - Die Teilnehmer müssen sich sogar schriftlich verpflichten, keine Termine untereinander außerhalb des Unterrichts zu organisieren. Im privaten Umfeld dürfen die

Teilnehmer keine Gespräche über den Kurs führen (»Ich darf nichts, was in und mit der Gruppe passiert, jemandem außerhalb der Gruppe erzählen«). Dieses Verbot wird durch eindringliches Befragen – bis hin zu Telefonanrufen zu Hause – überwacht.

- Sexuelle Degradierung von Frauen gehört zum Spielzeug dieser Manipulation – natürlich wirkt so etwas besonders, wenn es vor der Gruppe stattfindet.
- Teilnehmern wird vorgeworfen, sie würden »schweigen« und ihre innersten Probleme der Gruppe verheimlichen. Sie werden dafür – natürlich auch wieder vor der Gruppe – vom Kursleiter negativ »vorgeführt«.
- Rollenspiele verlaufen so, daß einzelne mit dem Argument, sie könnten keine Gruppe führen, öffentlich erniedrigt wurden.

Diese beispiellose psychische Belastung löst körperliche Symptome wie Appetitlosigkeit und Hautstörungen aus. Weinkrämpfe von Teilnehmern gehören zur Tagesordnung.

Es wird spannend

Die Stimmung in der Schule spitzt sich in diesem Kurs in einem nie gekannten Ausmaß zu. Warum? Gemeinsamkeit macht auch bei Psychodruck stark. Eine kleine Gegengruppe formiert sich, die sich über die Erlebnisse austauscht – abends beim Bier. Dies wird der Kursleitung bekannt, sie bekämpft diese »subversiven Kräfte«, indem sie dem angeblichen »Rädelsführer« mit Kündigung droht – die dann, als für alle angstauslösende Maßnahme, später auch ausgesprochen wird.
Der besagte »Rädelsführer« macht sich schlau und findet in den Manipulationsmechanismen etliche Parallelen zu den Arbeitsweisen einer bekannten Psychosekte. Er analysiert, bespricht sich mit anderen Dozenten und befragt Teilnehmer aus früheren Kursen. »Sie wollten erst überhaupt nichts sagen – und nach fünf Minuten haben sie sich eine Stunde

lang ausgekotzt.« Die Ehemaligen haben – auch nach Monaten oder Jahren – Angst vor den Schulleitern und wollen auf keinen Fall, daß dieser auch nur ihre Telefonnummer erhält.
Der »Rädelsführer« informiert die Sachbearbeiterin beim zuständigen Arbeitsamt über die unhaltbaren Zustände. Er macht das täglich, um so eine Wirkung zu erzielen. Wie kaum anders zu erwarten, nimmt aber dort niemand die Sache so recht ernst – oder man ist mit einem solchen Problem auch überfordert. Wer befaßt sich schon gerne mit mystischen Psychoproblemen?

Die Lösung

Bewegt der Anruf eines befreundeten Journalisten beim Arbeitsamt, daß sich dieses gleich am nächsten Tag doch um die Sache kümmert? Dann geht alles Schlag auf Schlag. Psychologen des Arbeitsamtes führen eine Untersuchung vor Ort durch. Ergebnis: Die Teilnehmer dürfen ohne finanzielle Nachteile ihre Schulung abbrechen. Die IHK distanziert sich mächtig. Zwei Drittel der Teilnehmer kündigen. Zukünftige Maßnahmen dieser Schule bekommen keine staatliche Unterstützung mehr. Ob Sekte oder nicht, läßt die Teilnehmer ziemlich gleichgültig. Ihnen bleibt eine Erinnerung fürs Leben.

Und was bedeutet das für Sie?

Derartige Methoden werden immer wieder berichtet. Es ist schon erstaunlich, mit welcher Skrupellosigkeit Menschen ohne fachliche Ausbildung Psychotechniken anwenden, die sie dann – ob bewußt oder ohne eigene Absicht – zum Nachteil der Teilnehmer durchführen. Wenn Methoden noch Monate oder gar Jahre später Angst auslösen, dann wirken sie intensiv. Für das weitere Leben sind sie unnütz und destruktiv.

Sektengesteuert?

Wir vertreten die These, daß unsaubere Methoden Grund genug sind, sich vor einer Sache zu schützen und davon zu distanzieren. Ob eine Maßnahme von einer Sekte gesteuert ist, halten wir dann für nebensächlich, wenn die Methodik klar die zumutbaren Grenzen überschreitet.
Welchen Wert hätte die Information, ob diese Schule Methoden einer bestimmten Sekte anwendet oder ob die Leiter auf eigene Rechnung spinnen? Für die Teilnehmer: kaum einen. Sie wollten heraus – so oder so. Der einzig denkbare Vorteil: Mit dem Sektenvorwurf kann man sich heutzutage besser Unterstützung durch die Medien holen.
Für die Institutionen: Zur Lösung des aktuellen Problems war es für das Arbeitsamt oder die IHK gleichgültig, wer dahintersteckt. Für zukünftige Aufträge wird das Arbeitsamt die Namen der Schulleiter sicher im Gedächtnis behalten. Unprofessionelle Methoden sind ein ausreichendes Kriterium, um jeden von der Förderung auszuschließen. Also auch hier: Es ist für die Konsequenzen gleichgültig, wo der Psychoterror seine Ursprünge hat.

EST/Landmark Education

Diese Namen sind Synonyme für Erfindungen eines gewissen Jack Rosenberg, der sich mit »Künstlernamen« Werner Erhard nennt – abgekupfert unter anderem auch vom Namen des ehemaligen deutschen Wirtschaftsministers. In den 70er Jahren »erfand« er ein Psychotraining, indem er eine gute Portion Heidegger mit scientologischen Beimischungen würzte, eine Sauce aus anderen psychologischen und spirituellen Techniken zutat und dann das Ganze als »Erhard Seminar Training« erfolgreich verkaufte. Nachdem die Kritik in den 80er Jahren zu stark und damit geschäftsschädigend wurde, änderte er Namen und Firmierung in Landmark Education.
In den USA wird EST »erfolgreich« auch in vielen Unterneh-

men eingesetzt; nach eigenen Angaben wurden auch russische Regierungsmitglieder nach den EST-Methoden geschult. Die Münchener Deutschlandzentrale akquiriert erfolgreich nach einer altbewährten Methode: Über die »Mitmacher« werden die Neuen aus deren Familien- und Bekanntenkreis geworben.
Die Preise sind weniger drastisch als bei Scientology: So werden für den ersten Kurs »nur« 850 DM verlangt (1994), für den Fortgeschrittenenkurs 1500 DM – mit Rabattmöglichkeiten. Es ist teuer, aber eine finanzielle Ausbeutung findet nicht statt. Trotzdem verdient Erhard ganz gut daran: Wenn etwa 200 Menschen mitmachen, Personal teilweise unentgeltlich zur Verfügung steht, so ergibt sich eine gute Einnahmequelle.
Zielsetzung der Kurse: den Menschen »einzigartige Erfahrungen zu bringen, die ihr Leben verwandeln«.[6] Die Mittel dazu: Unterordnung unter eine rigide Seminarordnung, Erniedrigung, zeitliche Beanspruchung (so wird neben der Kursabsolvierung bald auch ein – natürlich unentgeltliches – Assistieren bei den Kursen »angeboten«). Und natürlich spricht auch bei EST keiner über die Methoden im Kurs: So etwas kann jemand nur erleben, so etwas kann man nicht schildern!
Interessant klingen die Dementis von Landmark Education. Sie berichten stolz darüber, das die zeitliche Beanspruchung deutlich gegenüber den früheren EST-Kursen nachgelassen habe. Jetzt finden die dreitägigen Veranstaltungen »nur« noch von 9 Uhr morgens bis etwa 23 Uhr statt. Es gibt alle drei Stunden eine Pause; einmal gibt es sogar Essen. Allerdings: Keiner verläßt den Saal. Grundregeln werden auch hier autoritär eingebleut – so wie wir es auch bei der Schwester von EST, Lifespring, beobachten konnten (siehe Abschnitt Seite 64).
Für uns trägt EST alle Zeichen eines modernen Psychokultes, der mit raffinierten Methoden Menschen einfängt. Schaden: physische und psychische Belastung, Aufhebung von Privatheit, herabgesetzte Kritikfähigkeit in einem geschlossenen System. Intensiv wird die psychische Vorgeschichte der Teilnehmer erforscht. Neben einer schriftlichen Erklärung (»Ich

war nie in einer psychiatrischen Klinik«) wird mehrfach nachgefragt, ob sich Teilnehmer auch psychischem Streß aussetzen können und wollen.
EST und Scientology mögen sich nicht. So gibt es bei Scientology den Spezialkurs »EST Confessional« für ehemalige EST-Mitmacher. EST selbst vermutet bösartige Schachzüge von Scientology, um EST zu schaden. Die Konkurrenz ist groß und schmutzig!

VPM

Eine interessante neuere Gruppe macht sich im Bildungsbereich bemerkbar: Der »Verein zur Förderung der psychologischen Menschenkenntnis« (VPM) (oder auch schon mal GFPM, APM oder AFPM) setzt sich zum Ziel, die falschen, anerzogenen Verhaltens- und Wertmuster von Menschen »wegzutherapieren«. Wichtige Themen dabei stellen für ihn »Drogen« und »Aids« dar.[7]
Seine Mitglieder: Akademiker, viele Psychologen. Der BDP – Berufsverband der Deutschen Psychologen – distanziert sich scharf vom VPM: »Der VPM vertritt ein in sich geschlossenes Weltbild, das er als die absolute Wahrheit in aggressiver Weise durchzusetzen und gegen jegliche Kritik zu verteidigen sucht. Im VPM herrscht ein Freund-Feind-Denken vor, das sich zur Verschwörungstheorie steigert, sobald Kritik an Struktur, psychologischer Fachkompetenz oder Ideologie geäußert wird. [...] Die sogenannte psychotherapeutische Betätigung des VPM entbehrt jedweder fachlicher Grundlage; die Art ihrer Ausübung ist weder mit der Berufsordnung für Psychologen noch mit allgemein geltenden Gesetzen vereinbar. Wenn z. B. Tonbandmitschnitte von Gruppensitzungen, in denen Mitglieder ihr Innerstes offenbaren, mißbraucht werden, um Abweichler zu disziplinieren, mundtot zu machen oder gar zu erpressen, dann ist dies ein eindeutiger Verstoß gegen die strafrechtlich sanktionierte Schweigepflicht und außerdem ein Beleg für das menschenverachtende Verhalten des VPM.«[8]

Der VPM arbeitet politisch hochaktiv und erfolgreicher als Scientology. Das politische rechte Spektrum steht ihm nahe; eine befreundete Gruppierung ist die »konservative Sammlung«, die insbesondere durch Schmähbiographien gegen hauptamtliche Sektenbeauftragte auffällt. Auch gelang es dem VPM, eine Broschüre der Bundesregierung im Entwurf zu stoppen, die den VPM als Sekte eingruppierte.
1994 veranstaltet der VPM einen Kongreß in Vorarlberg mit dem Thema: »Schutz der Familie und der heranwachsenden Jugend«, der unter der »Europäischen Arbeitsgemeinschaft Mut zur Ethik« firmierte. Spenden sollten an den VPM geleitet werden. Auf diesem Kongreß sollten die »Grundlagen gelegt werden, wie Eltern, Erzieher, Jugendarbeiter, Lehrer, Theologen und weitere am Erziehungsprozeß Beteiligte sowie Politiker, Richter und Anwälte der Jugend den Weg ins Leben zeigen und sie sinnvoll unterstützen können«. Hochdekorierte Redner schmückten die Einladungen. VPM wirbt für solche Veranstaltungen gerade in der Wirtschaft um Spenden – und auch um Redner.
Wir selbst kennen VPM bisher nur aus der Literatur – nehmen ihn aber sehr ernst und rechnen mit Aktivitäten in neuen Bereichen, speziell in der betrieblichen Weiterbildung. Wir erwarten ein anderes Auftreten als Scientology. In der Wirtschaft erweist sich der Auftritt ohne Religion und ohne Science-fiction als Vorteil. Die Abschreckung durch religiös-missionarische Parolen entfällt. Statt dessen benutzt VPM Themen aus der aktuellen politischen Diskussion. Mancher konservativ eingestellte Firmenchef kann sich mit einigen Parolen zumindest spontan und oberflächlich »anfreunden«.

Spaß an was?

Der Fall eines leitenden Angestellten bei einer Softwarefirma: Der Manager wird Mitglied bei einer »Spaßakademie« (Pseudonym). Dafür bezahlt er 5000 DM – und erhält eine ganze Menge dafür: sechs Wochenendseminare, zwanzig

Abendveranstaltungen, vier Bücher und drei Kassetten. Seine Ehefrau kann kostenlos mitmachen. Bei Scientology kostet das mehr!
Schon nach wenigen Tagen fällt seinem Chef ein stark verändertes und abgehobenes Verhalten auf: Vorher war der Manager eher introvertiert, jetzt verhält er sich direkt und rücksichtslos. Sein Chef: »Innerhalb von nur zwei Wochen war er völlig umgedreht.« Der Manager fühlt sich erleuchtet vom allmächtigen Gott, er wirkt abgehoben. Der Manager strebt an, Dozent zu werden. Dazu gehört es, mindestens vier neue Mitglieder zu werben. Dann bekommt er Provision und kann selbst Veranstaltungen durchführen.
Innerhalb der Firma wirken seine Beiträge jetzt störend. Er überschätzt seine Fähigkeiten maßlos. Er schläft wenig, ist nachts unterwegs, trifft Leute und ist »von Gott bestimmt«. Eine Kollegin: »Mit dem fahre ich nicht mehr Auto.« Vor seiner Zeit bei der Spaßakademie fuhr er übervorsichtig, jetzt fährt er aggressiv.
In Gesprächen mit Kunden macht er haarsträubende Zugeständnisse. Er sammelt Material seiner Firma über alles. Daneben führt er auch Einstellungsgespräche, obwohl es keine offenen Stellen gibt. Fazit für seinen Chef: geschäftsschädigendes Verhalten.
Der Manager kann in seiner Position jederzeit auf den Zentralcomputer zugreifen. Sein Vorgesetzter schützt sich, indem er den Manager zunächst versetzt. Als sein Verhalten für alle Kollegen unerträglich wird, rät er ihm, professionelle Hilfe bei einem Psychotherapeuten zu holen. Dies gelingt. Nach einigen Wochen kann sein Manager wieder normal arbeiten und kehrt an seine alte Stelle zurück.
Die massive und schnelle Verhaltensänderung läßt sich leicht erklären. Der Manager war vor Jahren in psychotherapeutischer Behandlung. Damit bringt er eine prinzipielle Anfälligkeit mit, bei Gehirnwäsche einen Rückfall zu erleiden.

6. Was ist verdächtig?

Keine Frage erreicht uns so häufig wie die folgende: »Woran erkenne ich ...?« Vor zwei Jahren ging es meist nur um externe Seminaranbieter. Heute richten sich die Fragen auch auf Bewerber, Mitarbeiter, Chefs, Lieferanten usw. Die Stimmung bei diesen Fragen bewegte sich früher im Bereich gelassener Neugier. Heute erleben wir einen Schuß Panik bei der Sache.
Sie wollen vermutlich verhindern, daß eine totalitäre Gruppe dem guten Ruf Ihres Unternehmens schadet oder es gar »unterwandert«, um es dann zu übernehmen. Es kann Ihnen dabei egal sein, ob es sich um Scientology handelt oder ob eine andere Organisation Sie schädigt.

Interessieren Sie sich für Hirngespinste ...

Worin kann der Schaden liegen? Wenden wir mal wieder die Unterscheidung zwischen Inhalt und Methoden an: Kaum ein Kunde läuft schreiend weg, wenn Sie in Ihrer Unternehmensphilosophie ein paar waghalsige *inhaltliche Absichten* aufnehmen. Wenn Sie neben Ihren bisherigen Aussagen auch noch anstreben, »daß die Menschheit glücklich werden soll« – wen stört's? Ihre Mitarbeiter können damit auch leben, wenn das zu keiner Belästigung führt. Selbst bei einem Trainer bedeutet es eine geringe Irritation für Sie, wenn er so einen Gedanken vertritt. Sie sagen dann vermutlich: »Solange er seine Arbeit gut macht!«

... oder für schädliche Arbeitsmethoden?

Ihre Sorge richtet sich nämlich eher auf die Arbeitsweise Ihrer Firma, also auf die *Methoden,* mit denen Sie Zufriedenheit und Erfolg im Markt erreichen. Deshalb kommt es Ihnen darauf an, mit welchen Methoden ein Mitarbeiter, ein Chef, ein externer Berater und ein Lieferant arbeiten.

Kaum jemand kann Ihnen helfen ...

Möglicherweise überzeugen wir Sie mit dieser Sichtweise nur teilweise. Für diesen Fall bieten wir Ihnen noch einen ganz *persönlichen Nutzen an:* Auf Jahre hinaus wird es nur wenige Berater geben, bei denen Sie auf spezielle Fragen zur Sektenproblematik aus der Wirtschaft zuverlässige Antworten abrufen können. Wenn Sie sich also alleine in die Unendlichkeit der inhaltlichen Hirngespinste, Personennamen und Organisationsbezeichnungen einarbeiten wollten, könnten Sie Ihre Position in der Firma schon aus Zeitmangel aufgeben.

... aber Sie schaffen das auch als Laie!

Statt dessen gibt Ihnen der enge, aber klare Blick auf das Methodische außer dem »richtigen« Hebel auch die Möglichkeit, sicher und schnell zu handeln. Sie gehen als Laie an die Sache und brauchen kein Experte zu werden. Wie gefällt Ihnen dieses Versprechen?

6.1 Verdacht, Gerücht und Rufmord

Uns erreichen auch haarsträubende Fragen nach der Zugehörigkeit von Personen oder Firmen zu einer totalitären Gruppe. Die Ursache liegt sicher zum großen Teil in der zunehmenden Sensibilisierung der Wirtschaft. Manchmal reagiert jemand aber auch überängstlich. Trotzdem verspricht das übervorsichtige Verhalten mehr, als sich vorschnell nach dem Motto zu beruhigen: »Es wird schon nicht so schlimm sein!« Diese Überlegungen helfen uns selbst, mit bestimmten Fragen ernsthaft statt amüsiert umzugehen.
Die überängstlichen Fragen unterscheiden sich von den »normalen« durch ein interessantes Merkmal: Ziemlich durchgängig handelt es sich um einen *Verdacht ohne Indizien.* Seine Grundlage besteht nur in dem, was einem zugetragen wurde.

Was uns hier begegnet, trägt also eher die *Merkmale eines Gerüchtes.* Das funktioniert sogar unterhalb des aktiven Zutragens. Es reichen schon ein flüchtiges Lesen und ein Stück Papier, das Personennamen und eine Sekte auf einer Seite aufführt.

Uns passierte es im Rahmen eines Vortrags. In der Einladung standen unsere Namen und das Thema »Scientology im Betrieb: Die Mogelpackung – Gefahren, Fälle und Schutzmaßnahmen«. Welche Schlußfolgerung zog ein hochrangiger Personalleiter? »Die sind gegen Scientology? Ich dachte, die sind Scientologen!« So einfach geht das …

Wir erleben diesen Gehirnkurzschluß auch in anderen Fällen. Deshalb vermeiden wir weitgehend Namensnennungen, selbst wenn es sich um leuchtende Beispiele handelt. Diese Personen und Firmen wären der Gefahr ausgesetzt, daß ein Erwähnen in *diesem* Buch sie schon zu Mitgliedern und Befürwortern dessen macht, was sie gerade so konstruktiv bekämpfen.

Unter der Fahne »Verdacht« wird vieles locker behauptet und geglaubt. Fakten oder zumindest Hinweise erscheinen überflüssig oder lästig, wenn nur die Bereitschaft groß genug ist, das wahrzunehmen, was man wahrnehmen will. Die Freude darüber, den unerkannten Feind zu enttarnen, läßt die Frage vergessen, ob der Feindstatus überhaupt gerechtfertigt ist. Die Schlußfolgerung steht für sich, und die Begründung entfällt. Überspitzt ausgedrückt: Wenn die Volksseele kocht, will sie lieber bestrafen als abwägen.

Was bedeutet es, wenn jemand zu einer religiösen Splittergruppe gehört, dies aber keinerlei negative Auswirkungen im Unternehmen hervorruft? Wiederum sehen Sie: Namen, Mitgliedschaften und ähnliche Dinge helfen Ihnen keineswegs. Entscheidend bleibt, was jemand tut. Wir hätten in Deutschland bald leere Betriebe, wenn wir alle entlassen, die ein Glas Alkohol trinken. Da schreiten wir auch erst ein, wenn die Arbeitsleistung sinkt oder der Betriebsfrieden gestört wird.

Mit den ungeprüften Behauptungen und dem Hochspielen

von ungefährlichen Bagatellen befinden wir uns schon mitten in der *Denunziation.* Aus Angst und keineswegs aus böser Absicht geraten Verantwortliche in ein ungutes Spiel: Wohlwollend und »vorsichtshalber« warnen sie dann Kollegen, »daß Herr Eigenart eventuell der Sekte Dingsbums angehört«. Am Ende steht das Urteil, und niemand hat die Indizien darauf geprüft, ob sie existieren und, wenn ja, ob sie überhaupt Gefahr signalisieren.

Welche Folgen muß ein Betroffener für seine berufliche Existenz ausbaden, wenn ihn der *Bannstrahl der Etikettierung* trifft? Wie kann er beweisen, daß er kein Mitglied ist? Erhält er dafür überhaupt eine Chance?

Inzwischen bestehen noch bösere Varianten der Verdächtigung: Als *Hilfsmittel für das Mobbing* streut schon mal jemand, daß ein bestimmter Kollege in der Firma »sich in letzter Zeit so komisch verhält und ob der vielleicht jetzt bei dieser Sekte ist?« Sie kennen das ja: Aus der Möglichkeit und aus dem »Vielleicht« werden spätestens bei der dritten Station des Betriebsklatsches volle Gewißheit und harte Fakten.

Die perfideste und weitreichendste Variante erleben wir im gezielten Streuen des völlig unbegründeten Verdachts, daß eine Firma von einer totalitären Gruppe unterwandert, übernommen oder sonstwie gesteuert sei. Hier geht es um den *Rufmord an einem Unternehmen.* Inzwischen konnten bereits etliche Firmen dieses Erlebnis ausprobieren. Manche beweisen eine glückliche Hand, manche halten sich noch Steigerungen offen.

Wie können Sie mit einem Verdacht umgehen?

Das war also das Horrorszenario vom »einfachen Verdacht« bis zum »gezielten Rufmord«. Jetzt bieten wir Ihnen Anregungen an, die Sie zu diesem Thema übernehmen können, wenn sie Ihnen einleuchten:

Von wem stammt der Verdacht?

Wenn die Vermutung vorliegt, eine Person oder Firma arbeitet mit totalitären Methoden: Falls der Verdacht mitgeteilt wurde, wer hat als erster Verdacht geschöpft – bei wem fängt die Kette des Weitersagens an?

Hat jemand ein persönliches Interesse?
Wem würde es nützen, wenn die verdächtigte Person oder Firma keine (weitere) Möglichkeit erhält, mit dem Unternehmen zu arbeiten? Wer hat ein Interesse daran, mit dem Verdacht zu denunzieren bzw. einen Rufmord zu begehen? Wie sicher kann das in der Kette des Weitererzählens bei allen ausgeschlossen werden?

Welche Fakten liegen vor?
Auf welche Hinweise, Fakten und Informationen stützt sich der Verdacht? Welche Details führten zum »Aufhorchen«? Handelt es sich um mündliche oder schriftliche Äußerungen der betreffenden Person oder Firma? Bezieht sich die Information auf Referenzen? Handelt es sich um erlebte Gespräche oder Arbeitssituationen? Geht es um die Verbindung zu bestimmten Personen oder Institutionen? Erscheint etwas merkwürdig am Geschäftsverhalten?

Welche Gefahr besteht, wenn der Verdacht stimmt?
Welche Befürchtung entstand beim Wahrnehmen der verdachtauslösenden Fakten? Welches Wissen besteht über den organisatorischen Hintergrund, über die Methoden und über die möglichen Folgen, die diese Person bewirken könnte?

Konsequenz

Wenn Sie feststellen, es gibt konkrete Merkwürdigkeiten, es besteht eine mögliche Gefahr und persönliche Interessen spielen eine untergeordnete Rolle, dann sollten Sie

- die Fakten im kleinsten vertraulichen Kreis abwägen;
- den Verdacht anhand einer Checklise genauer prüfen (siehe nachfolgende Abschnitte) und
- je nach Ergebnis die Geschäftsbeziehung beenden oder absichernde Schritte angehen (die wir im Kapitel 7 empfehlen).

6.2 Typische Situationen, in denen Sie erkennen wollen, ob jemand totalitäre Methoden anwendet

Unter welchen Umständen können Sie die Befürchtung bekommen oder ausräumen wollen, daß Sie das Mitglied einer Gruppe vor sich haben, deren Methoden Sie lieber vermeiden möchten? Hier einige Beispiele:

1. *Personalberater,* die Ihnen eine Position besetzen wollen.
2. *Bewerber* für eine Stelle in Ihrer Firma.
3. *Mitarbeiter* mit sensiblen Aufgaben (z. B. EDV, Betriebsrat) oder Mitarbeiter, die sich plötzlich verändern.
4. *Trainer,* die Seminare verkaufen, und Berater, die Ihnen eine völlig andere Unternehmensphilosophie empfehlen.
5. *Anbieter* von anderen Dienstleistungen wie Software, Marktforschung usw. sowie ganz »normale« Lieferanten.
6. Vorgesetzte aus der *Chefetage,* die überraschende Dinge einführen.
7. *Kollegen oder Kunden,* bei denen Sie plötzliche und überraschende Veränderungen feststellen.

Diese sieben Situationen gehen wir im folgenden so an, daß Sie Verdachtssignale leicht erkennen können. Diese Signale beziehen sich weitgehend auf die Methoden von Scientology. In den meisten Fällen können Sie die Signale außerdem anwenden, um die Methoden anderer totalitärer Gruppen und Personen zu erkennen.
Anschließend finden Sie eine Auflistung dieser Verdachtssignale sowie Hinweise für die schriftliche Distanzierung von totalitären Methoden. Diese »Distanzierung« können Sie unterschiedlichsten Personen und Firmen in Ihrem Geschäftsfeld zur Unterschrift vorlegen.

Personalberater: Qualitätsmängel und Zusatzgeschäfte

Nehmen wir an, Sie geraten bei der Personalsuche an einen Personalberater, der zu einer totalitären Gruppe gehört. Welche Interessen könnte er verfolgen?

- Er möchte viel Geld verdienen.
- Er möchte Leute aus seiner Organisation plazieren.
- Er möchte Mitglieder für seine Organisation anwerben.
- Er möchte Ihre Firma zu einem Stützpunkt umbauen.
- Er möchte, daß Sie mit seinem Vorschlag zufrieden sind.

Einen passenden Bewerber zu finden erfordert oft ein hohes professionelles Geschick. Das überfordert einen Personalberater schnell, wenn er einer totalitären Gruppe angehört: Vom analytischen Verstand bleibt manchmal wenig übrig. Für Personalfragen fehlt vielen außerdem die Berufserfahrung.

Wie könnte er vorgehen?

Das Suchen.

Zunächst wird er sich mit Ihnen in Verbindung setzen, um die Anforderungen der Position zu erfahren. Dann schaltet er vermutlich eine Anzeige. Es wäre verdächtig, den idealen Bewerber aus dem Hut zu zaubern. Um Mitkämpfer aus seiner Organisation zu plazieren, braucht der Headhunter einige Mitbewerber. Und falls kein »geeigneter« Mensch in der eigenen Organisation herumläuft: dann braucht er die Anzeige erst recht. Egal, welche Absichten bestehen könnten, uns interessiert die Qualität. Nehmen Sie als Beispiel die Anzeige »Verkäufer im Außendienst« in der FAZ vom 29. Oktober 1994. Das in den Text eingearbeitete Anforderungsprofil erstreckt sich auf die vielsagenden Punkte »die Herausforderung lieben«, »persönliches Engagement«, »Außendiensterfahrung« und »aus dem Baubeschlagfach«. Wo bleiben die spezifischen Hinweise, mit denen der Headhunter und der Auftraggeber die richtigen statt zufälligen Bewerber erhalten? Stellen Sie sich vor, dieser Text wäre auf die Mitteilung

Abbildung 6.1: Anzeige von Euroselect

euroselect

Das Produkt hält, was der Name verspricht

Der Beweis dafür ist das überdurchschnittliche Wachstum eines der bedeutendsten Hersteller designorientierter Tür- und Möbelbeschläge. Eine hervorragende Basis für Sie, ab 1. Januar 1995 das Gebiet Hessen zu übernehmen – als

Verkäufer im Außendienst

Wenn Sie die Herausforderung lieben und der Meinung sind, daß der Markt dazu da ist, um erobert zu werden, sind Sie hier am richtigen Platz. Ihr persönliches Engagement für ein hochwertiges Produkt mit hoher Kundenakzeptanz läßt in Ihrem Gebiet ähnlich massive Umsatzsteigerungen erwarten wie sie in anderen Bundesländern zu verzeichnen sind.

Ihre Außendienst-Erfahrung wird für Sie und das gesamte Team besonders wertvoll sein, wenn Sie aus dem Baubeschlagfach kommen. Dann wissen Sie schon, wie man die Kunden in dieser Branche zufriedenstellt und sind vom Start weg mitten im Geschäft. Ihr Einsatz wird sich selbstverständlich bezahlt machen, und der Firmenwagen mit Autotelefon steht Ihnen auch privat zur Verfügung.

Mehr darüber, wenn Sie uns anrufen. Oder senden Sie einfach Ihre Bewerbung unter der Kennziffer 1002 an: M. Ostertag & Partner, Bruno-Jacoby-Weg 10/1, 70597 Stuttgart – gerne auch als Kurzbewerbung per Fax unter 0711 – 72 37 97.

Wählen Sie 0711 – 728 90 23
Montag–Freitag 9–19 Uhr
Sonntag 10–13 Uhr

beschränkt: »Hersteller von Tür- und Möbelbeschlägen sucht Verkäufer im Außendienst für Hessen.« Welche Aussage würde dem abgebildeten Text dann fehlen? In dieser Anzeige bewegt sich der Informationswert sämtlicher Aussagen nach der Positionsbezeichnung hart an der Nullinie.
Eventuell schaltet ein Personalberater keine Anzeige und geht den Weg der Direktansprache über das Telefon. In diesem Fall entfällt die Anzeige als Verdachtssignal – es bleiben aber noch genügend andere Prüfpunkte!

Das Auswählen.
Der Berater wird die üblichen Bewerbungsmappen durchsehen. Außerdem wird er mit Bewerbern Interviews durchführen. Die Fragen solcher Vorgespräche von Beratern aus totalitären Organisationen erreichen in den uns bekannten Fällen bestenfalls das Niveau einer zwanghaften Konversation über beliebige Aktivitäten und lassen das Anforderungsprofil in jungfräulicher Unberührtheit. Entsprechend fallen die Stellungnahmen aus.
Es gibt allerdings auch eine umgekehrte Variante: Der Berater könnte von sich aus einen Test durchführen oder Sie dazu ermuntern, das Testen als zusätzliche Dienstleistung zu kaufen. Sie erhalten Prognosen zum Verhalten. Diese sagen dann derart detailliert das Verhalten in ferner Zukunft voraus, daß Ihnen immerhin der Wagemut imponiert.

Das Präsentieren.
Ihre Informationsquellen bei der Präsentation des Bewerbers sind die Bewerbungsunterlagen, eine schriftliche Stellungnahme vom Berater und der Bewerber selbst.

Wie überprüfen Sie die Methoden?

Zu den folgenden Prüfpunkten können Sie Informationen erhalten.[1] Sofern Informationen verweigert werden, können Sie das schon als »verdächtig« einstufen. Welche Fragen Sie verwenden, hängt vom Zeitpunkt ab: Prüfen Sie bei der Akquisition, bei der Präsentation oder nach der Einstellung?

Noch ein Hinweis zu den Prüfpunkten für Sie: Von hier bis zum Ende des Kapitels 6 finden Sie Prüfpunkte. Diese kennzeichnen wir mit einem »P« und numerieren sie fortlaufend. Anschließend finden Sie dann die komplette Sammlung.

Abbildung 6.2: Prüfpunkte für Personalberater

P01 Werdegang
Verfügt die Person über einen angemessenen Werdegang? Bringt sie eine mindestens dreijährige Erfahrung für diese Aufgabe mit?

P02 Referenzen
Verfügt die Person über nachprüfbare und seriöse Referenzen?

P03 Geschäftspartner
Mit welchen anderen Firmen bzw. Agenturen arbeitet er partnerschaftlich zusammen? An wen werden Abgaben, Provisionen, Spenden oder Beiträge bezahlt? Welche Firmennamen und Rechtsformen gab es in den letzten fünf Jahren?

P04 Scientology-Begriffe
Benutzt oder kennt die Person folgende Begriffe: Dianetics, Hubbard-Technologie, L. Ron Hubbard, OCA-Test oder U-Man-Test? Werden Hubbard und diese Verfahren eindeutig abgelehnt?

P05 Distanzierung
Reagiert die Person positiv und unterschriftsbereit auf den Text, der ein Benutzen scientologischer Methoden ausschließt?

P06 Erfolgsmessung
Auf welche Art stellt die Person Erfolge fest? Werden Statistiken exzessiv und für belanglose Dinge eingesetzt?

P07 Aufdringlichkeit
Erfolgt die Akquisition mit häufigen Kontakten und aufdringlich? Klingt die Ansprache anmaßend oder vorwurfsvoll bei Skepsis?

P08 Anforderungsprofil
Arbeitet der Berater mit professionellen Unterlagen und Fragen, um das Wesentliche der Position zu erfassen?
P09 Anzeige
Gestaltet der Berater die Anzeige so aussagekräftig, daß das Anforderungsprofil deutlich wird?
P10 Persönlichkeitstest
Verwendet oder empfiehlt er einen Persönlichkeitstest? Mit unzulässigen Fragen? Mit 200 Fragen? Von der Firma U-Man?
P11 Stellungnahme
Wie aufschlußreich ist die (schriftliche!) Empfehlung des Beraters vor der Bewerberpräsentation? Sie können den Bewerber fragen: »Wie wurde das Interview des Beraters geführt?«
P12 Kurswerbung
Wurde der Bewerber (vor oder nach dem Vorstellungstermin) vom Berater darauf angesprochen, an Kursen teilzunehmen, um seine Persönlichkeit zu entwickeln?

Sie sehen also: Den Personalberater aus der totalitären Organisation erkennen Sie oft schon an den Qualitätsmängeln seiner Arbeit. Sofern er Zusatzgeschäfte mit obskuren Tests und Kursen versucht, können Sie noch sicherer sein, daß Sie richtig entscheiden, wenn Sie sich gegen ihn entscheiden. Und: Müssen Sie ein Sektenexperte werden, um diese Prüffragen zu beantworten?

Bewerber: Euphorisch oder ausgebrannt?

Aus der Flut von Bewerbungen für eine Stelle die passende Person auszuwählen, stellt ein Unternehmen oft vor Schwierigkeiten. Jetzt kommt noch hinzu, daß Sie erkennen wollen, ob jemand aus der engeren Auswahl solche Methoden in Ihr Unternehmen tragen möchte, die Sie ablehnen.
Keine Sorge: Sie brauchen keinen Lehrgang, bei dem Sie lernen, wie man das »bestimmte Glänzen« in den Augen richtig erkennt. Auch ersparen wir Ihnen, gewagte Aussagen über

den Gemüts- und Energiezustand zu machen, wie »euphorisch« oder »ausgebrannt«.
Wenn die Personalsuche und -auswahl in Ihrem Hause professionell verläuft, bestehen für Mitglieder totalitärer Organisationen kaum Chancen. Das gilt völlig unabhängig vom Glauben. Dieser kann Ihnen so gleichgültig sein wie das Interesse des Headhunters am Geld. Glaube und Gewinnerzielung gehören zu den geschützten Dingen in unserem Lande. Und von denen droht Ihnen auch keine Gefahr.
Wodurch zeichnet sich *Ihre professionelle Suche und Auswahl* aus? Sie kommunizieren haargenaue Anforderungen und prüfen die Voraussetzungen der Bewerber auf Stärken und Schwächen. Um festzustellen, wer Methoden mitbringt, die Ihrer Firma schaden, brauchen Sie nur einige Punkte besonders zu beachten.
Sie kennen vermutlich die Taschenbücher für Bewerber. Darin stehen die »richtigen« Antworten für die Standardfragen im Vorstellungsgespräch. Ob ungeeignet oder gefährlich: Jeder Bewerber kann diese Antworten auswendig lernen. Sie brauchen also den *Blick für das Unfälschbare*. Und der bezieht sich auf den bisherigen Werdegang und die innere Haltung zu den Anforderungen der offenen Stelle.
Benutzen Sie ein Assessment Center, das mehr herausbekommt als die Kraft in den Ellenbogen? Stellen Sie damit fest, wie jemand konstruktiv Konflikte löst, mit Reklamationen umgeht, sich in andere einfühlt und flexibel mit schwierigen Situationen zurechtkommt? Dann können Sie sowieso kaum in Gefahr geraten!
Worauf kommt es also besonders an? – Wir setzen hier die Prüfpunkte fort. *Bitte beachten Sie:* Bereits aufgeführte Prüfpunkte finden Sie hier lediglich mit der Nummer und dem Stichwort.

Abbildung 6.3: Prüfpunkte für Bewerber

P01 Werdegang
P02 Referenzen
P04 Scientology-Begriffe
P05 Distanzierung
P06 Erfolgsmessung
P13 Wechselgründe

Welche Hinweise bestehen bei der vorherigen Position für Konflikte bei der Aufgabenerfüllung oder beim Verhältnis zu Kollegen, Vorgesetzten und Kunden? Anhaltspunkte können sich ergeben aus fehlenden oder unbefriedigenden Antworten im Vorstellungsgespräch, im Zeugnis und bei Fragen an den früheren Vorgesetzten bzw. Personalleiter.

P14 Weiterbildung

Welche außerfachlichen Seminare und Kurse absolvierte der Bewerber? Welche Bedeutung sieht er für den Erfolg in der (angestrebten) Position durch die Veränderung seiner Persönlichkeit? Was können Sie erfahren über Themen, Veranstalter, Dauer, Häufigkeit, Kosten, Lernergebnisse?

P15 Konfliktlösungen

Schildern Sie zwei oder drei firmenspezifische Konfliktsituationen aus dem Themenbereich, um den es geht! Es ist nahezu unmöglich, sich auf diese Frage vorzubereiten.
Paßt die Antwort zu Ihren Vorstellungen und zur Kultur Ihrer Firma? Oder enthalten die Antworten eine kurzfrisitige Sichtweise, Rücksichtslosigkeit und dramatische Konsequenzen?

P16 Vorbilder

Welche Personen, Theorien und Konzepte geben dem Bewerber in besonderem Maße Orientierung für seine berufliche Tätigkeit? Achten Sie besonders auf Antworten mit unbekannten Begriffen und Namen oder auf solche, die Sie ablehnen!

P17 Ehrenamtliches
Je nach zu besetzender Position kann die folgende Frage unzulässig sein: Welche ehrenamtliche Tätigkeit gibt es, in denen persönliches Engagement, Organisationsgeschick oder Führungsverhalten zum Ausdruck kommt? Welchen Zeitumfang nimmt das in Anspruch?

Welchen Eindruck machen diese Prüffragen auf Sie? Bleiben die Fragen im Rahmen der Zulässigkeit? Werden Sie unerwünschte Bewerber erkennen? Brauchen Sie dafür einen Sektenexperten?

Mitarbeiter: Missionarisch und pleite

Wenn Mitarbeiter in den Sog von Gehirnwäsche geraten, gibt es unterschiedliche Merkmale, die für Sie verdächtig sein können. Hier gilt in ganz besonderer Weise die vorsichtige Prüfung der Fakten und das vertrauliche Erörtern im engsten Kreis. Eine kleine Merkwürdigkeit läßt sich öfter mit einer ganz normalen Ursache erklären als mit einer totalitären Beeinflussung.
Neben Ihrem Interesse, die eigene Firma zu schützen, steht Ihre Verantwortung, die Integrität der Mitarbeiter zu erhalten. Leider mehren sich die Fälle, in denen der »Scientology-Verdacht« als erfundene Beschuldigung beim Mobbing oder aus purer Sensationsgeilheit entsteht!
An welchen Stellen besteht eine höhere Wahrscheinlichkeit dafür, daß ein Mitarbeiter »umgedreht« wird? Multiplikatoren, wie etwa Führungskräfte, gehören zu den Zielgruppen von Scientology. Ob es gelingt, genau diesen Kreis anzusprechen, ist eine andere Frage. Deshalb können auch Mitarbeiter ohne Führungsverantwortung betroffen sein. Weitere stark gefährdete Positionen beziehen sich auf andere Multiplikatoren (z. B. Betriebsrat), inhaltlich verwertbare Aufgabenfelder (EDV, Controlling und Vertrieb) sowie den Personalbereich (z. B. Weiterbildung und Personalauswahl).

Welche Punkte rechtfertigen eine erhöhte Wachsamkeit? Welche Prüfpunkte eignen sich besonders, um einen Verdacht bei Mitarbeitern zu untermauern oder zu entkräften? Prüfpunkte aus vorherigen Abschnitten finden Sie hier lediglich als Stichwort.

Abbildung 6.4: Prüfpunkte für Mitarbeiter

P04 Scientology-Begriffe
P05 Distanzierung
P06 Erfolgsmessung
P14 Weiterbildung
P15 Konfliktlösungen
P16 Vorbilder
P17 Ehrenamtliches
P18 Verhaltensänderung

Verändert sich die Person innerhalb kürzester Zeit besonders auffällig? Zeigt sie sich plötzlich »wie ausgewechselt«? Verhält sie sich jetzt euphorisch, statt bisher lethargisch, jetzt gelassen, statt bisher aufbrausend, jetzt gefühllos für die Sache, statt bisher am Menschen orientiert, jetzt selbstüberschätzend, statt bisher zögernd?

P19 Arbeitsplatz

Ohne die Intimsphäre zu verletzen: Welche Poster an den Wänden, Kursunterlagen auf (!) dem Schreibtisch, Dianetik-Bücher in den Regalen oder Urkunden an der Wand fallen Ihnen auf?

P20 Leistung und Loyalität

Eine totalitäre Gruppe führt zu einem ungeheuren Zeit- und Energiebedarf: Sinkt die Zielerreichung bei den Aufgaben? Verändert sich die Identifikation in einen übertriebenen oder sinkenden Einsatz? Werden Lob (Anerkennung) und Strafe (z. B. Abmahnung) wirkungslos?

P21 Geldbedarf

Gibt es einen hohen Geldbedarf? Braucht der Mitarbeiter einen Kredit oder Gehaltsvorschuß? Was können Sie über den Anlaß erfahren? An wen geht das geschuldete Geld? Tritt eine fremde

Person als Begleiter für die Kreditbegründung auf? – Diese Prüfpunkte eignen sich besonders im Bankensektor.

P22 Propaganda

Wirbt ein Mitarbeiter für Kurse oder für eine bestimmte Gruppe? Erleben die Kollegen solche Überredungsversuche häufig und als bedrängend? Enthält der Tonfall solcher Anwerbung ungebremste Begeisterung und Unverständnis oder sogar Vorwürfe für zurückhaltende Reaktionen?

Was machen Sie, wenn Sie den Eindruck gewinnen, jemand gehört zu einer totalitären Gruppe? Das Vorgehen läßt sich am besten mit dem Thema Alkohol vergleichen. Da gehen Sie verständnisvoll auf das Problem ein, führen Gespräche, bieten Hilfen an und treffen Vereinbarungen, die sich am Wohl der Mitarbeiter und der Firma orientieren. Bei ausbleibender Besserung ziehen Sie arbeitsrechtliche Konsequenzen. Außerdem vermitteln sie medizinische oder psychologische Betreuung.

Beim Alkoholismus werden Sie kaum in die Rolle des Therapeuten schlüpfen. Beim Thema Gehirnwäsche sollten Sie genauso strikt vermeiden, dem Mitarbeiter die Sache mit seiner Gruppe auszureden. Unser Tip: Bleiben Sie stets in der Rolle, die Abweichungen vom erwarteten Verhalten zu besprechen, und überlassen Sie eine etwaige Auseinandersetzung über spezielle Inhalte und Methoden einem Spezialisten! Sie verfügen allenfalls über eine Einprozentchance, den Mitarbeiter zu überzeugen, daß sein neues System unsinnig oder verwerflich ist. Dagegen liegen Ihre Chancen hoch, daß der Mitarbeiter gegen Ihre »feindliche Haltung« Widerstand entwickelt und sich noch fester an die schädlichen Mechanismen seiner Gruppe kettet. Einfacher ausgedrückt: Bleiben Sie in bezug auf die Sekte ein Laie!

Chefetage: Daumenschrauben und Kündigungen

Der klassische Weg für eine plötzliche neue Ausrichtung des Unternehmens kommt durch den personellen Wechsel in der Firmenspitze. Dieser Fall tritt durch Sektenmitglieder selten auf. Geeignet für diese Variante ist beispielsweise die prekäre wirtschaftliche Situation eines mittelständischen, familiengeführten Unternehmens, für das schnell ein neuer Kopf gesucht wird.
Für diese seltenere Variante bietet sich an: ein erfolgreicher und profilierter Manager der zweiten Ebene eines Konzerns. Vor wenigen Monaten geriet er in die Mechanismen der Gehirnwäsche und wird nun weggelobt. Ausgestattet mit allen Kompetenzen, kann er das mittelständische Unternehmen in kürzester Zeit auf den Kopf stellen.
Typischer für den totalitären Putsch in der Chefetage ist ein ganz anderer Ablauf: Der Geschäftsführer eines mittelständischen Unternehmens gerät privat in eine Scheidungskrise, findet scheinbar neuen Halt bei einer Sekte, und der Machtwechsel beginnt im eigenen Kopf!
Mit welchen Prüfpunkten können Sie erkennen, ob die Chefetage Ihr Unternehmen gnadenlos und gefährlich umkrempelt? Prüfpunkte aus vorherigen Abschnitten finden Sie hier lediglich als Stichwort.

Abbildung 6.5: Prüfpunkte für die Chefetage	
P04	Scientology-Begriffe
P06	Erfolgsmessung
P10	Persönlichkeitstest
P15	Konfliktlösungen
P16	Vorbilder
P18	Verhaltensänderung
P19	Arbeitsplatz

P23 Zwangsbeglückung
Wird die Teilnahme an Seminaren erzwungen? Werden Mitarbeiter dabei erniedrigt? Kommt es während oder nach den Seminaren zu seelischen Zusammenbrüchen? Führen »neue« Seminare zu heftigen Streitgesprächen?

P24 Erfolgsgesetze
Gibt es einen radikalen Bruch zur bisherigen Firmenkultur statt einen kontinuierlichen Wandel? Wird die Firma durch eine neue Philosophie völlig umgekrempelt? Geht es dabei häufig um »Formeln«, »Naturgesetze« sowie globale und historische »Prinzipien«?

P25 Polarisierung
Führen die Reden und Schriftstücke aus der Chefetage zu heftigen Kontroversen? Gibt es deutlich mehr Feindseligkeit in der Firma? Drehen sich viele Gespräche um diese Themen? Überspringen einige Günstlinge mehrere Karrierestufen?

P26 Leistungsterror
Werden unrealisitische Ziele verkündet? Bleiben unbeeinflußbare Faktoren unberücksichtigt (z. B. Konjunktur, Marktsättigung)? Wird bei unerreichten Zielen der Erfolgswille bezweifelt?

P27 Kostenlawine
(Die folgenden Fragen richten sich primär an das Controlling, die Buchhaltung, den Einkauf u. ä.) Gründen einzelne Wortführer eigene Firmen und erhalten sofort umfangreiche Aufträge? Werden große Beträge für Seminare, Beratung und Literatur ausgegeben? Gibt es hohe Spenden, die früher unüblich waren?

P28 Kündigungen
Werden Mitarbeiter vom Chef öffentlich bloßgestellt? Werden einzelne diffamiert und zum Entschluß gedrängt, von sich aus zu kündigen? Werden einzelne Mitarbeiter entlassen, weil sie es wagen, zu widersprechen?

Der »Putsch in der Chefetage« kann Ihnen in Ihrer Firma begegnen. Wenn Sie im eigenen Haus verschont bleiben, beobachten Sie Auswirkungen dieser Art vielleicht bei einem Geschäftspartner. Merkwürdiges kann bei einem Lieferanten geschehen. Oder bei einer Werbeagentur oder bei einem Vertriebspartner. Für diesen Fall empfehlen wir Ihnen die gleichen Prüfpunkte wie für Ihre eigene Chefetage. Ergänzende Auffälligkeiten können sich auf jene Punkte beziehen, die in Abbildung 6.6 aufgeführt sind.

Abbildung 6.6: Prüfpunkte für Geschäftspartner
P29 Kundenorientierung Ändert sich das Geschäftsverhalten einer Firma? Erleben Sie ein bedrängendes Verhalten, etwa durch die Vertriebsleute? Fühlen Sie sich von einem Geschäftspartner weniger ernst genommen? Wird mit Reklamationen anders umgegangen? **P30 Veranstaltungen** Versuchen Mitarbeiter eines Geschäftspartners für Kurse und Seminare zu werben? Erhalten Sie Einladungen zu visionären Vorträgen? Macht sich die Chefetage dieser Firma plötzlich zum Botschafter von Heilslehren?

Allerdings müssen wir eine Einschränkung machen: Bei manchen Punkten bleiben die Informationen für Sie unzugänglich. Und bei anderen Punkten verfügen Sie bestenfalls über Erzählungen aus zweiter Hand. Hier kann schon einiges an Verzerrung vorkommen. Wenn Sie mehrfach weitererzählte Dinge hören, handelt es sich möglicherweise um ganz normale Gerüchte. Sie werden solche »Informationen« sicher doppelt prüfen. Aber andere Leute werden schnell sagen: »Die Firma Obskur ist doch von dieser Sekte unterwandert! Das weiß doch jeder ...«

Berater und Trainer: Streng und geheimnisvoll

Wir kommen zum häufigsten Fall, auf den Firmen »wasserdichte« Checklisten anwenden möchten. Sie wollen die Zusammenarbeit mit Beratern und Trainern vermeiden, die schädliche Methoden anwenden. Auch hier werden Sie sehen, daß vernünftige eigene Qualitätsansprüche schon ausreichen. Wiederum gilt: Sie brauchen sich in keinster Weise in die abstrusen inhaltlichen Vorstellungen von »Sekten« einzuarbeiten.

Wie stoßen Sie auf einen solchen Berater oder Trainer? Totalitären Gruppen bleibt oft keine andere Wahl, als Sie über die direkte Ansprache zu erreichen. Mailings werden zwar weiterhin versucht, obwohl Sie diese Schreibtischbelagerer stets wegwerfen. Was bleibt? Ein Kollege, den Sie jahrelang kennen und schätzen, gibt Ihnen euphorische Schilderungen von einem Menschen, der das Leben dieses Kollegen grundlegend zum Besseren gewendet hat. Sie hören zwar erstmals von diesem Menschen, aber Ihr Vertrauen zählt mehr. Also laden Sie den Wunderknaben ein.

Von diesem Trainer oder Berater erfahren Sie dann schnell das angeblich Besondere an seinem Konzept. Es trägt die Merkmale: neu, wissenschaftlich, erprobt, wirkungsvoll und sofort einsetzbar. Ihr Gesprächspartner öffnet Ihre Augen dafür, wie sich die Mitarbeiter leistungsschwach, faul und zaghaft auf Ihre Kosten durchfressen. »Mit dem Sozialgequatsche muß Schluß gemacht werden.« »Drill« und eine »strenge Hand« stehen an. Außerdem taugt Ihre sanfte Firmenkultur nur wenig.

Und falls Sie beim zweiten Anlauf noch zögern, den Auftrag zu erteilen, erhalten Sie unmißverständliche Hinweise darauf, daß Sie selbst den Erfolg nur halbherzig wollen.

Nur ein Thema bleibt tabu: »Wie läuft denn diese phantastische Methode eigentlich ab?« Wenn Sie hartnäckig genug fragen und die ersten drei Ablenkungsantworten durchstehen, erhalten Sie von den Vertretern der totalitären Zunft den Joker, den Herr Hubbard schon für das Auditing bei Scientology formulierte: »Um herauszufinden, was (damit) zu erreichen ist, sollte man es bekommen!«

Eine solche Aussage sollte Ihre Alarmglocken in Gang setzen – egal ob von Scientologen oder anderen Beratern: Wenn Anbieter geistiger Dienstleistungen, also von Seminaren und Beratung, außerstande oder unwillig sind, den Ablauf und die Wirkung ihrer Methoden offenzulegen, verbergen sie etwas!

Dieses Versteckspiel wird gern mit »neugierig machen« ummäntelt. Tatsächlich verhüllt es das Herzstück totalitärer Konzepte: die Methode!
Die anschließenden Fragen richten sich primär an die Situation, daß Sie einen Berater oder Trainer wegen einer geplanten Zusammenarbeit befragen. Sie können die meisten Fragen auch stellen, wenn Seminare bereits angelaufen sind und Ihre Mitarbeiter irritiert von der Vorgehensweise und von den Auswirkungen zu Ihnen kommen.
Prüfpunkte aus vorherigen Abschnitten finden Sie hier wieder als Stichwort.

Abbildung 6.7: Prüfpunkte für Berater und Trainer

P01 Werdegang
P02 Referenzen
P03 Geschäftspartner
P04 Scientology-Begriffe
P05 Distanzierung
P06 Erfolgsmessung
P07 Aufdringlichkeit
P10 Persönlichkeitstest
P14 Weiterbildung
P15 Konfliktlösungen
P16 Vorbilder
P24 Erfolgsgesetze
P31 Euphorische Empfehlung
Erhielten Sie von einer vertrauenswürdigen Person eine euphorische Empfehlung? War der Name Ihnen vorher unbekannt?
P32 Versprechungen
Geht es beim Angebot um grundlegende Veränderungen? Soll bei Mitarbeitern die Persönlichkeit anders werden? Wird versprochen: Karriere, Reichtum, schneller und massiver Erfolg?
P33 Qualitätsnachweis
Wird eine wissenschaftliche Absicherung behauptet, ohne Beweise vorzulegen? Erhalten Sie Erfolgsquoten von über

95 Prozent? Werden andere Beratungs- und Trainingsansätze lächerlich gemacht?

P34 Menschenbild

Werden Ihre Mitarbeiter in ein schlechtes Bild gerückt? Werden Ihnen eine »härtere Gangart«, »Drill« und eine »strenge Hand« angeraten? Klingt das Menschenbild nach »Gut« und »Böse«?

P35 Verweigerter Einblick

Wird Ihnen die Frage nach den Methoden und Abläufen ausweichend beantwortet? Wird Ihnen verweigert, einen Seminartag zu beobachten?

P36 Teure Aufbauseminare

Enthält das Angebot eine Reihe von Kursen oder Seminaren, die nach dem ersten oder zweiten Baustein keine gleichbleibenden, sondern steil ansteigende Preise aufweisen? Gibt es besondere Bemühungen, auch den Lebenspartner einzubeziehen – eventuell durch kostenlose Teilnahme?

Worauf kommt es besonders an? Wenn Sie ausreichend Geduld aufbringen, werden Sie beim Prüfpunkt 35 am meisten erfahren und auch Spaß erleben. Wir haben schon einen kompletten Abend mit dem Vertreter einer kleineren Sekte verlebt und ihn dafür bewundert, auch beim zehnten und fünfzehnten Anlauf das Thema von den Methoden wegzubringen.

Eine Banalität fehlt noch: Falls es Ihnen gelingt, mit dem Anwender von totalitären Methoden über diese ins Gespräch zu kommen, können Sie Ihre eigenen Vorstellungen schnell und eindeutig damit vergleichen. Sicher helfen Ihre Prinzipien für aktives Lernen, für den Umgang mit Menschen und ähnliches bei der Entscheidung, ob Sie mit einem Berater oder Trainer zusammenarbeiten.

Kollegen und privates Umfeld: Befohlene Feindschaft

Wer kann Ihnen noch merkwürdig vorkommen? Wer könnte Ihnen plötzlich euphorisch und über den Wolken schwebend erscheinen? Es handelt sich um Kollegen innerhalb und außerhalb der Firma. Außerhalb der Firma können Sie auch im privaten Umfeld auf Freunde oder Bekannte stoßen, über die Sie ebenfalls den Kopf schütteln.

Bevor Sie weiterlesen, eine Bitte: Keinesfalls wollen wir Sie ermuntern, allen Menschen mißtrauisch zu begegnen. Wenn man will, findet man überall etwas »Verdächtiges«. Wegen der »Sekten« gibt es schon zuviel Panik und Hysterie. Wir raten Ihnen eher zum umgekehrten Vorgehen: Wenn der Verdacht auftaucht – und meistens kommt er von anderen Leuten –, dann sollten Sie ganz gewissenhaft prüfen, *ob er sich rechtfertigen läßt!*

Wer ein Seminar als angenehm erlebt, braucht noch längst kein Anhänger einer verquerten »Sekte« sein! Wer anfängt, bewußter auf Ziele hinzuarbeiten, muß kein Glaubensbruder einer unsinnigen Ideologie sein! Und wenn Ihnen jemand ein gutes Buch oder eine nützliche Kassette empfiehlt: Vielleicht lohnt es sich für Sie!

Trotzdem gibt es Signale, bei denen Sie hellhörig werden sollten. Prüfpunkte aus vorherigen Abschnitten finden Sie hier wieder als Stichwort.

Abbildung 6.8:	Prüfpunkte für Kollegen und privates Umfeld
P04	Scientology-Begriffe
P06	Erfolgsmessung
P07	Aufdringlichkeit
P14	Weiterbildung
P16	Vorbilder
P18	Verhaltensänderung
P21	Geldbedarf

P22 Propaganda
P24 Erfolgsgesetze
P31 Euphorische Empfehlung
P37 Beziehungskonflikt

Reagiert die Person gereizt auf Kritik? Werden Sie bei skeptischen Äußerungen als Feind behandelt? Sehen Sie Anzeichen dafür, daß es für die Person nur noch Menschen gibt, die man missionieren kann oder bei denen man die Beziehung abbricht? Betrifft dies insbesondere die Eltern und den Lebenspartner dieser Person?

P38 Vernachlässigung

Kümmert sich die Person kaum noch um Familie und Freundschaften? Kommen bisherige Gemeinsamkeiten zu kurz? Zeigt die Person Desinteresse an Themen, die früher im Vordergrund standen? Konzentriert sich alle Energie dieser Person auf Kursunterlagen, einzelne Bücher und Veranstaltungen der Gruppe?

Falls wir Sie jetzt zur Rundumgesinnungsschnüffelei bei Kollegen und Freunden ermuntern oder falls Sie die ganze Fragerei zu einem Gesellschaftsspiel beim nächsten Betriebsfest ummodeln möchten – dann haben wir uns ein bißchen mißverständlich ausgedrückt ...

7 Selbsthilfe und Schutz im Betrieb

Im vorherigen Kapitel ging es um die Fragen, mit denen Sie prüfen können, ob jemand mit Methoden arbeitet, die Sie ablehnen, weil sie auf Menschen und Unternehmen schädlich wirken. Was machen Sie nun damit? In den folgenden Abschnitten geht es darum,

- wie Sie Prüffragen als Checkliste verwenden,
- wie Sie sich vertraglich absichern,
- wie Sie Unterstützung finden und
- wie Sie einem Rufmord begegnen.

7.1 Checklisten: Steckbriefe ohne Bild und Name

Sie mussen heftig mitarbeiten, damit die Checklisten Ihnen nützen! Erinnern Sie sich? Mit den einleitenden Seiten haben wir Sie darauf eingestimmt, wie Sie sich vor Menschen schützen, die totalitäre Methoden anwenden – und zwar ohne die Inhalte oder Namen zu kennen. Dort bezogen wir uns darauf, daß schwarze Listen wenig helfen und viel schaden.
Unser Vorgehen erfordert ein wenig Nachdenken und Mitarbeit. Aus dem Kapitel 6 wissen Sie, daß es eine Vielzahl von Prüfpunkten für Checklisten gibt, um einen Verdacht zu bekommen oder zu prüfen. Für unterschiedliche Situationen hilft Ihnen eine jeweils andere Auswahl von Prüfpunkten weiter. Deshalb finden Sie in diesem Abschnitt eine Tabelle, aus der Sie das Passende für die jeweilige Situation auswählen können.
Die Tabelle für Checklisten zum Sektenverdacht enthält in jeder Zeile einen *Prüfpunkt* als Stichwort. Die Spalten bezie-

Abbildung 7.1: Checklisten zum Sektenverdacht

Prüfpunkte:		Typische Situationen						Eigene Situation
		Personal-berater	Bewerber	Mitarbeiter	Chef-etage	Trainer	Kollegen	
P01	Werdegang	X	X			X		
P02	Referenzen	X	X			X		
P03	Geschäftspartner	X				X		
P04	Scientology-Begriffe	X	X	X	X	X	X	
P05	Distanzierung	X	X	X		X		
P06	Erfolgsmessung	X	X	X	X	X	X	
P07	Aufdringlichkeit	X				X	X	
P08	Anforderungsprofil	X						
P09	Anzeige	X						
P10	Persönlichkeitstest	X			X	X		
P11	Stellungnahme	X						
P12	Kurswerbung	X						
P13	Wechselgründe		X					
P14	Weiterbildung		X	X		X	X	
P15	Konfliktlösungen		X	X	X	X		
P16	Vorbilder		X	X	X	X	X	
P17	Ehrenamtliches		X	X				

P18	Verhaltensänderung			X	X		X	
P19	Arbeitsplatz			X	X			
P20	Leistung u. Loyalität			X				
P21	Geldbedarf			X			X	
P22	Propaganda			X			X	
P23	Zwangsbeglückung				X			
P24	Erfolgsgesetze				X	X	X	
P25	Polarisierung				X			
P26	Leistungsterror				X			
P27	Kostenlawine				X			
P28	Kündigungen				X			
P29	Kundenorientierung				(X)			
P30	Veranstaltungen				(X)			
P31	Euphor. Empfehlung					X	X	
P32	Versprechungen					X		
P33	Qualitätsnachweis					X		
P34	Menschenbild					X		
P35	Verweigerter Einblick					X		
P36	Teure Aufbauseminare					X		
P37	Beziehungskonflikt						X	
P38	Vernachlässigung						X	

hen sich auf *typische Situationen.* Die geeigneten Prüfpunkte erhalten ein »x«. Außerdem finden Sie eine leere Spalte. Diese können Sie nutzen, wenn Sie einer Situation begegnen, die hier fehlt, um sich eine individuelle Checkliste zu erstellen.

Wie können Sie mit so einer Checkliste arbeiten?

Mit den Prüfpunkten zu der jeweiligen Situation verfügen Sie über viele Fragen. Sie können also Informationen erhalten, indem Sie Gespräche mit der betreffenden Person führen, Unterlagen durchsehen oder Auskünfte einholen. Je nachdem, wie viele »verdächtige« Antworten Sie erhalten, wird ein Verdacht erhärtet oder entkräftet. Eine Auswertung nach einem Punkteschema halten wir für unsinnig. Hier handelt es sich um keinen Illustriertentest, sondern um eine Sammlung von sehr unterschiedlichen qualitativen Informationen. Vertrauen Sie einfach Ihrem Gesamteindruck!
Solche Checklisten kann man auch destruktiv anwenden. Wenn beispielsweise jemand eine Beziehungskrise durchmacht, muß er noch längst kein Anhänger einer totalitären Organisation sein oder werden. Isoliert betrachtet wirken manche Prüfpunkte bzw. die dazugehörigen Fragen vielleicht befremdlich. In der Kombination erhalten die Punkte ihren Sinn!

Welche Konsequenzen können Sie ziehen?

Bestätigter Verdacht.
Eindeutige Antwort in Richtung: »Arbeitet ganz offensichtlich mit Methoden, die wir ablehnen.« In diesem Fall gehen Sie keine Geschäftsbeziehung ein bzw. lösen eine bestehende auf. Für den Fall der Auflösung sollten Sie sich rechtlich sicher fühlen und eventuell einen Rechtsanwalt einbeziehen. Bei Ihren Ablehnungsgründen kommt es insbesondere darauf an, weder auf »Glaubensfragen« noch auf Mitgliedschaft Bezug zu nehmen. Rechtlich (und moralisch) kommt es darauf an, daß Sie ausschließlich auf die Person bezogene Taten, Methoden, Leistungen und ähnliches anführen.

Unklare Antworten.
Trotz vieler Fragen und Erkundigungen kommen Sie zu keinem klaren Ergebnis: Je nach Situation werden Sie eine neue Geschäftsbeziehung, Einstellung oder Kooperation vermutlich unterlassen. Bei einem vorhandenen Mitarbeiter oder Kollegen werden Sie weitere Beobachtungen anstellen. Wenn Sie in einer unklaren Situation einem Verdacht verstärkt nachgehen wollen, sollten Sie auf jeden Fall Fachleute zu Rate ziehen.
Kein Verdacht.
Sie finden nur minimale oder keine Verdachtssignale: In diesem Fall werden Sie zuerst das distanzierte Gefühl gegenüber der geprüften Person überwinden müssen. Das gelingt den meisten Menschen nur, wenn sie damit sehr bewußt umgehen. Es fällt manchmal schwer, jemanden als »unschuldig« zu behandeln, bei dem man sich schon daran gewöhnt hat, ihn für einen möglichen »Täter« zu halten.
Selbst wenn Sie dieser Person weitgehend »normal« begegnen, werden Sie genauer als bei anderen wahrnehmen, ob sich etwas Merkwürdiges im Verhalten zeigt. Anders ausgedrückt: Wenn Sie nichts Verdächtiges feststellen, können Sie jemandem eine Chance geben. Es wäre eine fatale Konsequenz, wenn Menschen wie Täter behandelt werden, nur weil sie »überprüft« wurden!
Schließlich können Sie die Geschäftsbeziehung aufnehmen oder fortsetzen, indem Sie sich rechtlich absichern: mit einer schriftlichen Erklärung, die wir Ihnen im nächsten Abschnitt vorschlagen.

Vorher präsentieren wir noch eine alte Überlegung, die durch unseriöse Tests wieder aktuell ist. Sie bezieht sich auf Testverfahren, die Sie eventuell zur Bewerberauswahl oder sogar für Nachwuchskräfte zur Karriereplanung verwenden: Seit mehr als zwei Jahrzehnten existiert eine Reihe von Kriterien,[1] die gesetzlich ungeregelt blieben. Um bei solchen Verfahren die Qualität abzusichern, können Sie in Ihrem Unternehmen, Verband o. ä. eine entsprechende Selbstverpflichtung einbringen.

Abbildung 7.2: Qualität von Personaltests

Checkliste für Personaltests

1. Die Einwilligung der Testperson muß vorliegen.
2. Die Testuntersuchung, also Durchführen und Auswerten, müssen von einem Diplom-Psychologen geleitet werden.
3. Der Psychologe muß die Testperson über Art und Umfang der Untersuchung aufklären, insbesondere darüber, welche Merkmale geprüft werden.
4. Es muß ein sachlich begründeter Anlaß für den Test vorliegen, also etwa ein Arbeitsplatzwechsel oder eine Ausbildungsmaßnahme.
5. Test und Gutachten dürfen sich nur auf Merkmale beziehen, die im unmittelbaren Zusammenhang mit dem Arbeitsverhältnis stehen.
6. Das Gutachten gehört zum Psychologen. Abgelehnte Bewerber können ein Vernichten der Testunterlagen verlangen.
7. Der Test muß wissenschaftlichen Anforderungen genügen. Der durchführende Psychologe kennt sie und kann sie prüfen.

Warnung

Auf dem Markt befindet sich eine schnell wachsende Zahl von Methoden, die sich Test nennen, aber keinem seriösen Maßstab genügen. Sekten und auch sektenunabhängige Anbieter überschwemmen derzeit den Markt mit teuren und gefährlichen Persönlichkeitstests.

Lassen Sie sich keinesfalls von einer scheinbaren Plausibilität blenden. Glauben Sie dabei ausschließlich dem Prüfergebnis eines Diplom-Psychologen. Andernfalls riskieren Sie, Ihre langfristigen Personalentscheidungen auf falsche und irreführende Daten aufzubauen. Außerdem gehen Sie die Gefahr ein, über den Verkaufstrick »Test« auch noch Seminare einzukaufen, die Ihre Firma auf den Kopf stellen.

7.2 Vertraglich absichern und Qualitätsmaßstäbe festlegen

Um sich gegen unliebsame Methoden vorbeugend zu schützen, hilft der Vertrag. Seine Bedeutung liegt nur zum kleinen Teil im schnellen Klären einer Konfliktsituation und in der Sicherung eines finanziellen Anspruchs bei einem Bruch der Vereinbarung. Der Hauptwert liegt darin, daß sich Anwender von scientologischer Technologie weigern, dieses Schriftstück zu unterschreiben. Wir werden manchmal gefragt, ob das Ähnlichkeit mit der Knoblauchzehe bei Vampiren hätte...

Vom »netten Eindruck« zur Qualitätsanforderung

Beim Engagieren von Beratern oder Trainern reicht bisher oft der traditionelle Handschlag. Wenn ein schriftlicher Vertrag vorliegt, enthält er in der Regel keine methodischen Anforderungen. Die seit einiger Zeit verstärkt zu beobachtende »Qualitätswelle« erfaßt ab 1995 nun auch zunehmend die Dienstleistungsangebote. Einige große Beratungsunternehmen unterziehen sich der Zertifizierung. Nationale und europäische Institutionen entwickeln Qualitätsmaßstäbe. »Absicherung« heißt zukünftig auch: Qualitätsnachweise werden für Sie abfragbar. Die Bundesvereinigung der Deutschen Arbeitgeberverbände und andere große Verbände etablierten CERTQUA, die »Gesellschaft der Deutschen Wirtschaft zur Förderung und Zertifizierung von Qualitätssicherungssystemen in der Beruflichen Bildung«. Laut ISO 9000 ff. schafft die Qualitätssicherung »berechtigtes Vertrauen«. Nähere Information erhalten Sie über CERTQUA, Adenauerallee 8a, 53113 Bonn.

Die Kernpunkte im Vertrag

Wie formuliert man die Abgrenzung? Ein gutes Muster enthält der vom Ring Deutscher Makler verfaßte Text zur Erklärung über Unverträglichkeit, ergänzt um Zusätze von Ursula Caberta, Dr. Andreas Zielcke und uns.

Abbildung 7.3: Vertraglicher Schutz

Anlage zum Vertrag über ... zwischen ... und ... vom ...
»Ich erkläre hiermit für mich bzw. die Mitarbeiter der Firma ...,

1. nicht nach einer Technologie von L. Ron Hubbard (z. B. der Technologie zur Führung eines Unternehmens) und/oder sonst einer mit Scientology zusammenhängenden Technologie zu arbeiten, sondern sie vollständig abzulehnen,
2. keine Schulungen, Kurse oder Seminare nach den genannten Technologien selbst zu besuchen oder bei anderen zu veranlassen bzw. dafür zu werben und
3. nicht Mitglied der IAS (= International Association of Scientologists) zu sein.
4. Sollte sich eine Aussage als unwahr herausstellen oder in Zukunft verletzt werden, stellt dies einen wichtigen Grund zur fristlosen Kündigung dieses Vertrages dar. Außerdem verpflichte ich mich für diesen Fall zur Zahlung einer Vertragsstrafe in Höhe von DM ...«

Die Vertragsstrafe sollten Sie so hoch wie möglich ansetzen. Ein Ansatzpunkt ergibt sich zum Beispiel aus dem Auftragswert des letzten Halbjahres, wenn es um einen Dienstleister geht. Sofern es um die Zusicherung einer einzelnen Person geht, etwa um einen Bewerber oder einen Mitarbeiter des Unternehmens, können Sie den Text entsprechend umformulieren und die Vertragsstrafe weglassen.

Worauf es ankommt

In einer solchen Absicherung ist das Stichwort »Hubbard-Technologie« wesentlich. Dieses kennzeichnet den Kern der innerscientologischen Erziehung. Es fällt Scientologen extrem schwer, ihr Bekenntnis im Kern zu verleugnen. Aber: Nichts ist unmöglich – und so wie Scientology gegenwärtig das Image einer unterdrückten Minderheit aufbaut, halten wir es für denkbar, daß scientologisch geschulte Menschen diesen Punkt zukünftig auch leugnen bzw. eine solche Erklärung

unterschreiben. Zur Beruhigung: Wir kennen bisher keinen Fall, in dem so vorgegangen wurde!
Eine Haarspalterei kann sich für Sie als sehr nützlich erweisen. Mit folgender Versicherung würden Sie sich in vielen Fällen selbst austricksen: »Ich bin nicht Mitglied von Scientology« oder »Ich bin kein Scientologe«. Viele scientologisch geschulte Menschen können diese Versicherung locker abgeben: Nach unserem Wissen stehen nur manche Scientologen im formalen Status einer Mitgliedschaft bei »Scientology«.[2]

Abgrenzung erfordert Konsequenz

Auf die Gefahr, daß Sie lächeln: Den Vertragstext zu kennen und ihn auch systematisch einzusetzen, sind zwei Dinge. Wir erleben, daß Unternehmen – insbesondere große – ohne Verbindlichkeit damit umgehen. Die Firmenspitze muß dafür sorgen, daß der Textentwurf verbindlich als Vertragsbestandteil eingesetzt wird. Je nach Situation betrifft dies die Personalverwaltung, den Einkauf, den Vertrieb usw. Dabei trägt das Einführen (z. B. über die Orga-Abteilung) genausoviel Verantwortung wie das Überwachen (z. B. durch die Revision).

Einschränkung und Herausforderung

Allerdings müssen wir auch einschränken: Der Vertragstext richtet sich ausschließlich an die scientologische Variante von totalitären Methoden. Immerhin kommt dieser Fall in der Wirtschaft am häufigsten vor. Für die Zukunft muß diese Einseitigkeit überwunden werden: eine hübsche Herausforderung für die Juristen unter den Sektengegnern! Vielleicht liegt die Antwort auf diese Frage weniger im juristischen Bereich, sondern mehr im zertifikatsähnlichen Nachweis über die Qualität von Produkten und Dienstleistungen, soweit es sich um Berater und Trainer handelt.

Qualität prüfen, statt Mitgliedschaft

Was machen Sie bis dahin bei anderen Gruppen? Wir können Ihnen für diesen Fall keinen so eindeutigen Rat geben. Natürlich kann man sich versichern lassen, daß eine Person bei diversen Organisationen keine Mitgliedschaft besitzt. Wenn die Zugehörigkeit aber geleugnet wird? Oder im juristischen Sinn nicht besteht? Und: Hilft Ihnen die Frage nach bestimmten Organisationen, wenn Ihnen das Mitglied einer Gruppe gegenübersitzt, von der Sie noch nie gehört haben? Nichts ist beständiger als der Wandel – dies gilt auch für alle totalitären Systeme und Sekten.

Nochmals: Qualität ist das beste Rezept!

Das Instrument des kritischen Beobachtens greift bei unbekannten Organisationen immer noch besser als juristische Formeln. Auch hier liegt der Schutz für Ihre Firma in bewußten und klaren Anforderungen an die Qualität von Leistungen. Diese können Sie in den Unternehmensgrundsätzen, in den Qualitätshandbüchern und in den Stellenbeschreibungen verankern. Und wieder gilt: Ideologie, Philosophie und Weltanschauung können Sie getrost ignorieren!

7.3 Unterstützung finden

Sie stehen plötzlich vor einem Problem: Sie entdecken einen Scientologen in Ihrem betrieblichen Umfeld. Sie stellen fest, daß in Ihrem Unternehmen ein Trainer brutale Psychomethoden anwendet. Oder ein neuer Psychokult taucht auf und »überzeugt« Ihren Firmenchef, doch einmal Probeseminare für die leitenden Angestellten anzusetzen.

Information ist die halbe Miete

Oberstes Gebot: Informieren! Zuerst geht es darum, viele Informationen zu sammeln: über die betroffenen Personen, über die involvierten Organisationen, über deren Methoden und Vorgehensweisen (vgl. hierzu auch Abschnitt 6.1). Erst dann können Sie zielgerichtet handeln. An wen können Sie sich wenden?

Beratungsstellen

Es gibt mittlerweile eine Vielzahl von Anti-Sekten-Beratern. Am stärksten verbreitet und am meisten erfahren sind die kirchlichen Berater. Diese verfügen über eine sehr unterschiedliche personelle Ausstattung und vertreten auch unterschiedliche Grundhaltungen.
Sollte Ihr Problem nicht ausreichend ernst genommen werden, versuchen Sie es in einer anderen Stadt – fragen Sie sich durch. Daneben gibt es staatliche Stellen. Nutzen Sie auch diese Möglichkeit zur Information und Beratung. Auch hier gilt: Know-how und Erfahrung sind unterschiedlich. Fragen Sie sich bei den privaten Vereinen durch. Im Anhang finden Sie Adressenhinweise.

Literatur

Lesen Sie das Material, das auf dem Buchmarkt zu dem Thema existiert. Auch hierzu finden Sie Hinweise im Anhang.

Verbände und andere Firmen

Firmen, die bereits über Erfahrungen mit Sekten verfügen, geben in der Regel hilfsbereit und sachkundig Hinweise.
Arbeitgeberverbände, Branchenverbände sowie Industrie- und Handelskammern können in vielen Fällen nützlich sein. Zumindest besteht die Chance, daß Sie auf jemanden stoßen, der jemanden kennt, der jemanden kennt ...

»Schlachtplan« entwickeln

Und wenn Sie jetzt feststellen, daß es sich wirklich um gefährliche Methoden handelt? Entwickeln Sie eine Strategie. Suchen Sie vorsichtig Verbündete.

Juristen

Manchmal läßt sich ein Problem relativ einfach arbeitsrechtlich lösen. Aufgrund des Omnipotenzanspruchs vieler Mitglieder von totalitären Organisationen lassen sich diese oft auf Kleinkriminalität ein.

Chefetage

Einige Fälle sind aber verzwickter: Dann empfiehlt es sich, die Firmenspitze und auch die Öffentlichkeitsabteilung einzubinden. Wie bewegen Sie Führungspersönlichkeiten zum Handeln, ohne selbst als Spinner dazustehen? Keiner lastet sich gerne ein Problem auf, das zudem mystisch angehaucht ist und einigen Ärger vorprogrammiert. Ein Tip: Wunder bewirkt manchmal der Anruf eines Journalisten – die Öffentlichkeit scheuen manche Vorgesetzte noch mehr als den innerbetrieblichen Ärger.

Spezifische Hinweise für die Wirtschaft

Selten schadet es, Leute einzubeziehen, die viele ähnliche Fälle schon kennen. Speziell für das Beraten zum Thema »Sekten in der Wirtschaft« gibt es erst wenige Fachleute in Deutschland. SINUS e.V., der Verein, in dem wir mitarbeiten, kann Ihnen für viele Fälle entsprechende Kontakte vermitteln (Anschriften siehe Anhang).
Über Strategien für den Umgang mit dem Sektenverdacht gegenüber der gesamten Firma informiert Sie der folgende Abschnitt.

7.4 Mit Rufmord umgehen

Es gibt so viele Möglichkeiten, anderen Menschen oder Firmen zu schaden. Den Sektenvorwurf kann man ruhig weglassen ... Erinnern Sie sich? Zu Beginn des vorherigen Kapitels ging es darum, daß heutzutage erfundene Verdächtigungen und Gerüchte häufig zum Rufmord führen. Damit kann es zur Unterstellung kommen, daß Ihr Unternehmen oder Ihre Person in Verbindung mit totalitären Methoden oder Organisationen steht. Sie müssen dann mit einem »Mordversuch an Ihrem Image« umgehen. In welche Lage geraten Sie dadurch?

Die scheinbare Zwickmühle

Die davon betroffene Firma steht vor einem Entscheidungsproblem: Einerseits kann sie sich mit einer *Richtigstellung* äußern. Eventuell widerlegt sie dabei den Vorwurf öffentlich und nachdrücklich. Bei einem Teil der erreichbaren Zielgruppe wird die Erinnerung an das Gerücht wachgerufen, und es verfestigt sich der Eindruck, »daß da wohl doch etwas dran sein muß«.
Wählt die Firma andererseits den *Weg des Schweigens,* gerät sie in ein ähnliches Dilemma: Diese Lösung spekuliert auf das Vergessen und auf das Gras-drüber-wachsen-Lassen, läßt die schlimme Situation aber unverändert. Viele Menschen können sogar vermuten: »Wenn die schweigen, haben sie auch etwas zu verbergen.« – Sehen wir uns Fälle an, wie sich Firmen entscheiden!

Anzeige geschaltet: Klar distanziert!

Beginnen wir mit einer der wirkungsvollsten Antworten, die wir kennen. Eine große Brauerei erlebte 1994 eine Rufmordkampagne. In den Kneipen beim Bier, also bei den Kunden, machte sich – offenbar gezielt – das Gerücht breit: »Die Brauerei ist von Scientology unterwandert!«
Die Brauerei diskutierte mögliche Vorgehensweisen und geriet natürlich in die »scheinbare Zwickmühle«. Manche befürworteten zunächst den Weg des Schweigens, »weil sonst alles wieder hochkocht und noch schlimmer wird«. Der Inhaber des Unternehmens erwartete von diesem Weg eine zu geringe positive Wirkung. Statt dessen entschied er, eine überregionale Kampagne mit ganzseitigen Anzeigen zu fahren. Dabei gestaltete die Firma den Text beispielhaft präzis und offensiv.

Abbildung 7.4: Anzeige von WARSTEINER

ANZEIGE

WANTED:

Rufmörder gesucht.
Anzeige gegen Unbekannt.

WARSTEINER. Eines der besten Biere unserer Zeit. Zugleich auch die beliebteste und sympathischste Biermarke Deutschlands.

WARSTEINER. Mit Abstand die Nr. 1.

Der Erfolg von WARSTEINER und der anerkannt gute Ruf dieser Familien-Brauerei scheinen für bestimmte Neider ein Dorn im Auge zu sein: Man verbreitet das Gerücht, WARSTEINER stünde in Verbindung mit der umstrittenen SCIENTOLOGY-Sekte. Dieser fragwürdigen Sekte bescheinigte die STÄNDIGE KONFERENZ DER INNENMINISTER erst kürzlich: **„Unter dem Deckmantel einer Religionsgemeinschaft, liegt der Schwerpunkt der Aktivitäten im Bereich der Wirtschafts-Kriminalität".**

Zielscheibe von Rufmördern: Die traditionsreiche Marke WARSTEINER. Spitzen-Pilsener der Premium-Klasse.

Ausgerechnet die WARSTEINER BRAUEREI auch nur in die Nähe einer **„verbrecherischen Geldwäsche-Organisation, die unter dem Deckmantel der Religion ihre verblendete Ideologie weltweit verbreiten will und dabei vor nichts zurückschreckt"** (Zitat: BUNDESARBEITSMINISTER NORBERT BLÜM) zu rücken, ist so absurd wie haltlos. Die WARSTEINER BRAUEREI wird seit 1753 als Familien-Unternehmen geführt.

Der Ruf von Redlichkeit, Loyalität und das Bekenntnis zu wahrem partnerschaftlichem Verhalten gehen der Inhaber-Familie CRAMER und ihren Mitarbeitern voraus. Geschäftsführender Gesellschafter in dieser Generation ist ALBERT CRAMER. Die Qualität und der Erfolg der Marke WARSTEINER sowie die wirtschaftlichen Verhältnisse der Unternehmensgruppe HAUS CRAMER führen jedes Gerücht einer Anlehnung an solche Sektierer-Gruppen für jeden nachvollziehbar ad absurdum. Warum in aller Welt sollte man auch eine so erfolgreiche und hochgeschätzte Marke wie WARSTEINER durch eine Verbindung zur SCIENTOLOGY-Sekte in Gefahr bringen? Dafür gäbe es wohl nicht einen einzigen vernünftigen Grund.

Ganz offensichtlich von Neid und Mißgunst getragen, versuchen immer häufiger Rufmörder, die WARSTEINER BRAUEREI mit der SCIENTOLOGY-Sekte in Verbindung zu bringen. Erst geschah dies sporadisch und verhalten. Mehr und mehr jedoch immer öfter und gezielter Schwerpunkt dieser verwerflichen kriminellen Attacke ist zur Zeit der Großraum Hamburg.

Auf solider Basis. Die WARSTEINER BRAUEREI. Eine der modernsten Braustätten der Welt.

Albert Cramer, Inhaber der WARSTEINER BRAUEREI, selbst Mitglied im Verein zur Bekämpfung des Sekten-Unwesens.

Ausdrücklich und mit jeder Konsequenz dementiert die WARSTEINER BRAUEREI jede Art von Verbindung zu SCIENTOLOGY oder ähnlich fragwürdigen Gruppierungen. Nie – jetzt und zu keiner Zeit – haben Kontakte zu solchen Konflikt-Sekten bestanden. Dies versichern alle leitenden Mitarbeiter der WARSTEINER BRAUEREI spontan.

Und nun die herzliche Bitte an Sie: Nachdem die bösartigen Gerüchte um die Marke WARSTEINER weiter um sich greifen, aber eine derart heimtückische Verleumdung kaum von uns allein in den Griff zu bekommen ist, bitten wir Sie um Ihre Mithilfe. Teilen Sie uns ganz konkret mit, wer Ihnen wo und wann mitgeteilt hat, WARSTEINER stünde in Verbindung mit der SCIENTOLOGY- oder einer ähnlichen Sekte. Ihre aufklärende Mitteilung hat nichts mit Denunziantentum zu tun. Sie tun dies im Namen von Wahrheit und Gerechtigkeit. Und auch, damit wir uns mit allen Mitteln geltenden Rechts zur Wehr setzen können. Ihre Information behandeln wir ganz selbstverständlich mit höchster Diskretion. Das ist versprochen und wir sind dafür bekannt, daß wir unser Wort halten.

Die Domschänke zu Warstein. Stammhaus der Familien-Brauerei CRAMER. Seit 1753.

Bitte senden Sie Ihre Aussage „Wider den Rufmord" an
WARSTEINER BRAUEREI
Haus Cramer
59564 Warstein

AUSSAGE WIDER DEN RUFMORD.

Mir wurde mitgeteilt (auch sinngemäß), die WARSTEINER BRAUEREI stünde in Verbindung, pflege Kontakte, sympathisiere mit der SCIENTOLOGY-Sekte oder vergleichbaren fragwürdigen Gruppierungen.

Dieses oder sinngemäß Ähnliches wurde mir mitgeteilt von:

Name:

Am: (Datum)

Wo: (Ort z.B. Gaststätte)

Zeuge(n) (evtl.)

Ich möchte mich in aller Vertraulichkeit mit der WARSTEINER BRAUEREI in Verbindung setzen. Hier auch meine Personalien:

Name: Vorname:

PLZ: Ort:

Straße:

Tel.: (tagsüber) (abends)

Unterschrift:

DAS EINZIG WAHRE WARSTEINER

Spitzen-Pilsener der Premium-Klasse

Auf höchstem Niveau auch WARSTEINER PREMIUM LIGHT und alkoholfreies WARSTEINER PREMIUM FRESH.

Zitate aus der Anzeige:
»Ausdrücklich und mit jeder Konsequenz dementiert die WARSTEINER BRAUEREI jede Art von Verbindung zu SCIENTOLOGY oder ähnlich fragwürdigen Gruppierungen. Nie – jetzt und zu keiner Zeit – haben Kontakte zu solchen Konflikt-Sekten bestanden. Dies versichern alle leitenden Mitarbeiter der WARSTEINER BRAUEREI spontan.«
Es folgt die Aufforderung an die Leser bzw. Kunden, bei der Suche nach den Rufmördern mitzuhelfen, *»damit wir uns mit allen Mitteln geltenden Rechts zur Wehr setzen können«*.
Außerdem werden eindeutige Zitate über die Organisation angeführt, die jegliche Nähe zweifelsfrei ausschließen. Zu diesen Zitaten gehören verurteilende Aussagen von Bundesarbeitsminister Blüm und von der Ständigen Konferenz der Innenminister. Außerdem formuliert die Brauerei: *»Warum in aller Welt sollte man auch eine so erfolgreiche und hochgeschätzte Marke wie WARSTEINER durch eine Verbindung zur Scientology-Sekte in Gefahr bringen?«*

Was macht den Text überzeugend?

Die Stellungnahme enthält keinerlei Einschränkung, bezieht sich auch auf die Vergangenheit und umfaßt das gesamte Management. Außerdem wird der sekteneigene Namensteil »Kirche« an keiner Stelle benutzt. Schließlich wird die Organisation als die Verkörperung des Gegenteils der eigenen Geschäftsprinzipien eindeutig benannt. Der Imageschaden konnte mit der Anzeigenkampagne wieder behoben werden. Im Groß- und Einzelhandel läßt sich so etwas schnell und genau messen.

Ungeschickte Formulierungen

Um es vorweg zu sagen: Nach unserer Prüfung gibt es keinen Beleg für eine scientologische Steuerung von »Herbalife«. Außerdem liegt uns eine glaubwürdige Distanzierung vor.
Bitte lesen Sie zum Vergleich mit »WARSTEINER« die folgende Anzeige, die in großem Format im Oktober 1994 in der FAZ erschien:

Abbildung 7.5: Anzeige von Herbalife

HERBALIFE®

"Herbalife weist alle Anschuldigungen und Unterstellungen zurück, in Verbindung mit Scientology oder irgendeiner anderen Sekte oder Gruppe zu stehen"

MARK HUGHES
President Herbalife International Inc.
Berlin, 22. Oktober 1994

Welche Botschaften enthält diese Anzeige?

Zurückweisung!
Wer mag schon Anschuldigungen und Unterstellungen? Jeder Leser der Anzeige hat dafür volles Verständnis.

Kein Dementi!
Entweder handelt es sich um wahre oder unwahre Anschuldigungen und Unterstellungen. Dem Leser fehlt eine Aussage darüber. Für uns gab es dazu zwei mögliche Erklärungen: Entweder die Firma wurde bei ihrer Stellungnahme unzureichend beraten oder an den Vorwürfen ist etwas Wahres dran.

Keine Distanzierung!
Es wird keine Stellung dazu bezogen, wie das Verhältnis zu Scientology oder deren Methoden aussieht.

Auslegungsbedürftig!
Was bedeutet »in Verbindung stehen«? Als Unternehmen gibt es gar keine Möglichkeit, mit »Scientology« in Verbindung zu stehen. Allenfalls als Förderer könnte eine »Verbindung« (z. B. zu »WISE«) bestehen. Würde die Teilnahme an Scientology-Kursen durch einzelne Manager eine »Verbindung« der Firma Herbalife darstellen?

Sie werden vielleicht sagen: »Das ist reine Haarspalterei!« Dem halten wir entgegen: Alle Unternehmen und Führungskräfte, die wir kennen und die von einer unbegründeten Verdächtigung betroffen waren, scheuten sich in keiner Weise, das Haar zu spalten, um ihren Ruf wieder in Ordnung zu bringen. Und deshalb stehen wir zu der Position, daß eine verstärkte Skepsis dann angebracht ist, wenn lediglich Vorwürfe zurückgewiesen werden und keine Richtigstellung erfolgt.
Zusammengefaßt: Die dargestellte Anzeige von Herbalife stellt keinen nützlichen Weg dar, um einen Verdacht auszuräumen. Der geschilderte Eindruck dieser Anzeige »paßte« zu dem vielfach erhobenen Vorwurf, der die Anzeige selbst auslöste.
Um den Vorwurf zu prüfen, führten wir Gespräche mit Verkaufsberatern von Herbalife und fragten in der Zentrale nach. Erst auf diesem Weg stellten wir fest, daß sich die Firma eindeutig distanziert. Es gab wohl zu einem früheren Zeitpunkt einzelne Scientologen im Vertrieb. Heute achtet dieses Unternehmen glaubwürdig darauf, daß sich keine scientologischen Ansätze in die Firmenaktivität mischen. Eine – vielleicht auch angebrachte – kritische Auseinandersetzung mit Kommunikations- und Verkaufsmethoden, Preisen und Produkten sollte sich strikt an diese kritischen Punkte halten und pauschale oder sektenbezogene Vorwürfe unterlassen.

Presseerklärung: Offensive Distanzierung

Im Frühjahr 1995 suchte ein Wirtschaftsjournal die Gelegenheit, der Leserschaft einen vermeintlichen Sektenfall zu präsentieren. Nehmen wir mal an, daß der versuchte Rufmord aus lauter Zufall einen konkurrierenden Verlag trifft. Und nehmen wir weiter an, die Chefredaktion des Journals gewichtet den Sensationseffekt höher als die saubere journalistische Recherche.

Worauf stützt sich der Rufmord?

Ein großer Verlag arbeitet mit vielen Autoren. In diesem Fall handelt es sich um die stolze Zahl von ca. eintausend. Ganze vier davon werden einer totalitären Organisation zugerechnet. Bis zum Rufmord machte sich der Verlag kaum Gedanken über die Gefahr von totalitären Organisationen. Das trifft für die Zeit bis 1995 für die meisten deutschen Unternehmen zu.
Hätte das Journal mit dieser Situation auch anders umgehen können? Hätte das Journal vor dem geplanten Angriff die Verlagsleitung auch warnen können (wie der veröffentlichte Text es dann macht), wie gefährlich die Zusammenarbeit mit Scientologen werden kann? Hätte das Journal dann vermieden, den diffamierenden Stil einer Boulevardzeitung in die Wirtschaft zu tragen?

Was bewirkt der Rufmord?

Der betroffene Verlag berichtet von zwei unangenehmen Effekten: Zum einen stellen einige Geschäftspartner und Autoren langjährige Beziehungen ausdrücklich in Frage. Zum anderen verhält sich ein anderer Teil der Geschäftspartner und Autoren ganz merkwürdig: Gespräche verlaufen unterkühlt, und der Verlag spürt eine unausgesprochene innere Distanz bei etlichen Kontakten. Rufmord bewirkt einen Vertrauenseinbruch, der die betroffene Firma im Geflecht ihrer Geschäftsbeziehungen und bei den Kunden schädigen kann.

Wie reagiert die Firma?

Die erste und spontane Presseerklärung wehrt sich gegen die Vorwürfe und informiert die Öffentlichkeit darüber, daß eine weitere Zusammenarbeit mit den vier Scientologen keines-

falls in Frage kommt und deren vier Buchtitel mit sofortiger Wirkung aus dem Programm verschwinden.
Der Verlag nimmt zu uns und verschiedenen anderen Beratungsstellen Kontakt auf, um zusätzliche Maßnahmen als Anregung zu erhalten. In der Verlagsspitze entsteht mehr als der Wunsch, sich klar abzugrenzen. Einmal mit dem Thema konfrontiert, gibt es *keine neutrale Haltung* mehr. Der Verlag entscheidet sich, über die »bloße« Abgrenzung hinaus auch seine publizistischen Möglichkeiten einzusetzen, um andere Firmen auf Verdachtssignale und Abwehrmöglichkeiten hinzuweisen und damit *aktiv gegen den schädlichen Einfluß* totalitärer Methoden vorzugehen. Außerdem erlebt die Verlagsspitze, daß die Mitarbeiter unter dem versuchten Rufmord leiden – sie werden privat und dienstlich laufend darauf angesprochen. Was kann der Verlag tun?

- *Autoren.* Eindeutige Distanzierung zu Scientology durch eine schriftliche Erklärung (vgl. Seite 224).
- *Image.* Die lange Wirkung eines Rufmords erfordert ausdauernde, sorgfältige und überzeugende Aktivitäten in der Öffentlichkeit.
- *Mitarbeiter.* Hilfe anbieten, wenn Mitarbeiter auf Vorurteile stoßen oder in den Einflußbereich einer totalitären Organisation gelangen. Bei destruktiven Vorkommnissen arbeitsrechtliche Schritte anwenden.
- *Externe Dienstleister.* Klare Distanzierung in der eigenen Unternehmensphilosophie und ein klares Bekenntnis von Geschäftspartnern einholen.
- *Bewerber.* Bei zukünftigen Mitarbeitern läßt sich die Haltung zum Unternehmen durch gezielte Fragen erfahren.

Zum Zeitpunkt der Fertigstellung dieses Manuskripts setzt der Verlag weitere Schritte um. Eine zusätzliche Presseerklärung finden Sie in Abbildung 7.6.

Abbildung 7.6: Presseerklärung von Rentrop

Unsere Unternehmensziele und Verlagstätigkeit sind mit Scientology absolut unvereinbar

Eine Tätigkeit für unsere Verlagsgruppe ist unvereinbar mit der Zugehörigkeit zu Scientology, einer ihrer nationalen oder internationalen Tarn- oder Unterorganisationen sowie mit dem Bekenntnis zur Technologie und den Lehren von L. Ron Hubbard.

Ziel unserer Verlagsgruppe ist die publizistische Beratung selbständiger Unternehmer, die Förderung von Selbständigkeit und Eigenverantwortung für eine eine freiheitliche und soziale Gesellschaft.

Ziele und Praktiken von Scientology stehen unserem Verlagsziel diametral entgegen. So enthält die scientologische Lehre an zahlreichen Stellen die Verneinung tragender Grundsätze unserer Verfassung, wie der Meinungs-, Informations- und Pressefreiheit, des Demokratieprinzips sowie des Rechts- und Sozialstaatsprinzips.

Wir haben die wenigen Fachbücher, deren Autoren sich zu Scientology bekennen bzw. in denen Anzeigen für scientologisch geführte Unternehmen enthalten sind, aus unserem Verlagsprogramm genommen. Wir werden auch in Zukunft wieder in dieser Weise verfahren, wenn uns Verbindungen zwischen Autoren und Scientology bekannt werden.

Wir haben zu keiner Zeit an Schulungen nach Hubbard teilgenommen, noch Mitarbeiter nach diesen Methoden schulen lassen. Wir wenden diese Methode nicht an. Das gilt auch für die Zukunft.

Interessierten Lesern stellen wir gerne ein kostenloses Exemplar des Artikels: Was Sie über Scientology wissen sollten: Wehren Sie sich gegen ein gefährliches System von Rechtsanwalt Prof. Dr. Ralf Bernd Abel zur Verfügung.

Mitarbeiter: Schützen und Vertrauen stärken

Umfassend und entschieden reagiert auch SAP auf öffentlich verbreitete, aber ungeprüfte Unterstellungen. Es geht um die Abwehr der Methoden von Scientology bzw. der »befreundeten« AMK. Besonders intensiv geht SAP die interne Information und Unterstützung der Mitarbeiter an. Ein Beispiel bildet die Extraausgabe der Mitarbeiterzeitschrift vom März 1995. Bereits die Headlines geben die Position klar an:
Sie sehen: Es geht auch anders als bei Herbalife! Bereits die Überschriften deuten an, was in den Texten dann ausführlich, eindeutig und informativ die gesamte Belegschaft anspricht (vgl. Abb. 7.7).

Welche Punkte stehen im Vordergrund?

- Eindeutiges Dementieren jeglicher Berührungspunkte.
- Darstellen der raffinierten Methoden bei der Ansprache.
- Erläutern der gefährlichen Folgen für einzelne Mitarbeiter.
- Abschirmen des Firmengeländes durch den Werkschutz.
- Aufklären über Wurzeln, Sprache und Ideologie von Scientology.
- Anbieten von Hilfe für den Ausstieg (Rechtsanwalt, Versetzung).
- Entschiedenes Bekämpfen mit allen gegebenen Möglichkeiten.
- Furchtloses Vorbildverhalten des Vorstandsvorsitzenden.

Statt eines Kommentars: Wir gratulieren!

Distanzierung in der Chefetage: Rufmord durch Übereifer

Ein ganz normaler Vorgang: Die mittelständische Firma »Bauschlau« sucht im Herbst 1994 einen Geschäftsführer. Sie beauftragt den Personalberater »Weise«. Dieser schaltet eine

Abbildung 7.7: Aus der Mitarbeiterzeitschrift von SAP

inside-Interview mit Dietmar Hopp:

„Scientology mit absoluter Entschiedenheit entgegentreten!"

■ *Die von Scientologen geführte AMK mit Sitz in Wiesloch-Rauenberg versuchte mehrmals, SAP-Mitarbeiter und Teilnehmer von SAP-Seminaren anzusprechen und zu einer Kursteilnahme zu überreden.*

Wie kann sich ...

■ *Die Scientology Church verklagt sehr schnell jeden, der sich öffentlich gegen die Sekte stellt.*

Sie haben sich sehr offen geäußert, wel...

Scientology: Eine totalitäre Organisation auf Seelenfang

Mit dem Begriff Sekte ist Scientology nur unzureichend beschrieben. Vielmehr handelt es sich – nach übereinstimmenden Berichten von Insidern und Aussteigern – bei Scientology um einen menschenverachtenden Kult, der Gedanken, Gefühle und Verhaltensweisen seiner Mitglieder zu kontrollieren sucht. Und Scientology ist auch eine Organisation, die mit Hilfe von Tarnfirmen und -vereinen versucht, kleine und große Unternehmen zu unterwandern. Das Ziel: Geld und Macht! Für die SAP ist daher klar: „Wir dürfen nicht dulden, daß diese Sekte auch nur den geringsten Einfluß auf unser Unternehmen gewinnt", sagt der SAP-Vorstandsvorsitzende Dietmar Hopp und ergänzt: „Wir helfen – soweit es nur geht – jedem Mitarbeiter, der in ... dieser Sekte geraten ist und aussteigen will."

SAP wehrt sich

Die Extraausgabe der SAP-Mitarbeiterzeitschrift inside hat einen wenig erfreulichen Anlaß: Scientology. Die Sekte – auch als „Konzern auf Seelenfang" bezeichnet – wird in Gerüchten leider auch mit der SAP in Verbindung gebracht. Der Grund: Die AMK, eine von Scientologen geführte sogenannte Management-Akademie, hat ihren Sitz ganz in der Nähe, in Wiesloch-Rauenberg. Zudem versuchte die AMK in der Vergangenheit, Kundenmitarbeiter vor dem Internationalen Schulungszentrum anzusprechen. Diese Extraaus...

Bedrohung

Liebe Kolleginnen und Kollegen,

ein unbeschwerter Einkaufsbummel war das Ziel, doch daraus wurde nichts! Eine kurze Begegnung in der Mannheimer Fußgängerzone erinnerte mich an ein sehr unerfreuliches Thema: Scientologen, genauer gesagt Mitarbeiter der Akademie für Management und Führung (AMK) mit Sitz in Wiesloch-Rauenberg, waren auf Menschenfang. Eine freundliche D... me sprach Passanten in der Fußg... an, ob sie denn ein paar ... möchten.

Anzeige in der lokalen Zeitung. Neben anderen Bewerbern meldet sich auch Herr »Ahnungslos«. Dieser führt ein erstes Gespräch mit dem Personalberater. Herr Ahnungslos findet die Position interessant.
Etwas merkwürdig erscheint ihm die Fragetechnik von Herrn Weise. Sie kommt ihm »amateurhaft« vor. Herr Ahnungslos kann aus vorherigen Gesprächen mit renommierten Personalberatern diesen Vergleich anstellen. Besonders erkundigt sich Herr Weise über das Freizeitverhalten seines Bewerbers und den Umgang mit Menschen auf der gleichen Ebene (Geschäftsführer, Gesellschafter), die älter als der Bewerber selbst sind. Der persönliche Umgang mit ihnen wird im ersten Bewerbungsgespräch breit ausgewalzt.
Es geht ganz normal und erfolgreich weiter. Zum zweiten Gespräch mit Herrn Weise kommt der Inhaber von Bauschlau dazu. Das dritte Gespräch führt zum Vertragsabschluß.
Pech für Herrn Ahnungslos: Noch vor Antritt der Stelle strahlt das Fernsehen einen Bericht aus, den viele seiner zukünftigen Mitarbeiter ansehen. Herr Weise entpuppt sich dabei als Scientologe. Im Zustand allgemeiner Hysterie und Unkenntnis geht das bei den meisten Hirnen schnell: »Weise ist Scientologe. Ahnungslos kommt über Weise. Also ist Ahnungslos ein Scientologe.« Beim zweiten Nachdenken kommt der verunsicherte Inhaber von Bauschlau auf die Idee, Rat bei einem renommierten kirchlichen Berater zu holen. Dieser spricht mit Herrn Ahnungslos und stellt keinen totalitären Zug fest. Jedoch: Wie sooft, geht es letztlich weniger um den fachlichen Rat des Beraters. Er soll vielmehr die bereits zementierte Meinung des Auftraggebers bestätigen und in schöne Worte kleiden.
Deshalb folgt der nächste Schritt mit logischer Konsequenz: Herr Ahnungslos erhält noch während der Probezeit die Kündigung und tiefstes Bedauern. »Man selbst hätte da kein Problem, aber die Mitarbeiter haben solche Vorbehalte ...«
Herr Ahnungslos reagiert zu diesem Zeitpunkt noch naiv und unbedarft, was die Brisanz dieser Zusammenhänge für ihn anging. Er nimmt das Thema zunächst nicht ganz ernst –

schließlich waren Sekten für ihn Spinner, aber keine ernst zu nehmende Gefahr in beruflichen Zusammenhängen. Herr Ahnungslos bietet an, seine Privatsphäre offenzulegen. Er bietet an, alle nötigen Erklärungen abzugeben, um dem Unternehmen zu beweisen, daß er mit Scientology bis dahin nichts, aber auch gar nichts zu tun hatte. Das Unternehmen bleibt bei seiner Entscheidung.
Ein halbes Jahr später: Inzwischen hat Herr Ahnungslos eine neue Stelle. Etwas weiter von seinem Heimatdorf, etwas besser bezahlt. Im Dorf wird getratscht, er habe etwas mit Scientology zu tun. Das versprochene Zeugnis mit einer »neutralen Sprachregelung« wurde nicht erstellt. Herr Ahnungslos erwägt seitdem, Herrn Weise zu verklagen – wenigstens symbolisch, um auch darüber seine Unschuld zu beweisen.
Sie sehen: Für den einzelnen gibt es wenige Möglichkeiten, um sich gegen Rufmord zu wehren. Herr Ahnungslos fand eine glaubwürdige Sprachregelung für das kurze und zeugnislose Gastspiel bei Bauschlau. Seine Tüchtigkeit und sein überzeugender Auftritt verhalfen ihm zu einer neuen Position. Dort kennt man ihn so, wie er im Alltag agiert. Keiner unterstellt ihm eine verwerfliche Arbeitsweise. Damit kann er sich rehabilitieren. Für was eigentlich?

»Distanzierung« in der Chefetage: Ausweichen und ablenken

Es war einmal ein eher größeres mittelständisches Unternehmen. Das gelangte durch etwas veraltete Strukturen und plötzliche Marktturbulenzen in arge Schwierigkeiten. Ein neuer Mann mußte an die Spitze! Jemand, der neue, visionäre Ideen mitbringt und gut durchgreifen kann.
Er kam und griff hart durch. Er löste Betriebsteile auf – obwohl sie schwarze Zahlen schrieben. Er beförderte bewährte Fachleute und Führungskräfte auf die Straße oder vergraulte sie – obwohl sie unersetzlich waren. Er benutzte das strapazierte Firmenkapital, um im Ausland überteuert Firmen zu kaufen, von denen Fachleute abrieten. Er schuf blitz-

schnell ein Klima, das die Belegschaft und die Inhaber in geschlossener Front gegen sich aufbrachte. Nach kaum zwei Jahren ließ er sich den Abschied vergolden und setzt sein segensreiches Wirken an anderer Stelle fort.
Und es wurde gesagt, er hätte mit Scientology zu tun. Niemand brachte einen einzigen Beweis. Die lokale Presse machte die Frage nach einem scientologischen Zusammenhang ständig zum Thema. Doch auch von dieser Seite fand sich kein Beleg.
Unsere Neugier führte zu einer umfangreichen und ergebnislosen Recherche. Ausnahme: Es gab ein Interview in der Mitarbeiterzeitung. Dazu sah sich der Firmenchef veranlaßt, weil die Behauptungen über seine Person einfach kein Ende nahmen:

Abbildung 7.8: Interview des Vorstandsvorsitzenden

»Aufgrund der Hartnäckigkeit der Gerüchte, in der Führung oder ihrer näheren Umgebung hätten sich Scientologen eingenistet, habe ich entgegen meiner Gewohnheit abgeklärt, ob daran etwas Wahres ist. Dabei fand ich keinen Anhaltspunkt für eine Verbindung zwischen Scientology und einem unserer Mitarbeiter. Ich möchte in diesem Zusammenhang betonen, daß es nicht meine Art ist, im Privatleben meiner Mitarbeiter herumzuschnüffeln. Ich weiß, daß ich damit ein gewisses Risiko eingehe. Aber Schutz der Privatsphäre meiner Mitarbeiter ist mir ein wirkliches Anliegen, dem andere – auch Unternehmensziele – untergeordnet bleiben müssen.«

Auch dies ergibt keinen Beweis dagegen, daß der Sprecher dieser Worte scientologische Methoden anwendet. Nehmen wir an, es handelt sich um keinen Scientologen.
Was können Sie daraus mitnehmen, falls Sie einem Verdacht ausgesetzt sind?

- *Persönliche Verbindung eindeutig dementieren!* Wenn Sie einen Vorwurf über mögliche eigene Kontakte und Beziehungen widerlegen möchten, sollten Sie sich dazu auch äußern. Im ganzen langen Zitat findet sich kein Wort dazu, ob der Firmenchef in Beziehung zu Scientology stand oder steht!

- *Es gibt keine neutrale Position zu den Methoden!* Wenn die ganze Firma etwas ablehnt, zum Beispiel Scientology, können Sie keine neutrale Position beziehen. Die Firma möchte wissen, welche Meinung Sie zu diesen Methoden haben. Dieser Firmenchef äußert sich mit keiner Silbe über Scientology oder deren Methoden!
- *Kein Ablenken vom Vorwurf!* Der größte Teil der zitierten Stellungnahme lenkt vom Vorwurf auf die eigene Person ab und bezieht sich auf die Mitarbeiter. Niemals wurde behauptet, bei anderen Personen gäbe es Verbindungen zu Scientology. Wen wundert es, daß der Firmenchef bei den unbeschuldigten Mitarbeitern »keinen Anhaltspunkt« fand?
- *Fehlende Antworten verstärken den Verdacht!* Wenn Sie die zentralen Fragen unbeantwortet lassen, gehen Sie tatsächlich ein »gewisses Risiko« ein, wie der Firmenchef hier eingesteht. Immer mehr Mitarbeiter, Kunden und Geschäftspartner meiden die Anhänger von totalitären Methoden. Wer die Chance hat, sich von einem Verdacht zu distanzieren, der muß dies eindeutig tun, sonst erhärtet er selbst den Verdacht!

Rufmord nach dem Motto: »Wen ich verdächtige, der muß auch schuldig sein!«

Die Rechtsanwälte Dr. Scheele und Dr. Zielcke (ausnahmsweise die wahren Namen) in München stehen in keinerlei Beziehung zu den Lehren und der Organisation von Scientology. Sie vertreten die Auffassung, gleichwohl einzelne rechtsuchende Scientologen in presserechtlichen Verfahren vertreten zu dürfen. Der Grund: Das sogenannte öffentliche »Outing« von einfachen Mitgliedern einer Sekte gegen deren Willen verstößt nach der herrschenden Rechtsprechung gegen das Persönlichkeitsrecht. Vor allem aber hielten die Anwälte solche öffentlichen Bloßstellungen für kontraproduktiv, weil sie nur die Gefahr verstärken, daß die Betroffenen in ihrer Umwelt isoliert und damit erst recht in die Arme der Organisation getrieben werden.

Doch für eine Person, die sich zu den Scientology-Kritikern zählt, war dies ein Anlaß, gegen die Anwälte eine unbeirrbare Rufmordaktion über mehrere Jahre durchzuziehen. Übrigens stellen wir uns persönlich vor die Anwälte. Wir haben uns selbst von ihrer Glaubwürdigkeit überzeugt!

Stellenweise wirkt der genannte Feldzug wie ein groteskes Märchen: Jene Person scheint sich als weiblicher David zu sehen, der furchtlos gegen den Goliath Scientology zu Felde zieht. Ganz alleine gegen die übermächtigen Feinde anzutreten, erschien der kriegerischen Amazone dann doch zu gewagt. Also gründete sie eine eigene Truppe und führte sie mit lautem Geschrei in den Kampf.

Sie beobachtete Scientology aufmerksam. Ständig entlarvte sie deren Machenschaften und prangerte sie an. Applaus für die Mutige gab es genug. Dadurch fühlte sie sich offenkundig zu neuen Kämpfen ermuntert. Um ihre Heldentaten gebührend zu feiern, gab sie mit ihrer Truppe eine eigene Zeitung, ein Kampfblatt, heraus. So weit, so gut ...

So groß ihr Hunger nach Beifall war, so schwer war es indessen, Neues zu enthüllen. Denn die meisten Untaten von Scientology waren schon ans Licht gezerrt worden. In ihrem Eifer griff sie daher auch Leute an, die allein aufgrund ihres Berufes mit Scientology in Berührung kamen. Das ist so, als ob jeder, der einem Scientologen Dienstleistungen seines erlernten Berufs freiwillig und bezahlt zur Verfügung stellt, bereits verdächtig sein muß. Sollte z. B. ein Frisör einem Scientologen den Haarschnitt verweigern, weil er dadurch schöner wird und noch mehr Leute zum Mitmachen gewinnen kann?

Die besagten beiden Anwälte, unbescholten wie sie bisher waren, erlebten als erste, was es bedeutet, wenn der Unterschied zwischen bloßer Vermutung und Rufmord mißachtet wird. Sie begingen den Fehler, auch einzelne Scientologen zu vertreten, die in ihren Rechten verletzt wurden und ihr Recht wie jeder andere suchten. Die unerschrockene Kämpferin gegen das Böse schien dies jedoch als Beweis dafür zu halten, daß sich die Anwälte als Helfershelfer für Scientology zur schmutzigen Verfügung stellten. Die Anwälte verteidigten sich: »Wir würden niemals Organisationen von Scientology oder deren Funktionäre beraten. Aber einzelne Rechtsuchende wurden von uns beraten, weil wir niemanden vorher einer Glaubens- und Gesinnungsprüfung unterziehen.« Der Kämpferin galt dies offenbar als reines Tarnargument. Einige Journalisten zeigten mit den Fingern auf die Münchner Kanzlei. – Eine Reihe von Mandanten wanderte ab.

Die Anwälte sahen sich in die Ecke gedrängt. Selbst mit eidesstattlichen Versicherungen beteuerten sie, daß sie weder jemals zu Scientology gehörten noch ihrer Lehre auch nur nahestehen. Im Gegenteil, sie sahen deren Wirken genauso kritisch wie die ernsthaften Sektengegner. Aber der weibliche David, einmal im Kampfesrausch, ließ sich davon nicht abhalten. Abgestempelt ist abgestempelt! Sie hob hervor, daß die Anwälte einmal sogar einen Scientologen beim Verkauf seines Unternehmens beraten hatten. Daß dieser Verkauf aus der Sicht der Anwälte ein Notverkauf war, um den Betrieb und die Arbeitsplätze zu retten, ja um das Unternehmen letztlich dem Einfluß von Scientology zu entziehen, schien sie keineswegs zu beeindrucken. – Noch mehr Mandanten ließen sich aufgrund ihrer Kampagne woanders beraten.

Noch immer erkannten die Anwälte keinen Verrat an Recht und Moral darin, ihr Handwerk bei allen Rechtsuchenden anzuwenden, die einen Rechtsschutz brauchten. Dennoch weigerten sie sich fortan, weiteren Scientologen ihre Dienste zu gewähren.

Immerhin blieb bei den Anwälten der Glaube an die Gerechtigkeit ungebrochen. Sie gingen zu Gericht und erwirkten eine einstweilige Verfügung. Und noch eine. Und noch eine ... Doch die finstere Kampfesfrau blieb unerschütterlich und überzog die Anwälte mit verunglimpfenden Beschuldigungen.

Trotz des gemeinsamen Ziels – Scientology wirksam zu bekämpfen – wandten sich immer mehr Menschen von der streitbaren Dame ab. Zunächst enge Mitstreiter, dann andere Anti-Scientology-Vereine, dann seriöse Journalisten und bald darauf auch viele andere Menschen, die sich gewissenhaft mit dem Thema auseinandersetzen.

Wir meinen: Wenn Leute wie die beiden Anwälte, die Gesetze einhalten, keine bösen Absichten haben und sich niemals für die Ziele von Scientology einspannen lassen, soll man sie in Ruhe lassen! Das gilt dann besonders, wenn die Betreffenden ohnehin ihre kritische Haltung gegenüber Scientology glaubhaft machen können. Angehörige von freien Berufen können keine ganzseitigen Anzeigen schalten, um die Öffentlichkeit von ihrer »Unschuld« zu überzeugen. Deshalb hat diese Berufsgruppe die allergrößte Mühe, das völlig unverdiente Stigma wieder loszuwerden. Dr. Scheele und Dr. Zielcke können ein herbes Lied davon singen ...

Fazit zu den Rufmorden

Welche Schlußfolgerungen ziehen wir aus den Beispielen zum Rufmord mit dem »Scientology-Verdacht«?

1. *Kaum Chancen zur Vorbeugung*
   Die Rufmörder fügen dem Opfer einen Schaden zu und verschaffen sich irgendeinen Vorteil. Beispiele mögen sein: wirtschaftlicher Wettbewerb zum Opfer, Steigerung der Auflagen von Publikationen durch anklagende bzw. sensationelle Enthüllungen, Ablenken von eigenen Fehlern usw. Die Täter handeln also kaum aus Bosheit, sondern lassen sich von eigenen Interessen inspirieren. Insofern halten wir moralische Appelle für ein untaugliches Mittel, um Rufmorde zu unterbinden. Also verbleibt den Opfern nur die Reaktion durch rechtliche Schritte und PR-Maßnahmen in eigener Sache, um den eingetretenen wirtschaftlichen und Imageschaden im nachhinein zu verringern.

2. *Spielregeln für die Abwehr*
   In allen Beispielen gibt es immerhin einen Lichtblick: Die Täter beendeten ihre Angriffe, wenn die Opfer sich von Scientology klar und effizient distanzierten. Das bedeutet, daß die Angelegenheit jeweils abgeschlossen wurde, weil sich die Täter an bestimmte rechtliche und zwischenmenschliche Konventionen hielten. Wir meinen damit das Akzeptieren von schriftlichen Erklärungen, gerichtlichen Unterlassungsbeschlüssen und das Beenden von Geschäftsbeziehungen zu Scientology.

3. *Die psycho-terroristische Variante: Fortgesetzter Rufmord*
   Ein Beispiel fällt aus dem Muster, nämlich die seit Jahren andauernde Kampagne gegen die beiden Rechtsanwälte in München. Diese Diskriminierung wird von einer Person betrieben, die öffentliche Medien in breitem Umfang nutzen kann. Die Person ignoriert hartnäckig die zweifelsfreie Distanzierung der betroffenen Anwälte zu Scientology. Ohne eine Mitgliedschaft direkt zu behaupten, bringt sie (bzw. ihre publizistischen Hilfsmittel) immer wieder Darstellungen, die eine Nähe der Anwälte zu Scientology suggerieren.
   Dieses Vorgehen vergleichen wir mit Terror: So, wie Terroristen unschuldige Opfer mit Waffengewalt ermorden, wird in diesem Fall mit der Gewalt öffentlicher Worte ein Ruf gemordet. Und so, wie es für die Opfer von Terroristen keinen Schutz vor Anschlägen aus dem Hinterhalt gibt, können die Anwälte aus München die Veröffentlichung neuer Rufmordargumente keinesfalls verhindern.

Beispiel: Da wird noch 1995 in einer neuen Publikation die Tatsache genannt, daß die Anwälte Büros in großen russischen Städten haben. Daneben wird die Tatsache gestellt, daß Scientology in russischen Städten über Gruppen verfügt, und in einzelnen Fällen handelt es sich um dieselben Städte. Der Artikel ignoriert sämtliche Plausibilität und Gegenargumente. Er unterschlägt außerdem die Weigerung der Anwälte,

neue Mandate von Scientologen anzunehmen. Statt dessen ermuntert der Artikel den Leser zu der Sichtweise, erneut einen möglichen Zusammenhang der Anwälte zu Scientology wahrzunehmen und bei ihnen eine Bereitschaft zu erkennen, im Interesse von Scientology zu handeln.
An Scientology kritisieren wir menschenverachtende Methoden. Den gleichen Maßstab legen wir auch an, wenn es um die Kritiker von Scientology geht. Es ist uns peinlich, mit einer Person im Boot der Scientology-Kritiker zu sitzen, die Methoden anwendet, von denen wir uns distanzieren.

8 Erlösung von den Erlösern: Was passiert? Was fehlt?

Die Empörung in Deutschland wächst. Zur Jahresmitte 1995 reagiert bereits ein erheblicher Teil des Managements sensibel auf das Thema »Sekten in der Wirtschaft«. Im Vordergrund steht Scientology. Der Wirtschaft stellt sich ein klares Ziel: Den Einfluß totalitärer Methoden so weit zurückdrängen, daß zukünftig kein Schaden mehr entsteht!

Wer kann etwas beitragen?

Scientology selbst sorgt für eine wachsende Zahl von Gegnern. Viele Firmen und Tausende von Mitarbeitern waren schon leidvoll betroffen. Die *Wirtschaft* selbst muß ihre vorhandenen Möglichkeiten nutzen, zusätzliche Maßnahmen ergreifen und sich mit andereren gesellschaftlichen Gruppen engagieren.

Falls Gesetze verletzt, steuerliche Vorteile unberechtigt in Anspruch genommen, rechtsfreie Räume zum Schaden der Menschen mißbraucht werden und der Verdacht besteht, daß die Ziele mit unserer Verfassung unvereinbar sind, muß der *Staat* handeln. Politiker, Regierung, Parlamente, Verwaltung und Gerichte müssen Schutz bieten, wenn totalitäre Organisationen die allgemein akzeptierten Spielregeln unserer Gesellschaft, unserer Wirtschaftsordnung und unseres Rechtsstaates durchbrechen.

In dieser Auseinandersetzung kommt den *Medien* eine wichtige Aufgabe zu. Sie müssen informieren und eine sachgerechte Meinungsbildung vorantreiben, um aufzuklären.

Und es gibt die wachsende Zahl einzelner *Menschen,* die sich engagieren: ehemalige Mitglieder, Familienangehörige, Menschen mit weltanschaulicher Überzeugung und Fachleute unterschiedlichster Art. Sie alle setzen ihre Energie und

Fähigkeiten ein. Fazit: Viele Menschen beteiligen sich am Kampf gegen totalitäre Methoden.

Was wurde erreicht? Was bleibt zu tun?

Mit diesem Kapitel ziehen wir Bilanz. An konkreten Beispielen zeigen wir Ihnen auf, welche Erfolge es gibt, wie wir das bewerten und was noch zu tun bleibt. Wer weiß, vielleicht finden Sie einen ganz persönlichen Ansatzpunkt, um selbst einen Beitrag zu leisten?

Welche Mittel sind geeignet?

Um gelobt zu werden, bedarf es mehr, als nur aktiv zu sein. Es kommt auch darauf an, wie die Auseinandersetzung geführt wird. Denken Sie zurück an die Friedensbewegung. Erst als sie strikt darauf achtete, ausschließlich friedliche und legale Mittel zu verwenden, um den Frieden zu stärken, erzielte sie Anerkennung und Erfolg. Das erwarten wir auch für den »Kampf« gegen die schlimmen Wirkungen von totalitären Organisationen.

Was zeigt uns das genaue Hinsehen? Wir beobachten bei Scientology und ähnlichen Organisationen *fast auschließlich totalitäre Methoden.* Von Scientology erwarten wir keine Massenmorde. Aber wir sehen in einer solchen Organisation das Potential, einen autoritären Staat zu schaffen. Das erlebte Deutschland bereits. Manche denken dabei an schöne Autobahnen. Andere behalten zu dieser Epoche eher unangenehme Erinnerungen im Gedächtnis.

Schon aus taktischen Gründen lehnen wir *demagogische Argumente und Parolen* ab, die zur Panik und Menschenjagd aufrufen. Das führt nur zu Eigentoren: Innerhalb unserer demokratischen Gesellschaft stellt sich die betroffene Organisation wirkungsvoll selbst als Opfer von Nazimethoden dar. Die wichtigsten Erfolge erzielte Scientology in den letzten Jahren durch die schlechte Wahl der Waffen seitens der Scientology-Gegner. Aus eigener Kraft wurde wenig bewegt.

Es geht also darum, keinesfalls den demagogischen Stil vom Gegner zu übernehmen, sondern sich an demokratischen

Maßstäben zu orientieren. Sicher, jeder tut halt, was er kann. Und mancher geht spontan den alten Weg deutscher Unkultur: Feindbild, Verfolgungswahn, Tiervergleich und Entrechtung. Wenn wir unsere Verfassung, Wirtschaftsordnung und Menschenrechte verteidigen wollen: Können wir dafür nach Mitteln greifen, die diesen Werten widersprechen? Wollen wir die besseren Demagogen sein, oder vertrauen wir auf die *Kraft unserer Argumente und rechtsstaatlichen Instrumente?*
Es gibt viel Kritikwürdiges: finanzieller Ruin von Menschen und Firmen, seelische Verkrüppelung, menschenverachtende Trainingsmethoden usw. Es ist unnötig, zusätzliche Dinge zu erfinden. Allerdings: Einige Mühe kostet es schon, die Auseinandersetzung zu führen, statt immer nur anzuklagen. Viele tun das ungern. Und mancher läßt es ganz …

8.1 Rote Karten und Eigentore: Da freut sich Scientology

Wir sehen Scientology seit 1994 in der Defensive. Ohne den unbedachten Aktionismus einiger Kritiker würde Scientology auch noch die Mitleidsmasche in der Öffentlichkeit fehlen. Was wäre dann noch übrig?
Sie kennen das vom Fußball: Jeder Spieler will gewinnen und strengt sich dafür mächtig an. Manche erweisen sich im guten Willen allerdings als *übereifrig,* verstoßen gegen die Regeln und bekommen die rote Karte vom Schiedsrichter. Andere stellen sich ungeschickt an und schießen ein Eigentor. Den Nutzen erhält die andere Mannschaft. Wenn die andere Mannschaft aus eigener Kraft keinen Sieg erringen kann, bleibt nur die Hoffnung auf Unterstützung durch den Gegner. Die größte Freude einer schwachen Mannschaft im Abstiegskampf bereiten deshalb rote Karten und Eigentore des Gegners. Was bedeutet dieser Fußballvergleich für unser Thema?
Scientology rettet sich seit Jahren vor dem verdienten Abstieg in die Bedeutungslosigkeit! *Wir behaupten:* Das liegt nur zu einem minimalen Anteil an der »Stärke«, »Größe« und »Raffi-

nesse« von Scientology. Gerettet wird diese Mannschaft seit Jahren von einzelnen Gegenspielern, die zwar gewinnen wollen, sich aber haarsträubend anstellen. Sie wollen wissen, auf welche Belege wir uns für diese Sichtweise stützen?

»Danke für den Tiervergleich«

Alle wissen es: Der Mensch fürchtet sich vor bestimmten Tieren. Die Nazis nutzten das: Sie bezeichneten Juden als angstauslösende Tiere, um den Willen zum Vernichten aufzubauen. Propagandaminister Goebbels lieferte die gedanklichen Vorlagen. Die Zeitung *Der Stürmer* machte sich zum Sprachrohr. Der *Tiervergleich* appelliert an niedrigste Instinkte und ermuntert zur skrupellosen Vernichtung des vermeintlichen Bedrohers. Beim geschichtlichen Rückblick besteht der Konsens, totalitäre Methoden der Meinungsbildung als infam und gefährlich abzulehnen.

Fünf Jahrzehnte später erleben wir in manchen deutschen Printmedien die Auferstehung. Um Scientology zu kennzeichnen, dient *Der Stürmer* offenbar als Vorlage: »Die Krake«; »Sekten als Fledermäuse«; »Das Spinnennetz«.

Und in die gleiche Schublade der Geschichte gehören auch die *Vergleiche mit Krankheiten.* Weder körperliche Krankheiten (»infiziert«) noch psychiatrische Begriffe (»Schwachsinn«) stärken die Position derjenigen, die der widersprüchlichen und menschenverachtenden Ethik von Scientology eine bessere entgegenhalten.

Kann jetzt für die Auseinandersetzung mit Scientology richtig sein, was wir an der Propaganda der Nazis kritisieren? Wie kommen einzelne Kritiker dazu, mit Scientology so umzugehen wie die Nazis mit den Juden? Es kommt noch schlimmer: Die Nazis mußten die Gefährlichkeit der Juden *erfinden.* Sie brauchten den Tiervergleich, um die Opfer in Täter zu verwandeln. Abgesehen von der Verwerflichkeit, gab es für die Nazis (aus deren Sicht) immerhin eine Notwendigkeit für ihre Methode! Wie ist das heute? Gibt es zu wenige Sachargumente und verwerfliche Taten, um die Methoden von Scientology direkt *anzuprangern?* Fehlt manchen Medien und manchen

Politikern das Vertrauen in die Kraft ihrer Argumente? Halten sie die Bevölkerung für so dumm, daß Empörung erst entsteht, wenn man maßlos übertreibt?
Scientology vertreibt die Broschüre »Haß und Propaganda – Sanktioniert und betrieben von Medien und Behörden«. Darin findet sich der akribische Nachweis, daß die Nazimethode des Tiervergleichs *häufig und detailgetreu* auf Scientology angewendet wird. Die Broschüre beschämt bestimmte Politiker und Journalisten ähnlich wie das Eigentor den Schützen. Das Material beeindruckt so stark, daß Scientology es ohne aufbauschenden Kommentar präsentieren kann.
Kein Mensch kann bestreiten, daß sich Scientology durch den Tiervergleich – und nur dabei (!) – in einer ähnlich diskriminierten Rolle befindet wie die Juden bei den Nazis. Und wir halten es für unerträglich, nach dem Nazibegriff »judenfrei« heute zu lesen, daß eine Institution »scientologenfrei« gemacht wurde! Mit dem berechtigten Verweis darauf schlüpft Scientology von der Täter- in die Opferrolle. Da freut sich die Organisation!
Man mag gegen uns einwenden: »Die hier zu lesenden Aussagen kann Scientology für eigene Zwecke nutzen und sich dabei sogar auf Kritiker beziehen!« Dem halten wir entgegen, daß alle Kritiker lieber einen Beitrag zu einer menschenwürdigen Auseinandersetzung liefern sollen, damit man in Zukunft sagen kann: »Es gab tatsächlich Tiervergleiche. Aber das ist jetzt vorbei.«
Wir werden totalitäre Methoden jedenfalls unter keinen Umständen mit totalitärer Rhetorik bekämpfen! Wen unsere Worte skeptisch lassen, den erinnern wir an das Motto von Albert Einstein auf der ersten Textseite dieses Buches.

»Danke für das Berufsverbot«

Im Herbst 1994 erläßt Bundesarbeitsminister Norbert Blüm eine Weisung gegen Scientology. Die Weisung geht an die Bundesanstalt für Arbeit und bezieht sich darauf, den Mitgliedern von Scientology die Erlaubnis zur privaten Arbeitsvermittlung zu verweigern. Die entscheidenden Sätze lauten: *»Eine*

Erlaubnis ist an Mitglieder der SC nicht zu erteilen, da diese nicht die gemäß § 23 Abs. 3 Satz 1 AFG erforderliche Zuverlässigkeit besitzen. Bereits erteilte Erlaubnisse sind wieder zu entziehen.« Im weiteren Text wird auch auf den Schutz der Daten von Bewerbern (auch im § 23 AFG) Bezug genommen. Als erste Entscheidung eines Ministers gegen scientologische Methoden im Personalbereich verdient der Schritt Anerkennung.

Für Scientology gerät ein wichtiges Geschäftsfeld in Gefahr. Wenn Scientology nur einen Funken strategischen Verstand aufbringt, muß sich die Organisation gegen den ersten regierungsamtlichen Schritt gerichtlich wehren und die Angelegenheit propagandistisch ausschlachten.

Rechtlich haltbar?

Natürlich klagt Scientology gegen die Weisung. Zum Zeitpunkt der Drucklegung dieses Buches steht das gerichtliche Urteil noch aus.

- Die Weisung läuft auf ein Berufsverbot hinaus. Dafür gibt es keine gesetzliche Grundlage. Die bloße Mitgliedschaft in einer nichtverbotenen Organisation dürfte sich als ein unzureichender Grund für die Erlaubnisverweigerung herausstellen.
- Nach unserem Wissen gibt es gar keine juristisch benutzbare Mitgliedschaft bei Scientology. Und selbst wenn es sie gäbe: Wie will man sie nachweisen?
- Die in der Weisung genannten Gründe mögen Kopfnicken und Zustimmung erhalten. Allerdings fehlen vermutlich die stichhaltigen Beweise, wenn statt der Mitgliedschaft im Einzelfall die Verstöße gegen das AFG geprüft werden müssen. In bezug auf die »Zuverlässigkeit« fehlt im AFG jegliche Definition. Wir möchten mit keinem Richter tauschen, der die Unzuverlässigkeit konkretisieren muß, um danach auch noch festzustellen, wie sie sich beim jeweiligen scientologischen Arbeitsvermittler bemerkbar macht ...

Praktisch durchführbar?

- Sofern sich die in der Weisung angezweifelte »Zuverlässigkeit« auf Angaben im Antrag beruft, können Scientologen kaum mit Schwierigkeiten rechnen. Dort geht es lediglich um Vorstrafen, Straf- und Ermittlungsverfahren, Gewerbeuntersagung und abgelehnte Anträge zur Arbeitsvermittlung.
- Im Antrag auf Zulassung zur privaten Arbeitsvermittlung werden ausschließlich allgemeine Daten erfragt. Es fehlen Fragen, mit denen man erlaubnisverweigernde Gründe für scientologische Technologie findet, wie zum Beispiel verwendete Methoden und Zugehörigkeit zu einer Organisation. Im Gegenteil: Wir erleben häufig, daß Scientologen im Personalbereich ohne professionelle Qualifikation arbeiten. Für diese Leute scheint eine der »Eignungs«möglichkeiten im Antrag wie geschaffen: »Waren Sie mindestens drei Jahre (davon mindestens einen Teil in den letzten zehn Jahren) berufstätig, und haben Sie eine anerkannte Berufsausbildung abgeschlossen?«
- Die Bundesanstalt für Arbeit könnte sich auf die »Auskunftspflichten der Erlaubnisinhaber« berufen (§ 24b AFG). Damit öffnen sich sogar die Türen der Geschäftsräume. Allerdings: Wie will die Bundesanstalt dabei Unzuverlässigkeit oder Datenmißbrauch feststellen? Die uns bekannten Fälle weisen zwar auf qualitativ schlechte Arbeit. Wir trauen Scientologen aber zu, daß sie die Intelligenz aufbringen, etwaiges Beweismaterial außerhalb des Büros zu lagern...

Was folgt daraus? Damit die Sache funktioniert, müßte der beantragende Scientologe einen Begleitbrief schreiben, in dem er seine formelle Mitgliedschaft oder seine Methoden des Datenmißbrauchs offenlegt und auch auf juristische Schritte gegen die Ablehnung seines Antrages verzichten. Würden Sie als Scientologe einen solchen Brief schreiben?
In einer Serie von Niederlagen vor höchsten Gerichten ist

Scientology schwer angeschlagen. Die armen Kerle brauchen einen Erfolg so sehr wie eine verdörrende Pflanze das Wasser. Jetzt gibt es neuen Stoff für Horrorgeschichten. Mit welchen Schlagzeilen wird sich Scientology profilieren und erneut um Mitleid betteln? Vielleicht eine weitere ganzseitige Anzeige in der New York Times vor dem Urteil: *»Deutscher Minister jagt Scientologen!«* Und nach einem für Scientology erfolgreichen Urteil: *»Berufsverbot abgewehrt – Scientology erkämpft gerechte Behandlung durch die deutsche Regierung!«* Schließlich mit Anzeigen in deutschen Zeitungen wie: *»Scientologen vom Gericht als Arbeitsvermittler zugelassen!«* Wir finden unsere Vorhersage mäßig lustig. Scientology kann sich freuen!

»Danke für die Panik«

Erinnern Sie sich an die toten Kaninchen in Abschnitt 4.4? Es geht dabei um eine der Varianten von Angst, die sich äußerst nützlich für Scientology auswirken. Etliche Politiker und auch Kritiker präsentieren die Gefahren durch Scientology auf eine Art, die sich von der Realität weit entfernt. Statt erneut darauf einzugehen, daß es keine Mörderbanden gibt, fragen wir nach den Folgen.

Wenn Sie darüber lächeln, daß jemand befürchtet, Scientology tötet Kaninchen: Wie denken Sie über einen der größten deutschen Konzerne, der sich aus Angst weigert, die Mitarbeiter über Scientology zu informieren?

Wenn Politiker ermuntern, sich gegen scientologische Methoden zu wehren und deren Drohungen zu ignorieren: Um welche Drohungen handelt es sich dabei? Dadurch wird keine Zuversicht gegeben, sondern dumpfe Angst zur Panik und zur Hysterie gesteigert. Diffuse Angst wirkt viel lähmender als eine konkrete Gefahr. Erscheint einem Spieler das Risiko zu groß oder unkalkulierbar, dann bleibt der Einsatz in der Tasche. Kurz gesagt: Wer die Gefahr übertreibt und diffus macht, der kann kaum damit rechnen, viele Menschen für den Kampf gegen die Gefahr zu gewinnen!

Über das lähmende Entsetzen als Reaktion auf die Horrorgeschichten kann sich Scientology zumindest teilweise freuen:

Die Zahl der aktiven Gegner bleibt gering. Und Scientology kann sich bei der Panik ein zweites Mal freuen: Diejenigen Gegner dieser Organisation, die sich über die Gefahr pauschal und übertrieben äußern, bleiben auch bei den Ratschlägen auf dieser Linie. Die pauschale Variante ruft auf zum »Entlarven« und »Maske abreißen«, während die übertriebenen Ratschläge zum »Kampf mit allen Mitteln« aufrufen, worunter man sich als Volksseele am ehesten so nette Dinge vorstellt wie »Menschenjagd« und »Aufhängen«. Selbst in der harmloseren Denunziationsvariante der Demaskierung muß man fragen: Was ist daran neu? Da reicht doch heute schon die leiseste Vermutung, ein Scientologe könnte sich unter der Maske befinden, um eine Heerschar von Journalisten anzulocken.

In Diskussionen darüber hören wir oft die Rechtfertigung, daß es sich bei Schlagworten um anschauliche und symbolische Wortbilder handelt. Wir glauben ja auch fest daran, daß ein Bild mehr sagt als tausend Worte. Aber: Passen muß das Bild schon für das, was es ausdrücken will ...

Teilweise scheint im Kampf gegen Scientology das Motto zu gelten: »Wenn der Feind die Spielregeln verletzt, machen wir das genauso!« Vielleicht auch: »Beim Glauben kommen wir schneller zu Ergebnissen als bei den Taten.«

Bleibt die Frage: Wenn man Scientology und anderen totalitären Gruppen ihren Glauben läßt (oder was sie dafür halten), an welche Taten muß die Auseinandersetzung anknüpfen, und welche Taten können die Gegner vollbringen?

8.2 Ausstieg aus der totalitären Organisation: Betroffene unterstützen

Wie kommt jemand aus einer »Sekte« heraus? Oft bleibt kein anderer Weg als der Selbstausstieg. Manchmal gelingt der Ausstieg mit der Unterstützung durch Berater. Immer kostet dieser Weg die Betroffenen unendlich viel Energie und Schmerz.

Der Weg heraus: Professionell beraten

Ausstieg aus eigener Kraft: Den Ausschluß provozieren ...

Der einfachste Fall für das Verlassen einer Gruppe liegt in der scheinbar passiven Form des Ausschlusses. Anlässe dafür können im Leistungsabfall oder im Verstoß gegen Regeln liegen. Wir bezeichnen diese Variante als »scheinbar passiv«, weil der Grund durch das eigene Verhalten zustande kommt. In diesem Sinne provoziert das Opfer den Ausschluß durch abnehmende Kraft oder abnehmende Identifikation. Der Wille zum Ausstieg liegt dann (in der Regel) vor – wenngleich noch schwach und nur teilweise bewußt. Es fehlt auch das letzte Quentchen Mut, Kraft und Entschlossenheit, um diesen Schritt aktiv zu gehen.

... oder selbst einen Schlußstrich ziehen

Anders verhält es sich beim aktiven Ausstieg aus eigener Kraft. Generell läßt sich sagen, daß dabei die Verlockung auf ein schöneres Leben kaum eine Rolle spielt. Daß danach *kein Paradies wartet,* sondern viele und schlimme neue Probleme – davon machen sich die Mitglieder ein ungeschminktes Bild. (Zum Zurückerinnern: Auf der Seite 78 gibt es dazu ein Schaubild.) Der Ausstieg orientiert sich deshalb an der *Unerträglichkeit des Bleibens.*

Zwei Hauptursachen. Im Prinzip lassen sich zwei Hauptursachen unterscheiden. Eine ergibt sich aus der Wahrnehmung, zunehmend *ausgebrannt* zu sein. Die Probleme innerhalb der Gruppe nehmen für den einzelnen zu, und irgendwann erreicht er den Punkt, an dem ein Bleiben unmöglich wird.
Mitglieder leben weitgehend isoliert von der Außenwelt. Eine geschickte Gruppe schottet ihre Opfer davon ab, damit bestimmte Elemente ihrer Ideologie und Methodik in ihrer Untauglichkeit oder Gefährlichkeit unerkannt bleiben. Ausstiegsgründe finden die Opfer der Gehirnwäsche deshalb selten aus dem Vergleich zwischen Innen- und Außenwelt der Gruppe. Häufiger geht es um einen *internen Widerspruch.*

Der interne Widerspruch entzündet sich selten an einer umfassenden Gesamtbilanz. Häufig stolpert jemand über Winzigkeiten:

- Eine deutsche Abiturientin ließ in den USA jede Menge Gehirnwäsche über sich ergehen und schreckte an einem einzigen Wort auf. Den Begriff »leader« übersetzte sie als »Führer«, erinnerte sich an die Untaten der Nazis aus ihrem Geschichtsunterricht und fühlte sich alarmiert.
- Eine in der Hierarchie aufgestiegene Frau erfuhr von einem Unfall eines Mitglieds. Der Unfall kam zustande, weil sich der Mann nach der Gehirnwäsche völlig überschätzte. Dieses Ereignis mußte geheim bleiben und stand damit im Gegensatz zum Prinzip der »Ehrlichkeit« in jener Gruppe. Die Frau erlebte einen Widerspruch.

Die Gehirnwäsche erreicht inzwischen mit einer ausgefeilten Methodik ziemlich perfekte Wirkungen. Trotzdem bleiben in den Opfern schlummernde *Reste ihrer Wertvorstellungen.* Ein persönlich erlebtes Ereignis kann Ansprüche auf Wahrheit, Ehrlichkeit oder eigenes Denken wachrufen. Dann entstehen Zweifel.
Ein Beispiel: Paula Pfiffig macht seit einem Jahr bei Scientology mit. Paula läßt zu – wie alle anderen auch –, daß sich die Organisation in ihre private Beziehung einmischt. Scientology macht in der Auseinandersetzung drei läppische Fehler:

- *Sprachgebrauch erzwingen.* Der Lebenspartner von Paula verhält sich gegenüber Scientology zögernd. Der Ethik-Offizier besteht darauf, daß der Lebenspartner als »Freund« bezeichnet wird statt als »Mann«.
- *Lügen.* Der Ethik-Offizier gibt eine falsche Auskunft und besteht auf seinem Standpunkt – auch nach Vorlage der korrekten Information.
- *Übertreiben.* Paula handelt sich Schwierigkeiten ein. Sie erhält durch die gruppeneigene Ethik-Justiz den Zustand »Zweifel«. Kopien gehen an diverse Stellen. Eine Stelle

wendet sich an Paula und benutzt dabei statt »Zweifel« das Wort für einen noch schlimmeren Zustand, nämlich »Feind«.

Und Paula steigt aus. Sie überläßt uns und Ihnen das schriftliche Urteil, das ihr den Ausstieg leichter machte:

Abbildung 8.1: Zustandszuweisung Zweifel

Hamburg, 4. 3. 95 Kopie an:
Staff Notice Board / Training Officer / PC-Folder / Qual-Sec

Zustandszuweisung Zweifel für Paula Pfiffig
Hiermit wird Paula Pfiffig der Ethik-Zustand Zweifel zugewiesen. Paula schloß am 14. 8. 94 den xy-Kurs ab. Sie war und ist nicht bereit, den nächsten Schritt auf der Brücke (abc-Kurs) zu starten, da sie jeden weiteren Service mit ihrem Mann, Helmut Helle, gemeinsam machen möchte. Helmut ist seit Abschluß des Dingsbums-Kurses (August 1994) nicht mehr auf Linie. Paula war trotz mehrfacher Interviews beim I & R-Officer der Mission nicht bereit, ihre Einstellung zu ändern.
Sie wird hiermit angewiesen, sich umgehend beim I & R zu melden, um sich in die Ethikzustände als Student und Scientologe hochzuarbeiten, wobei das HCOPL v. 19. Okt. 68 und HCOPL v. 18. Dez. 82 »Ethik-Zustände – Steckenbleiben bei Zweifel« beachtet werden müssen.
Detlev Stahlfaust
I & R Hamburg Msn.

Übrigens: Für die innerscientologischen Führungskräfte führt das zu einem lachenden und einem weinenden Auge. Einerseits macht es vermutlich Spaß, eigenen Frust an Leuten mit niedrigerem Rang ordentlich auszutoben. Andererseits unterliegen auch Führungskräfte der gleichen »Rechtsprechung«.

Ausstieg mit Beratung

Ausstieg aus einer totalitären Organisation bedeutet in erster Linie Einstieg in die Ungewißheit. Deshalb brauchen die meisten Betroffenen eine Unterstützung, mit der sie zu der Einschätzung kommen: »Es spricht mehr dafür, jetzt aufzuhören.« Gehen Sie davon aus, daß Sie als Laie bei einem Mitarbeiter oder Familienmitglied absolut keinerlei Chancen haben, den Ausstieg zu beschleunigen oder gar erfolgreich zu bewirken.

Hindernisse für Chefs, Kollegen und Angehörige:

- *Eigene Betroffenheit.* Als Chef, Kollege oder Verwandter verhält man sich befangen und aufgewühlt. Außerdem neigt man dazu, das Gruppenmitglied mit eigenen Sichtweisen zu »missionieren«, und geht damit an dessen Problemen vorbei.
- *Gegenargumente.* Jede Gruppe kennt die spärlichen Überredungsversuche von Laien und neutralisiert ihre Opfer mit entsprechenden Gegenargumenten.
- *Unkenntnis.* Aus den erzählten Andeutungen weiß man als Laie so wenig über die Gewohnheiten, Rituale, Denkweisen usw., daß man mit Sicherheit die tatsächlich heiklen Punkte verfehlt.

Als Laie wirkt man überredend und missionarisch. Statt Überzeugung für den Ausstieg stärkt man die Bindung an die totalitäre Gruppe! – Wie gehen Sie im Fall von Alkoholismus im Betrieb vor? Versuchen Sie die betroffene Person zu überreden, oder beziehen Sie Fachleute ein? Banaler ausgedrückt: Wenn jemand unter Magenschmerzen leidet, kommen Sie niemals auf die Idee, zum Küchenmesser zu greifen und den Bauch aufzuschneiden. Machen Sie es bei Opfern totalitärer Systeme auch so. Schalten Sie Fachleute ein, die sich auskennen!

- *Typische Gefühle und Gedanken kennen.* Fachleute wissen aus Erfahrung, welche Emotionen, Bewußtseinslagen und Überlegungen das Opfer als Gesprächspartner mitbringt.
- *Günstige Momente nutzen.* Fachleute wissen bei der jeweiligen Gruppe, welche kritischen Ereignisse und Situationen einen günstigen Moment darstellen. So geraten die Opfer in bestimmten Phasen systematisch in tiefgreifende Krisen. Beispiel: Bei »Lifespring« endet die Phase mit unerreichbaren Akquisitionsaufgaben in einem Wochenendseminar. Die letzten drei Tage vor diesem Ereignis befinden sich die Novizen so voller Selbstzweifel und Ängste, daß sie sich relativ schnell auf einen Ausstieg ansprechen lassen.
- *Das Spiel kennen.* Kaum etwas beeindruckt ein Opfer vor dem Ausstieg sosehr wie eine Fachsimpelei über Spiele, Übungen, Rituale sowie Klatsch und Tratsch über hochrangige Gruppenmitglieder. Ein Mitglied nimmt nur jemanden ernst, der sich im Detail auskennt. Alle anderen »haben keine Ahnung und wollen die Gruppe nur madig machen«. Und wer sich auskennt, kann auch Dinge bewußtmachen. Beispiel: In vielen Gruppen gibt es Seminarabschnitte, die drei bis vier Stunden dauern, im Trancezustand ablaufen und deshalb im nachhinein als eine Sache von wenigen Minuten erscheinen. Die Konfrontation mit solchen Fakten gehört zu den wichtigen Elementen einer Ausstiegskonzeption.
- *Die Situation gestalten.* Nahezu jede Gruppe erfordert ein anderes Vorgehen bei der Ausstiegsberatung. Die Systematik bedingt spezifische Antworten auf viele Fragen, wie etwa:
  - Beratung durch einen oder mehrere Fachleute?
  - Wie wird die Familie einbezogen?
  - Welche aktuellen Hemmnisse gibt es für den Ausstieg?
  - Soll sich das Opfer schnell oder langfristig entscheiden?
  - Welche Reaktion der Gruppe muß man einkalkulieren?
  - Was muß für die ersten Tage und Wochen bedacht werden?

– Wo findet die Beratung statt?
– Wie überwindet man das Mißtrauen am Anfang?

- *Über eine nützliche Konzeption verfügen.* An diesem Punkt gibt es in Deutschland noch viel zu erarbeiten. Günstig wirkt sich aus, daß es eine Reihe ernsthafter und erfahrener Berater gibt. Allerdings: Die Erfahrungen liegen verstreut über das ganze Land. Niemand fügt sie bisher zusammen. Und erst dann kann die eigentliche konzeptionelle Arbeit beginnen: das Entwickeln einer überprüfbaren Systematik, die man für unterschiedliche Gruppen konkretisieren kann, die geeignete Gesprächstechniken beinhaltet und sich als Qualifikation vermitteln läßt. Hierbei werden wir vom fortgeschrittenen Stand in den USA viel lernen und sogar manche Dinge übernehmen.[1]

Nach dem Ausstieg: Neue Wege ermöglichen

»Jetzt beginnt das neue Leben!« Die erwartungsvolle Haltung des gerade Ausgestiegenen dauert nur ganz kurz. Beim ersten Augenaufschlag sieht dieser Mensch nur eines: *Nichts!* Was bedeutet das konkret?

- Im günstigsten Fall nimmt die Familie das »verlorene Kind« erleichtert auf. Dann beginnt die peinliche Unfähigkeit, miteinander zu kommunizieren.
- Materiell und sozial herrscht gähnende Leere. Meist fehlt die für den Menschen notwendige Verwirklichung in der Arbeit.
- Die psychischen Nachwirkungen schlagen häufig und wechselhaft zu. Depressionen stehen im Vordergrund. Es stellen sich Gefühle ein wie nach einer euphorischen Liebe mit anschließender Schändung und Demütigung. Ein weiterer Gefühlsbereich bezieht sich auf ein geradezu süchtiges Verlangen nach Orientierung und Autorität, was zur Entscheidungsunfähigkeit in einfachsten Situation führt.
- Und wem das noch zuwenig erscheint: *Es fehlt an Sinn.* Der Terror eines totalitären Systems fällt weg – doch damit

auch die Orientierung an einem Sinn des Lebens. Die Familie oder die Berater oder sonstwer können keinen Sinn anbieten, der auch nur halbwegs akzeptabel wäre.

Was danach folgt, läßt prinzipiell zwei Möglichkeiten zu: Es gelingt aus eigener Kraft allmählich eine Neuorientierung, oder man versinkt in den negativen Folgen der Gehirnwäsche. Zu dieser zweiten Möglichkeit schlagen wir eine Alternative vor, die das Elend für viele Betroffene mildert und die Hilflosigkeit der Berater berücksichtigt.

Aussteiger als Aufklärer: Erfahrungen nutzen

Inzwischen gibt es auch in Deutschland eine ganze Reihe von Menschen, denen der Ausstieg aus einer totalitären Organisation gelang und die aus dem bitteren biographischen Einschnitt persönliche Konsequenzen ziehen, um anderen Menschen ähnliche Erfahrungen zu ersparen:

- Der Öffentlichkeit liegen Erfahrungsberichte als *Bücher* vor, die einen Einblick in das Innenleben von bestimmten Gruppen ermöglichen.
- Seit 1994 steigt die Zahl der *Vorträge* zu diesem Thema steil an. Viele Aussteiger beteiligen sich dabei. Veranstalter sind Unternehmen, Verbände und private Organisationen.
- Mindestens so wertvoll wirkt die ehrenamtliche Arbeit im Rahmen der *Selbsthilfe:* Aktuell betroffene Familien finden durch die Ehemaligen dringend benötigte Hilfe, Hinweise und Gesprächspartner für ihre verzweifelte Situation.
- Schließlich wird manchen das erlittene Schicksal zum Beruf auf der »anderen Seite«: Als intime Kenner der internen Abläufe und Verhältnisse eignen sie sich für die *Ausstiegsberatung*. Wer den seelischen Zustand während der Zugehörigkeit zur Gruppe kennt, macht weniger falsch und kann eher überzeugen.

Soweit die Sonnenseite. Welche Schwierigkeiten müssen gleichzeitig in Betracht gezogen werden? Das Engagement der Aussteiger bezieht sich auf zwei Dinge: Einerseits geht es um den *rationalen* Aspekt, gegen totalitäre Organisationen etwas zu unternehmen und andere Menschen präventiv aufzuklären oder im konkreten Fall zu helfen. Andererseits gibt es den *emotionalen* Anteil: Niemand übersteht die Gehirnwäsche und alle schlimmen Folgewirkungen ohne gefühlsmäßige Irritation in der ersten Zeit nach dem Ausstieg.

Betroffenheit bewirkt eine Stärkung der Glaubwürdigkeit, aber auch eine eingeschränkte Orientierung für das Engagement. Unser Bild von der Zeit nach dem Ausstieg besteht im Vergleich mit einer über zwei bis vier Jahre abklingenden Wellenbewegung. In bestimmten Phasen kommt es beispielsweise zu überspitzten Gefühlen wie extremer Angst oder Bagatellisierung. Die Folgen zeigen sich dann in Gesten der verbalen Aggression, der Hilflosigkeit oder der Beschönigung.

Wie kann man damit umgehen? Ein Aspekt bezieht sich auf die Begegnung mit Aussteigern: Wer ihnen aufmerksam, geduldig und verständnisvoll zuhört, kann gut über Merkwürdigkeiten hinweggehen, die in oft eigenartigen Formulierungen zuerst auffallen. Für die eigenen Konsequenzen empfehlen wir Ihnen, zwischen den Fakten einerseits und der berechtigten Betroffenheit andererseits zu unterscheiden.

Und welche Konsequenzen ergeben sich für die Aussteiger selbst? Da läßt sich der Rat erheblich leichter aussprechen als verwirklichen: Bei den meisten aktiven und engagierten Aussteigern sehen wir einen Bedarf an systematischen Gesprächen oder an psychotherapeutischer Verarbeitung. Zum Vergleich verweisen wir hier auf die Danach-Situation der Opfer von Vergewaltigung und Folter.

Allerdings: Wo soll diese professionelle Hilfe herkommen? Es wird noch gut zwei Jahre dauern, bis Umrisse einer spezifischen Gesprächsführung oder Therapie vorliegen. Und es wird weitere zwei bis drei Jahre dauern, bis ein solches Konzept einigermaßen flächendeckend angeboten wird.

Zu der düsteren Perspektive, daß vor dem Jahr 2000 wenig von dieser notwendigen Hilfe verfügbar ist, kommt eine weitere schlechte Nachricht: Aussteiger, die »nur« etwas Therapie brauchen, machen in der Gesamtgruppe der Aussteiger einen eher winzigen Anteil aus. Die meisten brauchen auch andere Unterstützung. Wenn das Gesamtproblem also umfangreicher ist, welche Lösung läßt sich schnell verwirklichen und bietet zudem größtmögliche Aussicht auf Erfolg? Eine Idee dazu finden Sie im nächsten Abschnitt.

Betreuungsbedürftige: Berufliche Rehabilitation

Was geschieht mit den meisten Menschen, wenn sie eine totalitäre Organisation verlassen? In welcher Situation stecken diese Personen? Hier einige Stichworte: orientierungslos, verschuldet, arbeitslos und einsam. Nur wenigen gelingt es, ein erfülltes Leben mit Arbeit und sozialer Beziehung erneut aufzubauen.

Wenn jährlich nur wenige Prozent der Mitglieder ihre Gruppe verlassen, müssen wir von über eintausend Menschen (jährlich!) ausgehen, die auf diesem Weg seelisch und sozial zum »Krisenfall« werden und in jeder Hinsicht im Elend leben. Manche Exmitglieder finden eine aufopfernde Re-Integration in der eigenen Familie. Die anderen gehen in allgemeinen Statistiken unter. Ihr Schicksal findet keine Resonanz in den Medien, und es gibt kein gesellschaftliches Auffangsystem. Ihr Weg führt in die deprimierende »Auswahl« zwischen Sozialhilfe, Psychiatrie oder Selbstmord.

An welchen bewährten Möglichkeiten kann sich eine Lösung dieses Problems orientieren? Unsere Gesellschaft verfügt bereits über ein differenziertes Netz zur Rehabilitation. Spezielle Einrichtungen bestehen für bestimmte körperliche Beeinträchtigungen. Beispiele: Herzinfarkt, Drogen, Behinderung.

Das Ziel besteht darin, die Auswirkungen zu minimieren sowie einem Menschen wieder Gesundheit und Berufsfähigkeit zu ermöglichen. Das Betreuen umfaßt Fachleute aus der Medizin, Psychologie, Sozialarbeit und Pädagogik. Die rechtlichen Voraussetzungen liegen vor. Die Finanzierung erfolgt – je nach Situation – durch Arbeitsamt, Rentenversicherung, Berufsgenossenschaft oder ähnliche Gemeinschaftskassen.

Deutschland verfügt in diesem Bereich über ein hohes Niveau, das auch im internationalen Vergleich gut besteht. Seit Anfang der 80er Jahre erweiterten die tragenden Institutionen das Reha-Netz beträchtlich. Dazu gehören auch therapeutische Angebote und berufsbezogene Qualifizierungen in Berufsförderungswerken.
Die Idee lautet also, Aussteiger über den Weg der beruflichen Rehabilitation wieder in das »normale« gesellschaftliche Leben zu integrieren. Was ergibt sich daraus?
Folgende Fragen suchen zunächst eine Antwort:

- *Anspruchsberechtigung.* Die meisten Mitglieder einer totalitären Gruppe entrichten laufend Abgaben zur Sozialversicherung. Der Fall von fehlenden Sozialbeiträgen dürfte relativ selten vorkommen. Er betrifft einen Teil der hauptamtlichen Funktionäre. Aber auch für diese Teilgruppe muß geprüft werden, welche Möglichkeit einer Nachversicherung besteht. Eine ersatzweise Anspruchsberechtigung aufzubauen dürfte unrealistisch sein.
- *Einbinden der Kostenträger.* Die Durchsprache mit den Trägern steht auf jeden Fall an. Schließlich handelt es sich um eine »offiziell« bisher noch unberücksichtigte Gruppe für die berufliche Rehabilitation.
- *Einbinden der politischen Ebene.* Die politische, das heißt hier juristische, Zuständigkeit liegt vermutlich beim Bundesarbeitsminister. Nach aktueller Rechtslage darf die berufliche Rehabilitation ehemaliger Mitglieder keinesfalls in den Begriffen eines »Kampfes gegen die Sekten« erfolgen. Nachdem dieses Konzept nur die Folgen der Zugehörigkeit angeht, besteht auch keine Gefahr, gegen ein entsprechendes Gerichtsurteil zu verstoßen, das dem Staat bisher die Hände bindet, Maßnahmen und Aktivitäten gegen totalitäre Gruppen zu finanzieren. Der politische Wille muß sich »nur« darauf beziehen, daß es eine Gruppe von Menschen gibt, die vor einem gemeinsamen Problem stehen, das sie alleine kaum bewältigen können.

- *Erlittene Gehirnwäsche als Behinderung.* Es muß dem politischen Klärungsprozeß ebenfalls überlassen bleiben, ob diese Problematik in eine bestehende Kategorie von »Behinderung« paßt. Möglicherweise muß eine Bezeichnung erst gefunden werden. Ein Krankheitsbild »unterhalb« von Psychosen dürfte definierbar sein. Damit liegt eine Voraussetzung der beruflichen Rehabilitation vor, nämlich die Entfremdung von der früheren beruflichen Tätigkeit. Eine abschließende Antwort muß hierbei auch die Kostenträger einbinden.
- *Einbinden der Berufsförderungswerke.* Die Institutionen der beruflichen Rehabilitationen verfügen inzwischen über Personal, Verlaufspläne und Erfahrungen mit psychischen Behinderungen. In einigen Berufsförderungswerken liegen sogar praktische Erfahrungen mit religiösen Wahnideen vor. Vielleicht lassen sich daraus Erkenntnisse auf das hier angesprochene Konzept übertragen.

Neue Zielgruppen für Berufsförderungswerke werden am besten berücksichtigt, wenn zwei oder drei Einrichtungen ein »Modellprojekt« installieren. Hier können die Experten feststellen, worauf zurückgegriffen werden kann und welche Neuerungen noch fehlen. Dies kann sich auf Zusatzqualifikationen des Personals und auf prozeßbezogene Änderungen innerhalb der Ausbildung und der begleitenden Dienste richten.

Womit bricht diese Idee?

Der Weg über die berufliche Rehabilitation (als systematische Re-Integration in die Gesellschaft) schließt andere Vorstellungen ausdrücklich aus.

- *Problembewältigung aus »eigener« Kraft.* Es gibt einzelne positive Beispiele, bei denen sich jemand »am eigenen Zopf aus dem Sumpf« zieht. Das kann darüber hinwegtäuschen, daß vermutlich über 95 Prozent der Betroffenen dabei versagen, die Folgen nach dem Ausstieg alleine zu bewältigen. Das bleibt bisher unbemerkt von der Öffentlichkeit.

- *Betreuung durch Berater.* Die Rehabilitation der Aussteiger kann aus unserer Sicht nur gelingen, wenn ein umfangreiches, vieldimensionales und ganzheitliches Konzept zur Verfügung steht. Das schließt eine schnelle und häufige Ansprechbarkeit ein und auch eine Dauer von eher drei als nur zwei Jahren. Dieses Konzept muß Profis zur Verfügung stellen,
  - die einen kompletten neuen Beruf vermitteln;
  - die bei der Entschuldung mithelfen;
  - die eine spezifische Psychotherapie anbieten;
  - die Betroffene mit gleichen Problemen zusammenbringen;
  - die andere soziale Bezüge herstellen;
  - die neue Freizeitaktivitäten möglich machen;
  - die eine Wohnmöglichkeit bereitstellen;
  - die Schutz vor Belästigung gewährleisten;
  - die Trainings für Bewerbungen durchführen usw.

Bereits ein flüchtiger Blick in die Szene der Berater zeigt, daß dort ein Zustand von Aufopferung und Ausbrennen herrscht. Und trotzdem gelingt nur in wenigen Fällen ausreichende Hilfe beim Betreuen der Betroffenen nach dem Ausstieg. Daran würde auch eine Aufstockung des Personals um das Zehnfache wenig bewirken: Die Re-Integration erfordert Kapazitäten und Qualifikationen, die mit einer Beratungstelle nie erreicht werden können.[3]

8.3 Die Wirtschaft: Gemeinsam handeln

In den bisherigen Kapiteln erfuhren Sie, welche Gefahren und damit Relevanz dem Thema »Scientology« gebührt. Zwar behaupten wir, daß sich Scientology auf einem absteigenden Ast befindet – aber der Schaden für Unternehmen kann punktuell groß ausfallen und für das Unternehmen sogar die Existenz bedrohen.

Nun könnte man erwarten, daß die Wirtschaft versucht, diesem systematischen Streben der Organisation etwas entgegenzusetzen, sich zu organisieren und effiziente Präventivmaßnahmen zu ergreifen. Und was passiert? Sehr wenig.
Die Frage: »Woher bekomme ich eine Liste mit Tarnfirmen der Scientology-Organisation« ist eine der meistgestellten Fragen bei Vorträgen oder Veranstaltungen in Unternehmen oder Verbänden. Es kursieren Listen – mit den Tarnfirmen von Scientology –, die einige wenige Institutionen sammeln und die sehr unterschiedliche Qualität aufweisen: Zum Teil werden sie nur an sehr vertrauenswürdige Personen gesandt, zum Teil aber auch wild gestreut und teilweise als geheimnisvolles Insiderwissen gehandelt.
Es gibt Listen, die auch Namen von Einzelpersonen enthalten. Über eine IHK-Veranstaltung bekamen wir beispielsweise eine Liste von angeblich scientologischen Personen mit deren Privatanschrift. Es blieb unklar, von wem die Liste stammt – eine in unseren Augen unentschuldbare Verletzung des Persönlichkeitsrechts, unfair und unlauter: Woher weiß ich, daß die betroffenen Personen wirklich Scientologen sind? Wer steht dafür gerade? Wer sagt mir, daß die Personen immer noch scientologische Methoden anwenden?
Daß solche Listen in mehrfacher Hinsicht problematisch sind, haben wir in Kapitel 1 erläutert.
Betroffene Unternehmen gehen dann an die Öffentlichkeit, wenn zu viele Kreise involviert sind. Unternehmensleitungen verlangen hektisch von Mitarbeitern Informationen, lassen sich Papiere machen. Sobald eine Firma in einen »Fall« gerät – ob schwerwiegend oder eher vernachlässigbar –, macht sich Aktionismus breit. Berater werden engagiert, man spricht mit den Kirchen, den freien Initiativen, dem Werkschutz. Und wenn der Fall im Unternehmen abgeschlossen ist, verschwindet das Thema wieder in der Versenkung und wird tabuisiert.
Natürlich gibt es löbliche Ausnahmen. So laden Unternehmen Referenten ein, die vor Personalleitern sprechen, zur Weihnachtsfeier oder im Gremienprogramm. Nach einem sol-

chen Vortrag macht sich Betroffenheit breit. Aber: In der Regel war es das auch.
SINUS, ein Verein in Frankfurt am Main, der sich zum Ziel gesetzt hat, auch diesen Teil der Sektenproblematik zu bearbeiten, versuchte im letzten Jahr, einen Arbeitskreis Wirtschaft zu gründen. Ein glatter Fehlschlag. Selbst Unternehmen, die massiv betroffen waren, machten einen Rückzieher – oft nach anfänglicher Zusage der Mitarbeiter, die sich mit der Thematik beschäftigten (aber dann kam von oben die Absage).
Auch hier gilt: Es gibt Ausnahmen. Einige Konzerne tauschen sich in kleinen, geheimen Zirkeln aus.
Warum verhält sich die Wirtschaft so?
Ein Austausch von Wissen, Erfahrungen und Strategien könnte allen Beteiligten großen Nutzen bringen und/oder Schaden verhindern. Die Unternehmensleitungen mauern bei einem Thema, das von den Fachleuten als wichtig, zukunftsweisend sowie gesellschaftlich und unternehmerisch relevant beurteilt wird. Die Themen Scientology und Sekten in Unternehmen werden oft verdrängt.
Parallelen zeigen sich, wenn man die Sektengefahr mit dem Thema Alkohol vergleicht. Als Betriebe anfingen, dieses Thema zu bearbeiten, ging man auch verschämt und tabuisierend vor. Erst als deutlich wurde, welche Verluste die Alkoholsucht im Unternehmen verursacht, entstand ein Sogeffekt mit dem Ergebnis, daß es heute in nahezu allen größeren Unternehmen Programme und Regeln für den Umgang mit dieser Sucht gibt. Das Thema ist enttabuisiert, wird offen behandelt.
Warum also nicht auch beim Sektenthema?
In einem Gespräch mit einem intimen Kenner der Konzernspitzen der deutschen Wirtschaft verwies dieser auf frühere Erfahrungen mit einem anderen Thema: Es gab in den 70er Jahren einige Spionagefälle in der Wirtschaft. Auch hier war der anfängliche Aktionismus groß. Der daraufhin begonnene Versuch, das Thema auf übergreifender Verbandsebene zu behandeln, mißlang genauso wie der bescheidene Versuch von SINUS, einen übergeordneten Erfahrungsaustausch zu orga-

nisieren. Diese Erkenntnis mildert den Frust über das Mißlingen unseres Versuches.
Warum handeln Unternehmen beim Thema »Sekten« nicht so, daß sie sich selbst ausreichend informieren und dadurch schützen? Folgende Gründe haben wir ausgemacht:

- Die Thematik ist extrem kompliziert. Viele sagen heute, daß Scientology »böse« ist, aber keiner kann erklären, warum. Das ist keine gute Basis, um in die Analyse einzusteigen.
- Die Thematik berührt sehr eng unternehmerische Felder, wie etwa den Umgang mit eigenen Mitarbeitern, die Unternehmensphilosophie, Fragen der Identity, Führungsstil etc. Manch einer fragt sich nach der Beschäftigung mit dem Gehirnwaschmechanismus: »Ähneln sich Punkte, die wir bei Scientology kritisieren, mit dem Verhalten unseres Unternehmens?«
- Der Homo sapiens – und Vorstände gehören auch zu dieser Spezies – ist ein Weltmeister im Verdrängen. Sowohl das Thema »Spionage« wie auch das Thema »Unterwanderung« durch Scientology sind unangenehm. Warum muß man sich damit beschäftigen? Also denkt er: »Es sind doch nur Einzelfälle, die wir schnell lösen konnten, auch wenn der Imageschaden beträchtlich ist. Aber es ist jetzt vorbei – und wir haben andere Sorgen, als uns mit obskuren Gruppen zu beschäftigen, die vielleicht gesellschaftlich schädlich sind.«

Sicher gibt es weitere Gründe. Beim Thema »Totalitäre Organisationen« stehen wir erst am Anfang. Der fehlende Erfolg der klassischen christlichen Kirchen, die Technisierung und Computerisierung der Arbeitswelt und der Erfolgsdruck vom Arbeitsmarkt werden das Entstehen neuer Psychosysteme fördern. Menschen suchen in Krisensituationen nach Halt. Dazu gehören eben auch mystisch-religiöse Systeme.
Wir können die persönlichen Krisen nicht verhindern. Es ist auch nicht davon auszugehen, daß sich die Konkurrenz in der

Arbeitswelt verringert. Wir bezweifeln, daß sich die klassischen Religionen so wandeln können, um den Menschen auf die heutigen Fragen ausreichende Antworten zu geben.

8.4 Kirchen und Vereine: Anlaufstellen und Initiativen

Kirchen: Die breiteste Anlaufstelle

Der Bedarf bestimmt das Angebot: Als in den 70er Jahren die Jugendreligionen wie Pilze aus dem Boden schossen, wandten sich viele Eltern an die vertraute Institution: eine christliche Kirche. Hier suchten sie Rat und Hilfe in der bedrängenden Situation, wenn sie ihr Kind an eine der Bewegungen verloren glaubten. Die steigende Zahl von Anfragen dieser Art führte zur Spezialisierung. Anfang der 80er Jahre wurden die ersten Referate eingesetzt. Bekanntester Vertreter war Friedrich W. Haack, der mit seinen Kampagnen und Veröffentlichungen entscheidende Grundlagen für das Analysieren dieser Gruppen in Deutschland schuf.
Lassen wir den Leiter des katholischen Referats »Weltanschauungsfragen« in Frankfurt am Main, Lutz Lemhöfer, seine Aufgabe selbst beschreiben[3]:
»Ein einziger Gang durch die Frankfurter Einkaufsmeile macht es überdeutlich: ›Weltanschauung‹ ist ein Wachstumsmarkt. Mehrere hundert Gruppen und Grüppchen konkurrieren auf dem Markt der Sinnsuche um Gefolgschaft und/oder zahlende Kunden. Während die Bindungskraft der alten ›Marktführer‹, der großen Volkskirchen, erkennbar nachläßt, versuchen andere die frei werdenden Räume zu besetzen. Das Feld ist freilich bunt und extrem unübersichtlich.
Mindestens in Ansätzen hier einen Durchblick oder Überblick zu ermöglichen, ist die Aufgabe des Referats Weltanschauungsfragen. Diese Aufgabe erfordert dreierlei: Sammlung von Informationen, Öffentlichkeitsarbeit und Konfliktberatung. Dies ist freilich kein Selbstzweck, sondern hat so etwas wie

›religiöse Verbraucherberatung‹ zum Ziel. Wer von einer weltanschaulichen Werbung neugierig gemacht wurde, soll die Chance haben, seine Erlebnisse und Erfahrungen mit einer kritischen Sicht von außen zu verknüpfen oder zu konfrontieren. Wer sich von umfassenden Heils- oder Heilungsversprechungen unbekannter Herkunft fasziniert oder bedrängt fühlt, soll das öffentlich verfügbare Hintergrundwissen erlangen können, das von den Heilspredigern selbst verschwiegen wird.«

Die großen Volkskirchen unterhalten in vielen Großstädten derartige Referate. Will man deren Hilfe in Anspruch nehmen, so steht die Tür für jeden offen – unabhängig von seiner eigenen Religionszugehörigkeit.

Was können die kirchlichen Anlaufstellen leisten? Sie erleichtern das Verstehen: Die entsprechenden Stellen unterhalten umfangreiche Archive mit Hinweisen über viele Gruppen, können Rat zum Vorgehen geben; die Berater verfügen teilweise über eine jahrelange Erfahrung und kennen die Mechanismen der einzelnen Gruppen. Sie kennen auch die jeweiligen Spezialisten und können qualifiziert helfen.

Wichtig auch: Sie können Rat für den Umgang der betroffenen Familien mit sich selbst geben. Die Mitgliedschaft eines Verwandten in einem totalitären System belastet oft die ganze Familie. Um deren Wohlbefinden kümmert sich sonst keiner.

»Oft ist die EAW die letzte Anlaufstelle, da Ärzte und Psychiatrie schon aufgesucht wurden. Hier ist gemeinsam mit Ärzten und anderen Stellen an einem Hilfsnetz für spirituelle Krisen zu arbeiten, da es eine hohe Plausibilität hat, daß nicht alle Erscheinungen als pathologisch abgetan werden können.«[4]

In Frankfurt am Main erreichen im Jahr etwa 2000 bis 3000 Anfragen von Personen und Institutionen die jeweiligen Beauftragten für Weltanschauungsfragen.

Die konfessionellen Berater bieten einen entscheidenden Vorteil gegenüber den staatlichen Stellen: Sie können eindeutig Stellung beziehen und sind nicht eingezwängt in eine staatliche Unparteilichkeit bei der Beurteilung gefährlicher Methoden.

Initiativen durch Betroffene

Eine bunte Szene schillert durch die deutschen Lande. Da gibt es Elterninitiativen, die noch aus den 70er Jahren und den Zeiten der »Jugendsekten« stammen. Da gibt es private Vereine und Selbsthilfegruppen unterschiedlichster Zielsetzung und Qualität. Sie alle wirken gegen Sekten, und fast alle streben an, den Betroffenen zu helfen.
Was kann so ein Verein bewirken?

Ein Beispiel: SINUS e.V., in dem wir mitwirken, wurde 1991 als privater Verein gegründet – von Betroffenen und einigen kirchlichen Sektenberatern. Zielsetzungen:

- Den Angehörigen von Sektenmitgliedern und Ehemaligen eine Plattform bieten, auf der sie sich – in geschütztem Raum – austauschen können.
- Die Öffentlichkeit aufklären.
- Beratung über den kirchlichen Rahmen hinaus anbieten – etwa durch Ehemalige und durch Familienangehörige, die sich bei einer bestimmten Gruppe besonders gut auskennen.
- Lobbyarbeit bei Politik und Behörden leisten.

Einzige Profis in diesem Verein sind die kirchlichen Sektenberater. Und so trifft man – will man diese Ziele verwirklichen – erst einmal auf eine Fülle von Herausforderungen:

- Wie berät man als Laie oft verzweifelte Angehörige? Die Mitglieder sind sich ihrer Verantwortung bewußt, daß man bei der Beratung vor allem eine Menge Fehler machen kann. Wo zieht man als einzelner die Grenzen? Es gibt noch kein fundiertes Konzept für die Beratungsarbeit. SINUS arbeitet daran und versucht dabei, auch Wissenschaftler ins Boot zu ziehen.
- Wie macht man Öffentlichkeitsarbeit mit geringen Mitteln? Der Phantasie sind keine Grenzen gesetzt, will man mit viel Goodwill und wenig Geld etwas bewirken.

- Wie macht man Lobbyarbeit – systematisch und fundiert? Vor allem braucht man viel Zeit dazu. Daran hapert es den privaten Initiativen. Bis auf wenige Ausnahmen arbeiten die Mitglieder ehrenamtlich für den Verein – und arbeiten »daneben« alle in mehr oder weniger anstrengenden Jobs.
- Wie treibt man Geld auf? Wie bekommt man regelmäßige Einnahmen, mit denen man auch kalkulieren kann? SINUS hält bewußt den Mitgliedsbeitrag extrem niedrig. Spenden kommen punktuell, der Staat darf Vereine dieser Art nicht unterstützen. Die Gemeinnützigkeit hilft ein wenig. Also werden Quellen angezapft, denen die Arbeit des Vereins nutzt und die eine Spende verkraften können.
- Wie organisiert man Sprechstunden, wenn es nur Ehrenamtliche und kaum Geld für Teilzeitkräfte gibt? Ein wichtiger Aspekt ist die Erreichbarkeit. Dank der Fortschritte der Telekom wird also ein Umschalttelefon eingerichtet, so daß man in die Wohnungen der Mitglieder schalten kann, ohne deren Privatnummern veröffentlichen zu müssen.
- Wie sammelt und katalogisiert man Informationen? Wie bewertet man sie?
- Wo gibt es Verbündete? Jedes Vereinsmitglied hat ein anderes Netzwerk. Und nach einiger Zeit spricht sich auch im privaten und beruflichen Umfeld das Engagement herum. So kommt es, daß man hier und da einen Tip von wichtigen Leuten bekommt, Zeitungsausschnitte aus weit entfernten Regionen und um Hilfe gebeten wird, wo höchste Geheimhaltung angesagt ist.

SINUS leistet schon eine Menge, aber es bleibt unendlich viel zu tun. Und wünschenswert wäre es, wenn sich die verschiedenen privaten Organisationen zusammentäten. Doch das ist noch Zukunftsmusik, denn wie immer in jeder Szene: Sie zeichnet sich durch extreme Qualitätsunterschiede, abweichende Vorstellungen von Verantwortungsbewußtsein und durch Zerstrittenheit aus. Jeder Verein will natürlich nur das Beste – und jeder hat andere Schwerpunkte und Fähigkeiten. Die »Sekten« profitieren davon. Vielleicht gelingt es in der

Zukunft, wenigstens punktuell an einem Strang zu ziehen und sich zu spezialisieren. Das wäre schon ein großer Fortschritt gegenüber dem jetzigen Zustand.

8.5 Gewerkschaften und Berufsverbände: Mitglieder schützen

Gewerkschaften erkämpfen bessere Arbeits- und Lebensbedingungen für ihre Mitglieder und wehren Verschlechterungen ab. Ein Mitglied, das Gehirnwäsche erhält, kann seinen Arbeitsplatz verlieren und sich lebenslang verschulden. Dieses Mitglied braucht auch die schützende Hand seiner beruflichen Interessensvertretung.
Und wie verhält es sich mit anderen berufsständischen Organisationen, wie etwa den Verbänden für Makler, Berater usw.? Sie stehen vor den gleichen Schwierigkeiten, wenn sie sich und ihre Mitglieder vor den Schäden totalitärer Methoden bewahren wollen.
Abwehrmöglichkeiten beginnen bei der Aufklärung zum Thema »Sekten« als ein präventiver Schritt. Ein weiterer Schritt liegt im Erkennen von Verdachtspunkten in der Anfangszeit der Gehirnwäsche. Auch die berufsorientierten Organisationen können dazu beitragen, die Ausstiegsberatung und die Nachbetreuung zu unterstützen.

- Welche spezifischen Beiträge können das sein?
- Werden abrufbare Informationen und Hilfe flächendekkend für alle Teile der Gesamtorganisation eingerichtet?
- Wie können sich die berufsorientierten Organisationen davor schützen, selbst »unterwandert« zu werden?
- Wer übernimmt intern den Auftrag, sich mit den Gegnern der Gehirnwäsche in Verbindung zu setzen?

Beispiel: Wachsamkeit

Kürzlich erreichte uns die Anfrage aus dem Vorstand einer großen Industriegewerkschaft. Betriebsräte reagierten beun-

ruhigt, nachdem das Unternehmen von einem Investor aus den USA übernommen wurde. Merkwürdige Begriffe, Leitlinien und Prinzipien machten die Runde. Innerhalb der Gewerkschaft gab es keine schlüssige Antwort.
Also erfolgte die Anfrage bei verschiedenen Beratungsstellen, die sich mit Sekten beschäftigen. Aus den Antworten konnte die Gewerkschaft »Entwarnung«, also eine beruhigende Nachricht weitergeben. Außerdem führten die Kontakte dazu, daß in zukünftigen Situationen Verdachtssignale schneller erkannt und Schutzmaßnahmen gezielter eingesetzt werden können.

Beispiel: Unvereinbarkeit

Bisher reichte es für eine Vereinigung, in ihrer Satzung anzugeben, wofür sie sich einsetzt, also die *positiven* Ziele zu definieren. Um Breitenwirkung zu erreichen, macht es sich auch gut, sich in bestimmten Bereichen *neutral* zu verhalten. So versteht sich ein Beraterverband laut Satzung als »parteipolitisch, gewerkschaftlich und konfessionell neutrale Vereinigung«. Damit bleibt weiterhin die Tür offen für Anhänger totalitärer Methoden. Es gibt dort keinerlei Kriterien dafür, sich abzugrenzen, solange jemand den Zielen zustimmt. Will sich ein Verband seine Tüchtigkeit erhalten, muß er heute deshalb auch sagen, welche Methoden, Prinzipien und Vorgehensweisen er als *negativ,* das heißt als Ausschlußgrund, ansieht.
Richtet man den Blick auf die Methoden, dann zeigt sich sofort, daß auch hier die religiöse oder sonstwie weltanschauliche Betrachtung unberücksichtigt bleiben kann. Juristisch völlig unhaltbar wäre sicherlich ein Bezug auf Merkmale, die der Religionsfreiheit unterliegen. Keinem Scientologen könnte man die Mitgliedschaft in einem konfessionell ungebundenen Berufsverband verweigern. Und selbst wenn dies gelänge, hätten all die anderen Verfechter von Methoden, die wir als totalitär bezeichnen, weiterhin Zutritt.
Die Lösung kann deshalb nur darin liegen, die Unvereinbarkeit an den angeführten Methoden, Prinzipien und Vorge-

hensweisen auszurichten. Eine rechtlich geprüfte und wirksame Formulierung legte der Ring Deutscher Makler zur Unvereinbarkeit vor. Bitte blättern Sie bei Interesse zurück zum Abschnitt 7.2.

8.6 Medien und Wissenschaft: Aufklärung und Forschung

Die Medien: Aufklären

Medienprodukte sind Waren. Sie müssen dem Kunden als nützlich *und* attraktiv erscheinen. Im Fall der Sekten geraten die Journalisten in eine Zwickmühle, die sich schlimmer auswirkt als bei anderen Themen. Einerseits gibt es den Anspruch auf sachliche Information, Aufklärung und Meinungsbildung. Andererseits verlocken der mystische Hintergrund und das Ungewöhnliche der Ereignisse zum sensationslüsternen Darstellen, um die Story attraktiv zu machen.
Ein zu großer Teil der Berichterstattung über die Sekten trägt mehr die Handschrift der Verkäuflichkeit und zuwenig den Anspruch auf aussagekräftige Recherche. Das führt zu fatalen Folgen (die wir im Abschnitt 8.1 benennen).
Wie wird es weitergehen? Siegt weiterhin die Sensationsgier und nutzt den totalitären Gruppen? Wir sehen auch eine andere Chance: Viele Journalisten arbeiten sich mit viel Aufwand in dieses Thema ein. Sie entwickeln dadurch auch eine klare Position gegen die Gehirnwäsche und deren zerstörerische Folgen. Deshalb richten wir für den Umgang mit Sekten einige Fragen an kritische Journalisten:

- Kommen Sie ohne Übertreibung aus, um Empörung zu erreichen?
- Klagen Sie Taten oder Gedanken an?
- Mischen sich Worte und Bilder in Ihre Darstellung, die es auch in der demagogischen Progaganda gibt?

- Geben Sie Sekten durch Ihren Beitrag einen Anlaß, sich als verfolgte Minderheit darzustellen?
- Mit welchen Argumenten können Sie Ihrem Chefredakteur »verkaufen«, daß Ihr Beitrag ohne Übertreibung und ohne Tiervergleich auskommt?

Die Wissenschaft: Argumente und Konzepte

Das Thema »Totalitäre Gruppen« oder »Sekten« erhält oft die Bezeichnung »Phänomen«. Wo sich Mystisches und Irrationales austoben, fehlt das vernünftige Erklären und das begründete Anleiten. Die Wissenschaft steht hier vor einer thematischen Fundgrube. Welche Fragen findet sie beim Hineingreifen? Bitte betrachten Sie die folgenden Themen lediglich als eine Illustration von Möglichkeiten. Es handelt sich in keiner Weise schon um eine Systematik.

- *Gehirnwäsche erklären (Psychologie).* Die Mechanismen der Bewußtseinsveränderung bedürfen einer präzisen Systematik. Wir brauchen Untersuchungen, die herausfinden, welche Mechanismen die stärkste Wirkung erzeugen.
- *Bestandsaufnahme (Demographie und Epidemiologie).* Niemand kann sagen, wie viele Menschen sich heute in den Gruppen befinden und wie viele Ex-Mitglieder in Deutschland leben. Es gibt kaum mehr als zarte und verstreute Ansätze, um die möglichen pathologischen Anteile der (Ex-)Mitglieder in eine Systematik zu bringen. Handelt es sich eher um neurotische oder psychotische Anteile? Gibt es ein Gehirnwäsche-Syndrom? Wenn ja: Mit welchen anderen gibt es Überschneidungen (z. B. Vergewaltigung, Folter?) Wer kann heute darüber Auskunft geben, welche typischen biographischen Verläufe die Zeit nach dem Ausstieg kennzeichnen? Was passiert, wenn nichts passiert? Welches Suizidpotential besteht? Wie groß ist das Rückfallrisiko?
- *Pädagogisch-therapeutische Betreuung (Therapie).* Wie

verläuft die Betreuung nach dem Ausstieg? Überarbeitete und überforderte Berater tun ihr Bestes. Aber: Worin besteht das? Was benötigen Aussteiger? Welche nützlichen und welche schädlichen Einflüsse erleben Aussteiger von der Beratung und für ihre generellen Lebensverhältnisse? Welche Therapiekonzepte eignen sich für diese Situation? Wie kann man sie verbreiten und empirisch prüfen? Welche Zusätze müssen entwickelt werden? Welche bewährten Ansätze der Ausstiegsberatung und Nachbetreuung können aus den USA übernommen werden? Welche verschiedenen Fachexperten können und müssen einbezogen werden? Welche Rollen und welcher Nutzen lassen sich als Anforderung an diese Experten beschreiben?

- *Gesellschaftspolitische Einordnung (Politik).* Von der Politikwissenschaft erwarten wir die Analyse zu den gesellschaftlichen Ursachen für die »Anfälligkeit«. Uns interessieren auch die historische und die ideologische Positionierung sowie Querverbindungen zwischen (religiös-)totalitären Gruppen und von diesen zu politischen Organisationen – insbesondere belegbare Zusammenhänge zu extremistischen Aktivitäten.
- *Juristische Voraussetzungen (Recht).* Welche verfassungsrechtlichen und einzelgesetzlichen Regelungen betreffen die Aktivitäten von Sekten und ihren Opfern? Welche Verstöße erfolgen? Wie häufig und gravierend ist das der Fall? Welchen Schutz bieten den Opfern die Gesetze? Über welches Spektrum muß ein Rechtsanwalt verfügen, um effektiv zu beraten und Interesse zu vertreten? Welche rechtsfreien und regelungsbedürftigen Bereiche existieren?
- *Sprechen und Lernen (Linguistik und Pädagogik).* Sekten veranstalten gewaltige Sprach- und Denkverdrehungen. Den Aussteigern fällt es schon schwer, sich im Alltag zu orientieren. Wie schwierig fällt ihnen dann die Teilnahme am Arbeitsprozeß oder an Maßnahmen der beruflichen Qualifizierung? Welche Erkenntnisse kann die Sprachwissenschaft dazu beisteuern? Was muß die Erwachsenenpädagogik lernen? Was muß die Didaktik berücksichtigen,

wenn ein Aussteiger mit einer Mischung aus akribischem Lernstil und verständnishemmender Verzettelung an neue Inhalte herangeht?

Sie sehen: Es gibt viel für die Wissenschaft zu tun. Und sicher fehlen in der Aufzählung weitere Wissenschaftsdisziplinen. Wo warten Professoren auf neue Themenfelder?

8.7 Politik und Verwaltung: Entscheidungen treffen

Der Staat – repräsentiert durch Politik und Verwaltung – soll dort helfen, wo der einzelne sich wehr- und schutzlos fühlt. Er soll Rahmenbedingungen für das Zusammenleben in einer Gesellschaft setzen.

Status quo

Die Bundesregierung

Bundesarbeitsminister Blüm engagiert sich im Kampf gegen das System Scientology und äußert sich öffentlich in klaren Worten. Damit bildet er die löbliche Ausnahme; andere Regierungsmitglieder halten sich zurück.
Ein geplanter Sektenbericht des Bundesjugendministeriums wird als Referentenentwurf gestoppt. VPM oder TM (Transzendentale Meditation) wehrten sich gerichtlich. Es ging um die Aufnahme in den Katalog der Gruppen, vor denen (nach unserer Meinung zu Recht) gewarnt werden sollte. Damit liegt der Bericht zunächst auf Eis.[5]
In Köln arbeitet eine bundesweite »Informations-Stelle ›sogenannte Jugendsekten und Psychogruppen‹« des Bundesverwaltungsamtes an der Sammlung aller relevanten Daten zum Thema Sekten und Psychogruppen. Nach wie vor bleibt die Forderung vieler Parlamentarier nach einem Bundessektenbeauftragten unerfüllt, der bundesweit alle Aktivitäten koordinieren und steuern könnte.

Die Bundesländer

Eine Vielzahl von parlamentarischen Anfragen und Aktionen kennzeichnen die Aufmerksamkeit, die Regierung, Parlament bzw. Senat und die zugeordneten Behörden dem Thema Scientology und Sekten schenken. Aktivste Bundesländer sind Hamburg und Baden-Württemberg.

1991 installiert Hamburg als erstes – und bisher einziges – Bundesland eine »Arbeitsstelle Scientology« unter der Leitung von Ursula Caberta, der damaligen SPD-Abgeordneten und engagierten Kämpferin gegen Scientology. Die Behörde erhält eine gute personelle Ausstattung und leistet vorbildliche Arbeit. Der Service nutzt auch vielen Betroffenen in anderen Bundesländern.

1994 präsentiert die Regierung von Baden-Württemberg den ersten Bericht einer interministeriellen Arbeitsgruppe zu »Fragen sog. Jugendsekten und Psychogruppen«.[6] Umfassend setzen sich insgesamt sieben Ministerien mit der Bedeutung des Themas, mit Abwehrmöglichkeiten und zukünftigen Maßnahmen auseinander.

Andere Bundesländer folgen den Beispielen in unterschiedlicher Intensität. Da gibt es in Hessen verschiedene parlamentarische Anfragen, deren Beantwortung eine sehr zurückhaltende Einstellung der betroffenen Minister aufzeigt. Der Landtag von Rheinland-Pfalz hält eine Anhörung ab. Sachsen fordert bei der Bundesregierung eine stärkere Vernetzung aller Aktivitäten. Berlin setzt schon seit einigen Jahren ein eigenes Referat ein, daß jährlich einen Bericht über »neue religiöse und weltanschauliche Bewegungen und sogenannte Psychogruppen« vorlegt. Auch andere Bundesländer wachen langsam auf und interessieren sich für das Thema, setzen Beauftragte ein.

Interministerielle Gremien wie die IMK (Innenministerkonferenz) oder die Amtschefs der Wirtschaftsministerien diskutieren in ihren regelmäßigen Sitzungen immer häufiger über Möglichkeiten, das Agieren von Scientology rechtlich und politisch zu bremsen.

Die Auseinandersetzung mit Scientology und anderen Gruppen kann dazu beitragen, vorhandene Handlungsspielräume besser zu nutzen. Es geht um die Prüfung der Frage: »Was kann ich mit meinem Ressort dazu beitragen, daß Gehirnwäsche und organisierte Wirtschaftskriminalität von totalitären Organisationen verhindert wird?«

Die Kommunen

Beispielhaft für die Kommunen sei ein Fall aus Frankfurt am Main genannt: Ein Bürger informiert die Stadt über Werbung von Narconon, der scientologischen Drogen»hilfe«. Stadträtin Margarethe Nimsch informiert daraufhin erneut alle für die Drogenhilfe zuständigen Stellen über die Gefahren einer scientologischen Drogenrehabilitation. Die Kostenträger erkennen Narconon als Einrichtung der stationären Suchtkrankenhilfe nicht an und verweigern dadurch eine quasiöffentliche Finanzierung.

Die Parteien

CDU, FDP und die SPD beschlossen die Unvereinbarkeit der Mitgliedschaft in ihrer Partei mit der Mitgliedschaft bei Scientology. Begründung: »Die Scientology-Organisation ist nicht vereinbar mit der freiheitlich-demokratischen Grundordnung unserer Gesellschaft« (FDP).[7] Die Unvereinbarkeit bei der FDP wurde allerdings vom Bundesschiedsgericht der Partei (vorläufig) aufgrund des Einspruchs von Scientology in einem Einzelfall widerrufen. Der Anwalt der Scientologen brachte es zusätzlich fertig, in einer anerkannten Juristenzeitschrift den Fall genüßlich darzustellen. Die Parteispitze brachte neue Formulierungen: Die FDP will klarstellen, daß »eine gleichzeitige Mitgliedschaft in der FDP und bei Scientology unerwünscht ist«.[8] Auf dem Parteitag in Mainz im Juni 1995 wurde neu formuliert. Die Mitgliedschaft ist »in der Regel unvereinbar«.

Auch die SPD faßt 1995 einen ähnlichen Beschluß; Begründung: »Die Ziele und Praktiken von Scientology stehen den Grundsätzen der Sozialdemokratie diametral entgegen.« Ziel der Aktion ist unter anderem, deutlich zu machen, daß die

SPD »gewillt und entschlossen ist, dem scientologischen Expansionsstreben Einhalt zu gebieten. Sie wird in noch stärkerem Maße als bisher die Bundesregierung an ihre Verantwortung erinnern und die längst überfälligen Maßnahmen einfordern.«[9] Die SPD fordert vor allem die Anbindung des Themas an das Innenministerium statt wie bisher an das Jugendministerium, denn: Scientology und Psychosekten sind schon lange kein Jugendthema mehr.

Der Verfassungsschutz

Eine »Religions«gemeinschaft, die staatliche Macht ausüben will, muß die Schranken der Verfassung beachten. Für den Einsatz des Verfassungsschutzes (BfV) ist es wesentlich, ob vermutet werden kann, daß die Organisation sich dabei an das Grundgesetz hält oder Ziele anstrebt, die damit unvereinbar sind.

Es gibt eine Reihe von Ansatzpunkten dafür, daß Scientology verfassungsfeindliche Ziele verfolgt. In einer Expertise des BfV steht: »Die Scientology kann keine Volkssouveränität ... keine Gewaltenteilung ... keinen Grundsatz der Unabhängigkeit der Gerichte anerkennen ... keine Verantwortlichkeit der Regierung akzeptieren ... letztlich das Mehrheitsprinzip und damit auch das Mehrparteienprinzip und das Oppositionsrecht und die Chancengleichheit der Parteien nicht anerkennen, sondern muß diese abschaffen. Denn damit würde die Zielsetzung der Scientology als ablösbar anerkannt und somit relativiert. Das wäre mit dem Absolutheitsanspruch der Scientology nicht vereinbar.«[10]

Anfang 1995 kommt die Ständige Konferenz der Innenminister (IMK) nach Prüfung dieser Frage noch zu der Auffassung, »daß die Erkenntnislage zur Zeit keine bundesweite Zuordnung zur Kategorie der politischen Bestrebungen erlaube«.[11] Am 19. Mai 1995 tagt die IMK erneut und faßt zwei Beschlüsse:[12]

- Zusammenführung und Auswertung sowie Übermittlung von Erkenntnissen diverser Behörden wie Bundes- und

Landeskriminalämter sowie der Verfassungsschutzbehörden.

- Falls die Voraussetzungen dafür vorliegen, sorgen die Innenminister dafür, daß den Vereinen der Scientology-Organisation alsbald die Rechtsfähigkeit entzogen wird.

Schön, daß die Innenminister doch noch einmal den Verfassungsschutz nutzen wollen. Hintergrund: »So kommt ein Gutachten des Bundesamtes für Verfassungsschutz zu dem Schluß, daß die Zielsetzung der Scientology-Organisation in erheblichem Maße politisch sei. Mit den von ihr angewendeten Methoden zur ›Befreiung und Vervollkommnung des Menschen‹ verfolge sie Bestrebungen, die auf die Abschaffung der durch das Grundgesetz gewährleisteten Unantastbarkeit der Würde des Menschen hinausliefen.«[13]

Scientology verbieten?

Welche Folgen könnte die Überwachung durch das BfV haben? Es könnte bei eindeutiger Sachlage zu einem Verbotsantrag und dem Verbot der Organisation kommen.
Prinzipiell halten wir die Frage eines Verbots für falsch gestellt. Kein Mensch würde fragen, ob jemand ein Bußgeld bekommen soll, wenn er bei Rot über die Ampel fährt. Die Frage darf nur lauten: Zeigte die Ampel Rot an? Anders ausgedrückt: Es darf in einer Demokratie keine Frage von Meinungen oder gar politischer Opportunität werden, ob die Verfassung geschützt wird. Uns stellt sich die Frage: »Liegen eindeutige Beweise der Verfassungsfeindlichkeit vor?« Und nur aus dieser Frage ergibt sich ein »Ja« oder »Nein«!
Man kann natürlich darüber spekulieren, welche Folgen ein Verbot oder Nichtverbot bringen. Dann landet man etwa bei der Kombination »Märtyrertum und finanzielle Schwächung« gegenüber der Paarung »Ausnutzen der Legalität und Bestrafung einfacher Gesetzesverstöße«. Wir halten uns aus dieser Spekulation heraus und stellen uns der jeweils gegebenen Situation.
Allerdings geht es über die taktischen Überlegungen hinaus,

ob man der Organisation Scientology oder den totalitären Methoden den Kampf ansagt. Wer das zweite im Auge behält, der weiß, daß ein Verbot alleine auf keinen Fall das Ziel sicherstellt. Dafür verfügt Scientology über zu viele organisatorische Verzweigungen und »befreundete« Firmen und Gruppierungen. Ganz abgesehen von all den anderen totalitären Gruppen und Einzelkämpfern ...
Für das Problem der totalitären Organisationen bietet das Verbot nur eine oberflächliche Lösung. Die Ursachen würden weiterbestehen, und neue Organisationen mit anderem Namen, aber genauso menschenverachtenden Methoden wären die Nachfolger. Für diese Vorhersage braucht man keine prophetischen Fähigkeiten. Da reicht ein Blick in die paramilitärische Politszene.
Wichtiger erscheint uns die Forderung der Bundestagsabgeordneten Renate Rennebach: Mehr Aufmerksamkeit und verbesserte Schulungen der Ermittlungsbehörden können eventuell die Strafverfolgung auf den Plan rufen. Es geht darum, »daß die jeweiligen Überprüfungen auf den Bereich der (Wirtschafts-)Kriminalität ausgedehnt und angemessen durchgeführt werden könnten«.[14]

Rechtliche Lücken auffüllen

Machen wir Gehirnwäsche verschreibungspflichtig!

Bestehende Gesetze konsequent anzuwenden würde den Spielraum von Scientology möglicherweise einengen. Die Existenz eines »Psychomarktes« schafft Betätigungsräume, für die eine rechtliche Regelung noch fehlt. Neue gesetzliche Regelungen müssen den einzelnen Menschen vor Methoden und Organisationen schützen, die ihn in seiner Würde, in seiner seelischer Gesundheit und als Kunden verletzen. In der Politik nimmt die Einsicht zu, daß hierbei ein Handlungsbedarf besteht. Ein konstruierter Fall:

Die Religionsgemeinschaft »Ferne Sicht«
Stellen wir uns eine neue Gruppe vor. Sie baut die Sichtweise auf, daß uns Gott dort begegnet, wo er die meisten Menschen erreicht. Also kommen alle himmlischen Botschaften aus dem Fernseher. Deshalb nennt sich die Gruppe »Ferne Sicht«. Der Guru übernimmt die Rolle, aus dem TV-Programm solche Sendungen auszuwählen, in denen die göttliche Botschaft besonders deutlich zum Tragen kommt. Daraus werden ideologische Bausteine gebastelt und das tägliche Handeln abgeleitet. Diese völlig neue Art von Weltbild wird als radikale Ablösung zu bestehenden Religionen erklärt. Statt langweiligen und ständig wiederholten Dogmen entsteht die prickelnde Erwartung, was sich der liebe Gott wohl heute wieder ausdenkt. Statt aus der Bibel zu lesen, bekommt die Religion einen Schuß »Ziehung der Lottozahlen«. Soweit das Weltbild.

Nehmen wir weiter an, die Gruppe »Ferne Sicht« entwickelt auch Rituale, wie das jede ordentliche Religion tut: Man verneigt sich vor dem Fernsehgerät, sieht sich die Sendungen nur im Dunkeln an und schreibt sich selbst vor, daß dabei mindestens fünf Gläubige anwesend sein müssen.

Für den Einstieg gibt es den Kurs »Kommunikation mit Gott«: Neulinge, die schriftlich um Teilnahme bitten, erhalten nach der Zustimmung des Gurus die Erlaubnis, 24 Stunden am Stück Sendungen anzusehen. Bei Ermüdung bekommen sie Vitamine und Kaffee, um keinesfalls einzuschlafen – unter fachkundiger Aufsicht von erfahrenen Mitgliedern. Ein Drittel der Neuen bekommt daraufhin Anfälle, die der Epilepsie ähneln.
Außerdem gibt es das Ritual, bei Meldungen über Erdbeben eine fremde Person auf der Straße anzusprechen. Diese Person wird in das Fernsehzimmer gebeten. Sie hört das »Fernsicht-Einfühlungs-Lied« (= FEL), und wenn sie dann (!) zustimmt, erlebt sie das Befreiungsatmen. Dafür hält sie die Luft während des FEL an. Zunächst übt man mit der kurzen, dann mit der langen Version. Durch diese Methode kann man das Leiden der vom Erdbeben betroffenen

Menschen befreiend nachvollziehen. Lediglich 10 Prozent der mit FEL behandelten Personen werden auffällig, indem sie schizophrenieähnliche Symptome zeigen. Es handelt sich teilweise um Menschen, die früher psychotherapeutisch behandelt wurden. Keiner fragte diese Leute vorher – aber sie machten auch von sich aus keine diesbezüglichen Angaben.
Die Gruppe führt weitere Rituale ein: Aus den Reinigungsmitteln, die in der Werbung angeboten werden, mischt der Meditator einen verdünnten *Gesundheitstrank,* und das Mikrowellengerät wird so geändert, daß es auch bei offener Klappe läuft, also der *Wärmetherapie* dient. Wenn die Tagesschau den Ausbruch neuer Kriegshandlungen meldet, wird der Gesundheitstrank in kleiner Dosis als »Fernsicht-Ethik-Ritual« (= FER) an Familienangehörige der Mitglieder verabreicht. Wenn die Wettervorhersage Bodenfrost meldet, werden Passanten auf der Straße durch die augenaktive »Fernsicht-Entspannungs-Technologie« (= FET) ermuntert, selbst ihre Hand in die laufende Mikrowelle zu legen, um sich gegen Erfrierungen zu immunisieren.
Außerdem unterliegt es der Entscheidung des Gurus, das Anwenden der Methoden über Kreuz anzuordnen, wenn das den individuellen Defiziten der auserwählten Person besser entspricht. Beispiel: Befreiungsatmen bei Bodenfrost.

Wir finden hier vermutlich eine Weltanschauung. Die unterliegt dem Schutz von Art. 4 GG. Wir bilden uns keine Meinung darüber, ob wir den *Glauben* für überzeugend halten. Außerdem sehen wir interessante Rituale, also *Methoden und Taten:* Schützt der Art. 4 GG diese Methoden als religiöse Dienstleistungen?
Welche Ideen und Initiativen gibt es, um den rechtlich ungeregelten Raum der Methoden auf dem Psychomarkt auszufüllen – egal ob die Anbieter eine religiöse oder weltanschauliche Philosophie anbieten? Hier einzelne Beispiele:

- *Die geistig-seelische Unversehrtheit.* Es gibt die Überlegung, den »Art. 2 GG dahingehend zu ergänzen, daß jeder nicht nur das Recht auf körperliche, sondern auch auf geistig-seelische Unversehrtheit hat«.[15]

- *»Lebenshilferecht«.* »In einem deshalb zu schaffenden Lebenshilferecht müßte, ähnlich wie im Heilpraktikergesetz, die Ausübung der gewerblichen Lebenshilfe an eine gewisse Mindest*ausbildung* geknüpft sein. Außerdem sollten die Grenzen der Anwendung von Lebenshilfe*techniken* beschrieben werden. Bei Mißbräuchen sollten Sanktionen bis hin zum Verbot möglich sein. Ob ein solcher Mißbrauch vorliegt, sollte durch staatliche Ethikkommissionen vorentschieden werden.«[16]

Was würde ein Gesetz zur gewerblichen Lebenshilfe regeln?[17]

- *Ausbildungsanforderungen.* Hier geht es darum, den Nachweis fachlicher, das heißt insbesondere psychologischer Grundkenntnisse sicherzustellen.
- *Keine juristische Person als Vertragspartei.* Lebenshilfe beruht – ähnlich wie die Psychotherapie – auf einer intensiven Beziehung zwischen dem Lebenshelfer und dem Hilfesuchenden. Die Machtposition des Lebenshelfers kann dabei schon bedenkliche Ausmaße annehmen. Steht der Hilfesuchende einer ganzen Institution gegenüber, gerät er noch mehr in Gefahr, als Vertragspartner »ausgeliefert« zu sein.
- *Regelungen über Geschäftsanbahnung und Vertragsende.* Hier geht es um schriftliche und genaue Leistungsbeschreibung, Transparenz der Methoden, Qualifikation der Anbieter, mögliche Folgedienstleistungen bis hin zu Preisbindungen, Gebührenordnungen usw. Dabei bleibt zu prüfen, welche Maßstäbe herangezogen werden können: Erstattungssätze von Krankenkassen oder »marktübliche« Preise? Zulässige Beträge nennt das Arbeitsamt bei der privaten Arbeitsvermittlung. Ist das keine Form der Lebenshilfe? Sofern die Lebenshilfe durch weltanschauliche Organisationen stattfindet: Welche Höchstgrenzen erge-

ben sich aus dem Vergleich zu der Beitragshöhe von Gewerkschaftsmitgliedern oder zur Kirchensteuer – die für die Inanspruchnahme der institutionell vorgesehenen Dienstleistungen erfolgt? Sicher finden Experten weitere Bezugsgrößen, mit denen man »religiöse« Einrichtungen davor schützt, in die Geldsaugermentalität abzugleiten ...

- *Verbot von Lizenzverträgen für Psychotechniken bzw. Zulassungsverfahren für Methoden und Techniken.* Es bleibt juristisch zu prüfen, ob die Kommerzialisierung von Behandlungsmethoden und Psychotechniken eventuell über das Einstufen als »gemeinsames Kulturgut der Menschheit« erfolgen kann. Ein anderer Zugang kann sich über die Analogie für die Einführung und Vermarktung von Medikamenten ergeben. In diesem Sektor der Marktwirtschaft unterliegen Produkte strengen juristischen und wissenschaftlichen Zulassungsverfahren. Für Arzneimittel gilt: »Zahlreiche Tests, Prüf- und Kontrollverfahren sind notwendig, um ihre *Qualität,* ihre *Unbedenklichkeit* und ihre *Wirksamkeit* nach den neuesten Erkenntnissen der Wissenschaft sicherstellen zu können« (Hervorhebungen von uns).[18] Wir schlagen vor, die Anbieter von Lebenshilfetechniken auf den Satz zu verpflichten:

> »Zu Risiken und Nebenwirkungen unserer
> Rituale fragen Sie bitte Ihren Arzt,
> Psychologen oder Rechtsanwalt.«

8.8 Gerichte: Rechtsbrüche bestrafen

Eine Fülle von Verfahren wurde gegen Scientology als Organisation, gegen einzelne Scientologen und gegen Kritiker von Scientology angestrengt. Der Ausgang war unterschiedlich: Wo Kritiker über das Ziel hinausschossen, wurden sie mal gebremst, mal hatten sie vorsichtiger formuliert und konnten mit ihren Äußerungen unter dem Stichwort »Meinungsfreiheit« durchgehen. Scientology durfte mal einen Innenstadtstand eröffnen, mal wurde das städtische Verbot vom Gericht bestätigt. Mal ist Scientology umsatzsteuerpflichtig, mal wird der Entzug der Rechtsfähigkeit bestätigt. Je nachdem wer Urteilssammlungen verfaßt – und wir wissen von sehr fleißigen Zusammenstellungen der Scientologen wie auch der Kritiker –, überwiegt die Tendenz der Urteile in die eine oder die andere Richtung.

Drei Urteile beeindrucken uns in jüngster Zeit und stimmen uns hoffnungsvoll, daß damit Grundlagen bestehen, um die Handlungen der Organisation in Zukunft in Gerichtsverfahren noch kritischer zu betrachten.

Psychologische Mißhandlungen: Der Fall Wollersheim

Im Jahre 1989 äußerte sich das Berufungsgericht in Los Angeles, Kalifornien, in einem Urteil zu Scientology, das 1992 letztinstanzlich bestätigt wurde.[19] Zunächst der Fall: Was war passiert?

1969 belegte der Geschäftsmann Wollersheim einige Kurse von Scientology in San Francisco. In den folgenden Jahren vergaß er allerdings die Organisation.

Das änderte sich 1972, als er wieder mit Auditing einstieg. 1973 arbeitete er mehrere Monate hauptamtlich für Scientology, und 1974 wurde Wollersheim überredet, Auditing auf dem scientologischen Schiff »Freewinds« zu buchen. Sein Aufenthalt dort unterschied sich ein wenig von unseren Vorstellungen eines Karibikurlaubs: Morgens um 6.00 Uhr aufstehen, und vor 1.00 Uhr morgens war kein Ende seines Programms in Sicht – ein äußerst anstrengendes Leben! Komfort auf einem Luxusschiff? Eher wohl das Gegenteil. Er wurde gezwungen, tief unten im Bauch des Schiffes zu schlafen.

In den sechs Wochen seines Schiffaufenthalts verlor Wollersheim 15 Pfund. Er versuchte zu fliehen, denn das Gefühl wur-

de übermächtig, daß »ich sterben werde und meinen Verstand verliere«.
Seine Flucht durchkreuzten andere Scientologen, die ihn so lange festhielten, bis er einwilligte, zu bleiben und sich am Auditing und anderen »religiösen« Übungen auf dem Schiff zu beteiligen.
Etwa zur gleichen Zeit kam seine familiäre Trennung: Scientology überzeugte ihn, sich von seiner Frau, seinen Eltern und anderen Familienmitgliedern zu trennen, weil diese sich über Wollersheims Mitgliedschaft besorgt geäußert hatten. Die Trennung sei einfach besser für ihn.
1979 wurde Wollersheims physische Verfassung so schlecht, daß er einen Selbstmordversuch unternahm. Antwort von Scientology: Er wurde auf die »Flag Landstation« zur »Reparatur« geschickt.
Dort entwickelte sich sein seelischer Zustand dramatisch. Ihm gelang die Flucht, dann lief er aber verwirrt und ziellos herum. Ein scientologischer Wärter fand ihn. Als Antwort auf seine seelischen Qualen verbot er ihm, jemals mit einem Priester, Arzt oder Psychiater über seine Probleme zu sprechen. Wollersheim verließ kurz darauf die Organisation.
Danach kam es aber noch dicker. Die Führer von Scientology griffen zu den im System vorgesehen Strafen:

- »Fair game« bedeutet, den Abtrünnigen wirtschaftlich zu zerstören. Wie geht das konkret? Wollersheim besaß damals ein Fotogeschäft, dessen Kundschaft hauptsächlich aus Scientologen bestand. Diesen verbot die Organisation kurzerhand, fällige Rechnungen zu zahlen oder neue Aufträge zu vergeben. Ergebnis: Konkurs.
- »Freeloader bill« bedeutet: Scientology stellte finanzielle Forderungen aus Kursen und Auditings, die er unbezahlt erhalten hatte. Eine saftige Rechnung wurde ihm nach seinem Austritt präsentiert.

Der seelische Zustand von Wollersheim verschlechterte sich immer mehr. Er mußte sich psychiatrischer Behandlung unterziehen. Wollersheim erstattete Anzeige.

Aus prozeßtechnischen Gründen beschloß das Gericht, davon auszugehen, daß Scientology eine Religion und Auditing als religiöse Praxis dieser Organisation zu bewerten ist. Das heißt: Das Gericht untersuchte ausschließlich das Verhalten und die Methoden der Organisation.
Die Expertenvernehmung des Gerichts ergab, daß beim Auditing Methoden der »Gehirnwäsche« und der »Gedankenreform« eingesetzt werden. Es wurde nachgewiesen, daß die Anwendung dieser Methoden maßgeblich Wollerheims seelische Krankheit verursachte.
Weiterhin wurde im Verfahren nachgewiesen, daß Scientology eine hierarchische Organisation mit einer paranoid-ähnlichen Haltung gegenüber bestimmten Personen und Organisationen ist. Bekämpft werden: die Regierung, Berufe, die sich mit psychischen Krankheiten befassen, widerspenstige Mitglieder sowie Kritiker der Organisation oder deren Führung. Die wichtigsten Vorwürfe des Gerichts:

- Wollersheim wurde Auditing unterworfen, das seine – schon vorhandene – bipolare manische Depression verschlimmerte.
- Professionelle Hilfe wurde ihm verweigert, obwohl die Organisation von seinen Problemen wußte.
- Die Organisation zwang ihn durch Druck, sich von seiner Familie zu trennen.
- Die Organisation verbreitete persönliche (intime) Informationen, die Wollersheim während des Auditings vertraulich geäußert hatte – die aber dabei aufgezeichnet wurden.

Das Gericht befand, daß die absichtliche und unsachgemäße Aufdeckung und Verbreitung von Informationen aus den Auditing-Sitzungen kaum Ausdruck einer Religion ist.

- Die Organisation führte eine Strafaktion gegen Wollersheim durch (Fair game), die zum Konkurs und zur wirtschaftlichen Vernichtung führte.

Fair game:
Das Bekämpfen abtrünniger Kunden als Geschäftspolitik
Wir bemühen uns redlich, beim Betrachten von Scientology auch ironische und sarkastische Gesichtspunkte zu entdecken. Bedrückten und deprimierten Kritikern bleibt zuwenig Energie, um aktiv zu werden. Allerdings gibt es auch Grenzen für den Spaß. »Fair game« gehört dazu.
Die wirtschaftliche Existenz einer abtrünnigen Person zu vernichten erinnert an böse Mafiafilme und an den »Heiligen Krieg« von fundamentalistischen Gruppen. Hinzu kommt, daß die betreffende Person psychisch erkrankte und der fraglichen Organisation keinerlei Schwierigkeiten bereitete.
Eine Organisation, die eine Maßnahme wie »Fair game« überhaupt nur denken und erwägen kann, disqualifiziert sich für jegliche ernsthafte Diskussion. Und daran ändert auch ein opportunistisches Einstellen dieser Methode nichts! Wenn Scientology »Fairness« so versteht wie bei »Fair game«, was mag dann hinter der Lieblingsvokabel »Ethik« stecken?
Wir gestehen zu, als Science-fiction-Leistung stellt die Wortwahl die menschenfeindlichsten Sprachkreationen von George Orwell in den Schatten. Und es bedeutet für die Wirtschaft eine noch kaum erwogene Möglichkeit, das Bekämpfen abtrünniger Kunden als Geschäftspolitik zu betreiben.

Scientology wurde letztinstanzlich verurteilt, 500 000 $ an Schadenersatz (»compensatory damage«) und 2 Mio. $ an Strafe (»punitive damage«) zu zahlen. Aus der Urteilsbegründung: Die Verhaltensweisen von Scientology sprengten in diesem untersuchten Fall alle Grenzen, die eine zivilisierte Gesellschaft tolerieren darf. Die Freiheit des Glaubens wird von der Verfassung garantiert. Die Freiheit zu tun, was man will, wird *nicht* geschützt. Nicht jede Handlung, die aus religiösen Gründen begangen wird, kann von einer Gesellschaft nur deshalb toleriert werden, weil sie mit dem Argument des »Glaubens« versehen wird. So sagt das Gericht: »Scientologen können *glauben,* daß es einem religiösen Ziel dient, den Austritt oder die Nichtbefolgung von religiösen Handlungen unter Strafe zu stellen oder mit Strafen zu drohen. Aber wenn Scientologen nach diesem Maßstab *handeln,* müssen sie für die Folgen dieser Handlungen haften« (Hervorhebungen durch uns).[20]

Für die Gesamteinschätzung sehen wir zwei Aspekte:

- *Der Schaden ist beweisbar.* Der einzelfallbezogene Nachweis einer psychischen Schädigung durch eine totalitäre Organisation ist möglich, aber extrem schwierig, aufwendig und nur unter besonderen Bedingungen durchführbar.
- *Vorteile der Beweisbarkeit.* Der Nutzen für den einzelnen ist eine – teilweise – Entschädigung, zu der die Organisation verpflichtet wird. Der gesellschaftliche Nutzen liegt darin, zunächst einen Präzedenzfall zu haben. Zu ihm kommen vermutlich weitere Fälle in den nächsten Jahren. In diesen Fällen wird es *zunehmend einfacher,* die schädliche Wirkungsweise der Methoden darzustellen.

Ob Einfalt oder geniale Geschäftspolitik: Für Scientology und ähnliche Firmen zählt die Einheitlichkeit der Methoden. Und das gilt weltweit für die unerschütterlichen Prinzipien. Wenn ein schädliches Medikament gleichartige Wirkungen in einem statistisch ausreichenden Maß zeigt, kann eine ansehnliche Zahl von Einzelurteilen einen Beitrag dazu leisten, den Markt vom Medikament zu befreien. Insofern erreicht Scientology zwar keine Befreiung für die Menschheit. Aber Scientology trägt selbst etwas dazu bei, der Menschheit ein bißchen mehr Freiheit zu geben, nämlich von Scientology ...
Bei mehreren Millionen Dollar bzw. Mark Aufwand pro Verfahren wird selbst die berühmte »Kriegskasse« von Scientology ausbluten. Wenn Scientology an der Börse wäre, würde jeder vernünftige Aktienhändler den sofortigen Verkauf der Aktien empfehlen. Und da braucht es kein Verbot mehr, wenn

der Hebel zur finanziellen Substanz des Unternehmens auf dem Richtertisch liegt. Allerdings: Die »Übersetzung« der Denkweise und Paragraphen aus dem Rechtssystem der USA steht noch aus!

Scientology betreibt ein Gewerbe

Am 2. März 1995 bestätigte das Bundesverwaltungsgericht in Berlin ein Urteil des Oberverwaltungsgerichtes. Dieses verfügt, daß die Scientology-Organisation ihre geschäftlichen Aktivitäten als Gewerbe anmelden muß. Damit ging ein zehn Jahre alter Rechtsstreit in Hamburg zugunsten von zwei Bezirksämtern zu Ende.
Scientology muß nunmehr den Verkauf von Büchern und Kursen als Gewerbe anzeigen und dafür – bei entsprechenden Umsätzen – Gewerbesteuer zahlen. Scientology nimmt nach diesem Urteil in »Gewinnerzielungsabsicht am Wirtschaftsleben teil«. Dem Gericht erschien es unerheblich, ob diese Aktivitäten als ein Element der Religionsausübung zu werten sind. Die angebotenen Artikel enthalten nach Meinung des Gerichts keinen oder nur einen untergeordneten religiösen Bezug.
Scientology weigerte sich auch während des Verfahrens, seine Bücher gegenüber dem Gericht offenzulegen (wenn es denn welche gibt!). Scientology berief sich immer darauf, daß diese Verkäufe Teil der Religionsausübung seien, die den Staat aufgrund des Artikels 4 Grundgesetz nichts angingen.

Scientology ist keine Kirche

Am 22. März 1995 entschied das Bundesarbeitsgericht in Kassel, daß der Rechtsweg zu den Gerichten für Arbeitssachen den ehemaligen scientologischen Arbeitnehmern offensteht. Leitsätze des Urteils:[21]

1. »Scientology Kirche Hamburg e.V. ist keine Religions- oder Weltanschauungsgemeinschaft im Sinne der Art. 4, 140 GG, Art. 137 WRV.

2. Hauptamtliche (aktiv tätige) außerordentliche Mitglieder von Scientology sind Arbeitnehmer im Sinne von § 5 Abs. 1 Satz 1 ArbGG.
3. Die Begründung vereinsrechtlicher Arbeitspflichten darf nicht zur Umgehung zwingender arbeitsrechtlicher Schutzbestimmungen führen.«

Aus der Urteilsbegründung:

- »Dienen aber die religiösen oder weltanschaulichen Lehren nur als Vorwand für die Verfolgung wirtschaftlicher Ziele, kann von einer Religions- oder Weltanschauungsgemeinschaft nicht mehr gesprochen werden. Um einen solchen Fall handelt es sich hier. Die geschäftlichen Aktivitäten machen nicht nur einen erheblichen Anteil an den gesamten Aktivitäten des Beklagten aus.
- Der Beklagte ist eine Institution zur Vermarktung bestimmter Erzeugnisse. Die religiösen oder weltanschaulichen Lehren dienen als Vorwand für die Verfolgung wirtschaftlicher Ziele. Die Mitgliedschaft und die ›religiösen‹ Dienste sind kommerzialisiert. Der Beklagte und seine Schwesterorganisationen erschweren in finanzieller Hinsicht den Austritt aus Scientology-Organisationen.
- Scientology betreibt eine intensive geschäftliche Werbung. Die an Nichtmitglieder gerichtete Werbung für Bücher und Kurse läßt überwiegend einen religiösen Bezug nicht erkennen. Eine Werbung für eine Religionsgemeinschaft ohne Hinweis darauf, daß es sich um eine Religionsgemeinschaft handelt, ist ungewöhnlich. Man kann sie in Anlehnung an das UWG als unlauter bezeichnen. Unlautere Werbemethoden sind von Scientology zum Prinzip erhoben worden.
- In engem Zusammenhang mit dem kommerziellen Charakter des Beklagten stehen menschenverachtende Anschauungen von Scientology-Organisationen. Menschenverachtend ist auch, daß und wie der Beklagte seine Mitarbeiter zu immer neuen Höchstleistungen treiben will. Wer eine

solche – an ein ›Schneeball-System‹ erinnernde – Methode auf sich anwendet oder anwenden läßt, läuft Gefahr, erhebliche gesundheitliche Schäden davonzutragen.

- Mit dem Erfordernis der Abwesenheitsgenehmigung will der Beklagte verhindern, daß ihm ›hauptamtlich aktiv tätige‹ Mitglieder, die er nur in ganz geringem Umfang finanziell unterstützt, verlorengehen. Er versucht dies mit Methoden, die mit der Menschenwürde (Art. 1 Abs. 1 GG) und dem Menschenbild des Grundgesetzes nicht vereinbar sind.«

Das Gericht hat im Urteil erneut darauf hingewiesen, daß Scientology ein Gewerbe betreibt, Bücher und Broschüren verkauft, gegen Entgelt Kurse und Seminare anbietet – für Mitglieder und Nichtmitglieder.

Was wird Scientology jetzt tun? Sie sind ja nun arg in der Zwickmühle, die Scientologen. Einerseits müssen sie Kurse anbieten und als solche benennen, um Kunden anzulocken. Damit entsteht Steuerpflicht. Es wäre bei der Aufmerksamkeit, die Behörden und Kritiker im Moment auf Scientology richten, ganz schön riskant, diese Steuern nicht zu zahlen. Andererseits müßten sie – um ihren Religionsstatus vielleicht noch zu retten – viele Aktivitäten religiöser verpacken. Werden Manager einer »Kirche« die Kompetenz für einen »Kommunikationskurs« zubilligen?

9 Grenzen der Toleranz

Unter diesem Motto stand eine Podiumsdiskussion beim Deutschen Evangelischen Kirchentag 1995 in Hamburg. Unser Beitrag dazu:

Abbildung 9.1: Toleranz in bezug auf Sekten	
Wir sind tolerant, wenn ...	**Wir sind intolerant gegen ...**
• ... uns jemand von seinem Glauben überzeugen will.	• ... Verhörmethoden, die zum seelischen Zusammenbruch führen.
• ... sogenannte Religionen ohne Liebe auskommen.	• ... das systematische Ausbeuten des Bedürfnisses nach Liebe und Geborgenheit.
• ... Kirchen freiwillige Spenden sammeln.	• ... Kursgebühren, mit denen man sich lebenslang verschuldet.
• ... Menschen an Thetane glauben	• ... Chefs, die Mitarbeiter öffentlich erniedrigen.
• ... Menschen Erfolg haben wollen.	• ... Organisationen, die manche Mitglieder in den Selbstmord treiben.
• ... sich Religionen gegen Andersgläubige abgrenzen.	• ... die Aufforderung, mit der Familie oder mit Kollegen zu brechen.

Abbildung 9.2: Toleranz in bezug auf Sektengegner	
Wir sind tolerant, wenn …	**Wir sind intolerant gegen …**
• … Journalisten kritisch berichten und warnen.	• …einige Medien, die Scientologen mit Tieren vergleichen, zum Beispiel Kraken und Spinnen.
• … sachlich gezeigt wird, wie man gegen gefährliche Methoden vorgeht.	• … Kritiker, die Angst vor Mörderbanden verbreiten, die es gar nicht gibt.
• … Verstöße gegen das Gesetz vor Gericht gebracht werden.	• … die öffentliche Aufforderung zur Menschenjagd.
• … jemand von einem Beruf ausgeschlossen wird, weil er sich strafbar macht oder ihm die Qualifikation fehlt.	• … Berufsverbot wegen der bloßen Zugehörigkeit zu einer Organisation.
• … ein Unternehmen es ablehnt, mit einer Firma zu arbeiten, die totalitäre Methoden anwendet.	• … den Rufmord an seriösen Unternehmen, von dem die Konkurrenz profitiert.

»Totalitarismus, den bekämpft man nicht, wenn er schon die Macht an sich gerissen hat. Dann ist es für den einzelnen, für den kleinen Mann zu spät.
Man bekämpft Totalitarismus, wenn er zum ersten Mal sein Haupt erhebt. Und schon dann mit aller Entschiedenheit.«

Bundespräsident Roman Herzog am 1. Juli 1994 bei seiner Vereidigung im Reichstag in Berlin

Liebe Leserin, lieber Leser:
Was können Sie tun? Werden Sie es tun?

Anhang

Kommentierte Literaturliste Scientology

Folgende Bücher eignen sich zum vertiefenden Verständnis von Scientology, Sekten und deren Methoden:

Anonymus, *Entkommen – eine Ex-Scientologin erzählt,* Reinbek 1993. Spannend geschriebener Roman. Erklärt sehr anschaulich die Wirkungen von scientologischen Methoden auf die Psyche.

Billerbeck, Liane von und Nordhausen, Frank, *Der Sektenkonzern* – Scientology auf dem Vormarsch, Berlin 1993 (erweiterte Auflage 1994). Ausgezeichnete Analyse des Agierens von Scientology in der Wirtschaft mit vielen Fallbeispielen.

Haack, Friedrich W., *Scientology – Magie des 20. Jahrhunderts,* München 1982. Grundlegendes Werk mit detaillierter Beschreibung der Praxis von Scientology, unter anderem auch Beschäftigung mit dem Religionsbegriff.

Hassan, Steven, *Ausbruch aus dem Bann der Sekten,* Reinbek 1993. »Klassischer« Ratgeber aus den USA (Original: Combatting Cult Mind Control) für betroffene Familien. Beschreibt anschaulich den Mechanismus von Psychokulten, Sekten und totalitären Systemen.

Herrmann, Jörg (Hrsg.), *Mission mit allen Mitteln,* Reinbek 1992. Sehr gute Zusammenstellung der verschiedenen Aspekte scientologischen »Wirkens«. Gute Beschreibung der Aktivitäten von Scientology in der Wirtschaft.

Langone, Michael D. (Hrsg.), *Recovery from Cults,* New York, London 1993. Analyse von Mind Control, Ausstieg, Rehabilitation sowie Einzelaspekte durch verschiedene Autoren. Zukunftsweisende Konzepte und spannende Fallbeispiele.

Nietsche, Elke, *Alptraum Scientology,* Berlin 1995: Tagebuch einer Aussteigerin; spannende Beschreibung eines Ein- und Ausstiegs.

Schröder, Burkhard, *Spuren der Macht,* Reinbek 1990. Im Kapitel über Scientology beschreibt Schröder die Erfahrung im ersten Kurs aus eigener Anschauung – sehr gute Analyse der Wirkung auf die Psyche.

Stamm, Hugo, *Sekten – im Bann von Sucht und Macht,* Zürich 1995. Sehr gute Analyse der Methoden von Sekten.

Steiden, Heinrich P. und Hamernik, Christine, *Einsteins falsche Erben,* Wien 1992. Sehr gute Analyse der Geschichte und Gegenwart von Scientology, auch mit philosophischen und religiösen Aspekten. Bringt eine Reihe von konkreten Beispielen aus Österreich.

Zur Sache 2/92. *Themen parlamentarischer Beratung.* Darin: *Jugendsekten.* Anhörung des Ausschusses für Frauen und Jugend des Deutschen Bundestages, Bonn 1992. Umfassende Diskussion der verschiedenen Aspekte von Scientology in unserer Gesellschaft.

Wichtige Adressen

Informationen und Beratung erhalten Sie bei folgenden Stellen:

Arbeitsgruppe Scientology der Behörde für Inneres
Ursula Caberta
Hachmannplatz 2
D-20099 Hamburg
Tel.: 0 40/24 86 - 49 92
Fax: 0 40/24 86 - 49 95

Bundesministerium für Frauen und Jugend
Regierungsdirektor Reinke
Rochusstraße 8–10
D-53175 Bonn
Tel.: 02 28/9 30 - 28 64 - 67
Fax: 02 28/9 30 - 22 21

Evangelische Zentralstelle für Weltanschauungsfragen
Dr. Hansjörg Hemminger
Hölderlinplatz 2a
D-70193 Stuttgart
Tel.: 07 11/2 26 - 22 81/2
Fax: 07 11/2 26 - 13 31

Renate Rennebach, MdB
Sektenpolitische Sprecherin der SPD-Fraktion
Bundeshaus, NHA 333
D-53113 Bonn
Tel.: 02 28/16 - 8 94 50
Fax: 02 28/16 - 8 69 84

SINUS e.V. – Sekteninformation und Selbsthilfe
Hessen/Thüringen
Saalgasse 15
D-60311 Frankfurt am Main
Tel.: 0 69/28 55 02
Fax: 0 69/29 62 60

Zentralstelle Pastoral der Deutschen Bischhofskonferenz
Dipl.-Theologe Hans Gasper
Kaiserstr. 163
D-53113 Bonn
Tel.: 02 28/10 32 30
Fax: 02 28/10 33 34

Dr. Friederike Valentin
Stefansplatz 6/46
A-1010 Wien
Tel.: 00 43/2 22/5 15 52 - 3 67
Fax: 00 43/2 22/5 15 52 - 3 66

Evangelische Orientierungsstelle
Pfarrer Dr. G. Schmid
Im Baumgarten 24
CH-8606 Greifensee/ZH
Tel.: 00 41/1/9 40 - 19 73 oder 77
Fax: 00 41/1/9 40 - 67 43

Anmerkungen

Kapitel 1

1 Flugblatt von Scientology anläßlich des Deutschen Evangelischen Kirchentages in Hamburg, verteilt am 17.6.1995

2 Ebenda

3 Vgl. hierzu Hassan, Steven, *Ausbruch aus dem Bann der Sekten,* Reinbek 1993, S. 25

4 Die Merkmale lehnen sich an folgende Definition an: »Kollektiver Realitätsverlust in einer religiösen oder ideologischen Gemeinschaft und ein inhumaner Umgang mit Menschen stehen im Vordergrund, wenn eine Gruppe als Sekte bezeichnet wird.« Vgl. Hemminger, Hansjörg: *Öffentlich über Sekten sprechen. Zum kirchlichen Umgang mit dem Sektenbegriff,* in: »Materialdienst«, Stuttgart, 1. 6. 1995. – Vgl. hierzu auch Gross, Werner: *Kriterien zur Beurteilung von destruktiven Kulten,* in: Gross, W. (Hrsg.), *Psychomarkt – Sekten – Destruktive Kulte,* Bonn 1995, S. 27–50. – Vgl. hierzu auch Branahl, Matthias & Christ, Angelika, *Scientology – Anmerkungen für die wirtschaftliche Praxis,* Köln 1994, S. 29–34. – Vgl. hierzu außerdem für den historischen, politischen und wissenschaftlich-analytischen Hintergrund Lifton, Robert J., *Thought Reform and the Psychology of Totalism,* New York 1961, S. 419-437

5 Kindt, H., *Ausgewählte Zitate und Auszüge aus dem Schrifttum von L. Ron Hubbard.* Info Sekta, Verein Informations- und Beratungsstelle für Sekten- und Kultfragen, Zürich 1994, S. 14 ff.

Kapitel 2

1 Vgl. Branahl und Christ, a.a.O.

2 Vgl. Goldner, Steven, *Der Scientology-Test,* in: Branahl, M. und Christ, a.a.O., S. 63–70. – Vgl. hierzu auch Schneider, Karl H., *Der kosten-, aber nicht folgenlose Scientology-Test,* Evangelischer Presseverband für Bayern e.V., Birkerstraße 22, 80636 München, München 1994

3 So Ursula Caberta auf dem Deutschen Evangelischen Kirchentag in Hamburg am 17.6.1995
4 Alle folgenden Zitate beziehen sich auf die Kursmappe *Die Aufs und Abs im Leben überwinden,* verteilt bei einem Kurs der AMK im Frühjahr 1994
5 Kurs *Wie man die Beziehung zu anderen verbessert,* verteilt bei einem Kurs der AMK im Frühjahr 1994, S. 30
6 Kindt, a.a.O., S. 14
7 Haak, Friedrich-Wilhelm, Scientology – Magie des 20. Jahrhunderts, München 1991, S. 106
8 Ebenda, S. 106
9 *Was ist Scientology?,* Kopenhagen 1993, S. 156
10 *Was ist Scientology?,* a.a.O., S. 187
11 Hubbard, L. Ron, *Dianetik,* [4]1982, S. 235
12 Ebenda, S. 233
13 Ebenda, S. 230
14 Ebenda, S. 169
15 Ebenda, S. 240
16 Steiden, Heinrich P. und Hamernik, Christine, *Einsteins falsche Erben,* Wien 1992, S. 173
17 Anonymus, *Entkommen,* Reinbek 1993, S. 27 ff.
18 Nietsche, Elke, *Alptraum Scientology,* Berlin/Leipzig 1995, S. 91
19 Kindt, a.a.O., S. 24
20 Potthoff, Norbert, *Materialien für die Aufklärungsarbeit,* Krefeld 1993, S. 58
21 Haak, Friedrich-Wilhelm, *Europas neue Religion,* Zürich 1991
22 Voltz, Tom, *Scientology und (k)ein Ende,* Solothurn/Düsseldorf 1995, S. 135
23 Dieser Text befand sich an einem Paar Strümpfe, die wir im Dezember 1994 gekauft haben. Um keinen falschen Verdacht in die Welt zu setzen, erwähnen wir den Firmennamen nicht.
24 Alle nachfolgenden Zitate stammen aus dem Buch *Was ist Scientology?,* a.a.O.
25 Gehört nach Ansicht der Verfasser zum Wesen totalitärer Systeme.

Kapitel 3

1 Vgl. hierzu auch Minhoff, Christoph und Müller, Martina, *Scientology – Irrgarten der Illusionen,* München 1993, S. 73 ff.

2 Zahlen aus dem Schriftverkehr mit Scientology und aus *Was ist Scientology?*, a.a.O.
3 Auf Basis der Fünfjahreszeiträume – die Jahre 1991/92 waren gesondert als Zweijahreswert genannt.
4 Hamburgisches Oberverwaltungsgericht, VI. Senat, Urteil vom 6. Juli 1993
5 Voltz, a.a.O., S. 243
6 Kursordner *Wie man Zustände im Leben verbessert,* verteilt an AMK-Teilnehmer im Frühjahr 1994
7 Vgl. Volz, a.a.O., S. 47, sowie »Wall Street Journal«, 22.3.1995
8 Vgl. Volz, a.a.O., S. 47
9 Vgl. Potthoff, a.a.O., S. 101
10 Staudacher, Reinhard, *Organisationsstruktur und Entscheidungsprozesse in totalen Organisationen am Beispiel der Scientology-Sekte,* Diplomarbeit, Universität Konstanz, Konstanz 1995, S. 86
11 Hessischer Rundfunk, HR III (TV), 11.8.1994, 19.30 Uhr
12 Köpf, Peter, *Stichwort Scientology,* München 1995, S. 42
13 Kauß, Uwe; in der Zeitschrift Chip, Oktober 1984
14 Vgl. Branahl und Christ, a.a.O.
15 »Badisches Tageblatt«, 4.9.1993
16 Vgl. »Hamburger Abendblatt«, 12.1.1995, S. 14
17 Alle folgenden Zitate stammen aus Conradi, Bernd; Talkenberger, Peter; Mehler, Ha.; Verkäufer, Idstein 1992, Seite 195 ff.
18 »Wall Street Journal«, 22.3.1995
19 Vgl. Branahl und Christ, a.a.O.
20 Steiden und Hamernik, a.a.O., S. 144

Kapitel 4

1 Vgl. »Church of Scientology« (Hrsg.), *Haß und Propaganda,* o.O. 1993

Kapitel 5

1 Vgl. »Der Spiegel«, 45/94, S. 79 ff.
2 Vgl. Bergmann, Jerry R., *Jehovas Zeugen und das Problem der seelischen Gesundheit,* München 1994. – Vgl. hierzu auch Senatsverwaltung für Kulturelle Angelegenheiten Berlin, Schreiben an das Verwaltungsgericht vom 24.2.1994, GeschZ I A 3070-403/92
3 Vgl. Eimuth, Kurt Helmuth, *Psychische Kindesmißhandlung* –

Autoritäre Religionen lassen Kindern keine Chance, Frankfurt am Main 1992

4 Bergmann, a.a.O.

5 EZW, Schreiben an die Autoren vom 8.2.1994

6 Norris, David, *Landmark Education Corporation,* München, 20.6.1994

7 Efler, Ingolf und Reile, Holger (Hrsg.), *VPM – Die Psycho-Sekte,* Reinbek 1995

8 »Report Psychologie«, Juli 1992, S. 3 f.

Kapitel 6

1 Zu den Prüfpunkten und ihrer Zusammenfassung in der »Tabelle für Checklisten« siehe Christ, Angelika und Goldner, Steven, *Verdächtige Methoden,* Frankfurt am Main 1994

Kapitel 7

1 von Paczensky, Susanne, *Die Testknacker,* München 1987, S. 29

2 Zur rechtlichen Uneindeutigkeit des Begriffes »Mitgliedschaft« bei Scientology siehe Keltsch, Jürgen, *Gutachten im Rechtsstreit (21 U 36 22/93), OLG München,* Unveröffentlichtes Manuskript, München, November 1994. Siehe hierzu auch das Urteil aus der Berufung, verkündet am 10. Mai 1995

Kapitel 8

1 Vgl. Garvey, Kevin, *The Importance of Information in Preparing for Exit Counseling,* in: Langone, Michael (Hrsg.), *Recovery from Cults,* New York 1993, S. 181–200. – Vgl. hierzu auch Hassan, Steven, a.a.O.

2 Langone, a.a.O., Abschnitt III: Facilitating Recovery, S. 203–324

3 Lemhöfer, Lutz, *Wir stellen vor – Das Referat »Weltanschauungsfragen«,* in: Erwachsenenbildung im Bistum Limburg, Informationsdienst, 17.10.1994

4 Eimuth, Kurt Helmuth, *Evangelische Arbeitsstelle für Religions- und Weltanschauungsfragen – Konzeption und inhaltliche Ausrichtung,* Frankfurt am Main 1993

5 »Wiesbadener Kurier«, 20.9.1994

6 Vgl. Landtag von Baden-Württemberg, Drucksache 11/4643 vom 21.9.1994

7 NVwZ 1995, S. 519

8 »Süddeutsche Zeitung«, 12.6.1995
9 Pressemitteilung der SPD, Bonn, 24.5.1995
10 Der Spiegel, 50/1992
11 Schreiben des VS an die Autoren vom 7.2.1995
12 Protokoll der IMK vom 19.5.1995
13 Beschluß »Scientology« des 46. Ordentlichen Bundesparteitages der F.D.P. (9.–11.6.1995)
14 Rennebach, Renate, *Kampf gegen Scientology,* in: »diesseits«, Nr. 31, hrsg. vom Humanistischen Verband Deutschlands, Berlin 1995, S. 25
15 Keltsch, Jürgen, *Reichen die Gesetze aus, um den Konsumenten auf dem Psychomarkt zu schützen?,* in: Gross, a.a.O., S. 166 ff.
16 Ebenda, S. 167
17 Vgl. hierzu auch Keltsch, Jürgen, *Scientology und der demokratische Rechtsstaat,* in: Junge Union Rheinland-Pfalz (Hrsg.), *Das 2. Wormser Scientology Tribunal,* Worms 1995, S. 47–73
18 *Entstehung eines Fertigarzneimittels,* Faltblatt, hrsg. vom Bundesverband der Pharmazeutischen Industrie e.V., o.O., o.J. – Vgl. hierzu auch die Angaben »Arzneimittelprüfrichtlinien gem. § 26 AMG«, »Richtlinie über die Prüfung von Arzneimitteln« vom 11.6.1971 und »EG-Richtlinie 75/318«
19 Alle folgenden Darstellungen und Zitate stammen aus »260 California Reporter« 331 (Cal.App.2Dist.1989) und 3Cal.App.4th.1920
20 »California Reporter 1989«, S. 347
21 Bundesarbeitsgericht, 5. Senat, AZ 5 AZB 21/94 vom 22.3.1995

Sachregister